中国社会科学院创新工程学术出版资助项目

朝克 著

鄂温克语名词形态论

中国社会科学出版社

图书在版编目(CIP)数据

鄂温克语名词形态论/朝克著 . —北京：中国社会科学出版社，2017.5
ISBN 978－7－5161－9097－5

Ⅰ.①鄂⋯　Ⅱ.①朝⋯　Ⅲ.①鄂温克语(中国少数民族语)—名词—研究　Ⅳ.①H223.3

中国版本图书馆 CIP 数据核字(2016)第 241737 号

出 版 人	赵剑英	
责任编辑	安　芳	
责任校对	郝阳洋	
责任印制	李寡寡	

出　　版	中国社会科学出版社	
社　　址	北京鼓楼西大街甲 158 号	
邮　　编	100720	
网　　址	http：//www.csspw.cn	
发 行 部	010－84083685	
门 市 部	010－84029450	
经　　销	新华书店及其他书店	
印　　刷	北京明恒达印务有限公司	
装　　订	廊坊市广阳区广增装订厂	
版　　次	2017 年 5 月第 1 版	
印　　次	2017 年 5 月第 1 次印刷	
开　　本	710×1000　1/16	
印　　张	17.25	
字　　数	281 千字	
定　　价	66.00 元	

凡购买中国社会科学出版社图书，如有质量问题请与本社营销中心联系调换
电话：010－84083683
版权所有　侵权必究

目　　录

前言 ·· (1)

第一章　名词类词分类及形态变化构词法 ·························· (1)
　　第一节　名词类词的分类 ·· (1)
　　第二节　名词类词的构词方法 ··· (35)

第二章　名词类词数形态变化语法现象 ·························· (44)
　　第一节　单数形态变化语法现象 ······································ (46)
　　第二节　复数形态变化语法现象 ······································ (48)
　　第三节　代词的数形态变化语法现象 ······························· (59)

第三章　名词类词格形态变化语法现象 ·························· (84)
　　第一节　主格 ·· (85)
　　第二节　领格 ·· (88)
　　第三节　确定宾格 ··· (92)
　　第四节　不定宾格 ··· (97)
　　第五节　反身宾格 ··· (102)
　　第六节　与格 ··· (103)
　　第七节　位格 ··· (105)
　　第八节　不定位格 ··· (110)
　　第九节　工具格 ·· (111)
　　第十节　从格 ··· (113)

第十一节　方面格 ……………………………………… (115)
第十二节　方向格 ……………………………………… (116)
第十三节　比格 ………………………………………… (119)
第十四节　限定格 ……………………………………… (120)
第十五节　共同格 ……………………………………… (124)
第十六节　有格 ………………………………………… (125)
第十七节　所有格 ……………………………………… (125)

第四章　名词类词领属形态变化语法现象 ………………… (129)
　第一节　人称领属 ……………………………………… (129)
　第二节　反身领属 ……………………………………… (138)
　第三节　领属形态变化现象和其他形态变化现象
　　　　　之间的接触原理 ……………………………… (144)

第五章　名词类词级形态变化语法现象 …………………… (149)
　第一节　一般级 ………………………………………… (150)
　第二节　次低级 ………………………………………… (152)
　第三节　低级 …………………………………………… (163)
　第四节　最低级 ………………………………………… (167)
　第五节　次高级 ………………………………………… (186)
　第六节　高级 …………………………………………… (190)
　第七节　最高级 ………………………………………… (195)

第六章　名词类词词组结构系统 …………………………… (198)
　第一节　并列式词组 …………………………………… (198)
　第二节　支配式词组 …………………………………… (201)
　第三节　修饰式词组 …………………………………… (203)
　第四节　补充式词组 …………………………………… (205)
　第五节　限定式词组 …………………………………… (206)

第七章　名词类词句子成分 ……………………………… (209)
　　第一节　主语 …………………………………………… (209)
　　第二节　谓语 …………………………………………… (214)
　　第三节　宾语 …………………………………………… (216)
　　第四节　补语 …………………………………………… (219)
　　第五节　定语 …………………………………………… (223)
　　第六节　插语 …………………………………………… (226)

附件　鄂温克语语音系统 ………………………………… (228)

参考资料 ……………………………………………………… (256)

后记 …………………………………………………………… (260)

前　言

　　鄂温克语是形态变化现象极其复杂的语言之一，不仅涉及名词类词和动词类词，同时也关系到语音系统。顾名思义，形态变化现象就是指不同形式和不同状态的变化现象。名词类词的形态变化语法现象是指名词类词内由不同语音音素构成的，包含有不同语法内涵的，有其不同语用关系及语法作用的不同表现形式和状态。在这里还应该说明名词类词的概念和内容，也就是什么叫名词类词？名词类词就是指名词、代词、数词、形容词等。我们为什么在本书中，特别强调指出名词类词的形态变化语法现象呢？那是因为名词类词范畴内出现的形态变化语法现象及其语法关系和内容基本相同，名词类词都有数、格、人称、级形态变化语法现象。作为这些形态变化语法现象的表现形式，也就是它们的语音结构形式完全一致。比如，复数形态变化语法词缀 -sal、领格形态变化语法词缀 -ni、人称领属单数第一人称形态变化语法词缀 -bi、低级形态变化语法词缀 -haŋ 等，同样都可以接缀于名词、代词、数词、形容词等名词类词词根或词十后面，进而表示复数、格、人称、级形态变化现象的语法概念。不过，过去的研究中，分析名词类词共有的这些形态变化语法现象时，都分别放入名词、代词、数词、形容词等的语法体系里，从各自的角度展开重复性讨论。结果，给人一种很啰唆的感觉。为了解决这些问题，也为了更加科学有效而清晰系统地阐述名词类词的形态变化语法现象，本书以名词形态论的理论视角，对于名词类词中出现的不同形态变化语法现象展开分别讨论。这种分析法，从理论上解决了科学阐述名词类词复杂多变的形态变化语法现象的问题，使我们可以在同一个形态变化语法研究的理论框架内，能够全面、系统而科学地论述名词、代词、数词、形容词等词内出现的同一类型、同一范畴、同一形式和内容的形态变化语法现象。

我们掌握的资料表明，鄂温克语的调查研究工作，早在18世纪初就开始了。首次对鄂温克语进行田野调查的人，应该是德国民族学者G.威森（G.Wetion）先生。他的成果有《鄂温克语词汇笔记原稿》（1705年）。19世纪50年代前后，欧洲的一些传教士以及民族学家，也到鄂温克族生活区域开展过跟鄂温克语相关的实地调研，并收集或记录过有一定数量和学术价值的鄂温克语语音、词汇、语法方面的资料。其中，包括俄国语言学家阿里克桑德尔（M. Alexander Castrén's）于1856年撰写的《通古斯诸语语法教科书》，以及伊瓦诺夫斯基（A.O. Ivanovski）于1894年撰写的《索伦语与达斡尔语》小册子等。可以说，这些成果的完成，向世人展示了鄂温克语语音、词汇、语法等方面的基本结构特征。20世纪初，俄罗斯著名阿尔泰语言学家波普（H.H. Poppe），把对索伦语进行田野调查的资料整理成142页的俄文版《索伦语调查资料》，并于1931年在俄罗斯的列宁格勒正式出版。该书由索伦鄂温克语会话资料和俄文意译、索伦鄂温克语词汇、索伦鄂温克语语音特征分析、索伦鄂温克语有关语法现象分析等内容组成。事实上，在以上调研资料和初期科研成果中也或多或少地涉及鄂温克语名词类词，或者说有关方言土语名词类词的形态变化语法现象，但很不系统和全面。

20世纪40年代到80年代初期，由于连续不断的战争和乱世局面，国外对于我国鄂温克语的调查研究工作也受到直接影响，几乎没有出现或发表什么调研报告和研究性成果，也没有专家到鄂温克人居住地区实施田野调查或开展研究工作。不过，值得提出的是，20世纪70年代以后，美国、日本、韩国、欧洲等国家和地区的有关大学或研究机构，先后培养了一些从事鄂温克语研究的专业化人才。正是这些后起之秀，20世纪80年代以后，对于我国鄂温克语研究事业做出了相当重要的学术成绩。在此后的二十余年的时间里，他们多次到鄂温克人生活区域，对于鄂温克语以及各方言土语作了较为全面系统的田野调查，收集了大量的鄂温克语语音、词汇、语法、方言土语方面的第一手资料。并对这些资料进行了整理和理论分析，一些成果被陆续公开发表和出版。毫无疑问，该阶段的有关资料或成果，从传统语言学及描写语言学的层面一定程度地探讨了鄂温克语名词、代词、数词、形容词等名词类词的有关语法现象。当然，这些研究同样不具有全面性和系统性。

我国专家学者对鄂温克语名词类词形态变化语法现象的研究，体现在20世纪60年代实施的民族语言大调查资料及其相关成果之中。当时，中国科学院民族语言研究所组织有关专家学者组成的田野调查组，不辞辛苦地到鄂温克族生活的广阔草原牧区、林区和农区进行了第一次大调查，获得了十分丰厚的第一手语言资料。其中，也有名词类词形态变化语法现象的调研内容。但是，对这一时期的调研资料的整理和分析研究工作，一直拖延到20世纪70年代末。换言之，我国鄂温克语名词类词的研究工作，从20世纪70年代末以后才进入正常的发展轨道，并取得了令人鼓舞的学术发展和进步，还陆续发表和出版了相关科研成果。比如，有胡增益等撰写的《鄂温克语简志》（民族出版社1986年版），朝克先后撰写出版的《鄂温克语基础语汇》（东京外国语大学1991年日文版）、《鄂温克语研究》（民族出版社1995年版）、《鄂温克语形态语音论及语法形态论》（东京外国语大学2003年日文版）、《鄂温克语参考语法》（中国社会科学出版社2005年版）等学术著作都不同程度地涉及或研究了鄂温克语名词类词的形态变化现象。与此同时，笔者还在国内外的学术期刊上发表过一系列分析该语言的名词类词某一形态变化语法现象的学术论文。所有这些学术资料的搜集整理，以及科研成果的先后问世，均给该项专题性研究项目的具体实施和顺利完成，提供并创造了相当优厚的前提条件，奠定了极其雄厚的学术理论基础。

　　恰巧这时，国家社科基金高层及其学术委员会委托笔者完成重大项目"鄂温克语濒危语言文化抢救性研究"，并很快拨下课题经费。笔者获得该项重大委托项目及项目经费后，将"鄂温克语名词类词形态变化语法现象研究"列为这一学术计划的子项目，并组织课题组成员对于名词类词的形态变化语法现象展开拉网式实地调研，对以往资料和研究成果中出现的与名词类词形态变化语法现象密切相关的内容展开全范围的搜集整理和筛选。所有这些工作结束后，笔者又带队到鄂温克族生活区域开展补充调研，目的就在于客观实在而实事求是地反映该语言的名词类词形态变化语法现象的全部情况。

　　不过，众所周知，鄂温克语已经进入濒危状态，甚至可以说许多方言土语已经严重濒危，几乎到了消失的边缘。这使名词类词词根或词干后面接缀的那些十分丰富而有价值的形态变化语法词缀，已变得凌乱不齐、所剩无几。特别是黑龙江地区的鄂温克语名词类词的形态变化语法现象，已经全范围地进入严重濒危状态，进而失去了语法结构的系统性和完整性。也就是说，丢掉大量形态变化语法词缀的严重濒危的鄂温克语，剩下的几乎是没有形态变化语法现象的词根或词干，这使他们的语言交流变得十分不清楚。所有这些，给我们展开本课题的补充调研带来一定困难。

相比之下，居住在内蒙古自治区呼伦贝尔市鄂温克族自治旗的鄂温克语名词类词的形态变化语法现象保存得比较完整，其次陈巴尔虎旗鄂温克苏木、莫力达瓦达斡尔族自治旗巴彦鄂温克族乡和杜拉尔鄂温克族乡、阿荣旗查巴奇鄂温克族乡、扎兰屯市萨马街鄂温克族乡等地方的鄂温克语名词类词的形态变化语法现象保存得还算可以，不过还是丢失不少，即将进入严重濒危状态。内蒙古自治区呼伦贝尔市额尔古纳市敖鲁古雅鄂温克族乡，以及鄂伦春自治旗辖区内的鄂温克语名词类词的形态变化语法现象，也和黑龙江地区的鄂温克语一样进入了严重濒危状态。毫无疑问，这和鄂温克族没有本民族文字也有必然联系。他们的孩子从幼儿园时期，就开始学习汉文或蒙古文，并通过汉文或蒙古文学习文化知识。换言之，他们从幼儿时期，就开始学习并掌握日益增加的汉语或蒙古语词汇，以及这些语言复杂多变的语音系统和语法关系。这在客观上给那些刚刚开始学习母语的孩童对于母语的学习掌握带来直接而严重的影响，使他们忙于日益繁重的学习，以及忙于应付和完成日益加重的学习任务、作业和考试，无暇顾及母语的学习和掌握，从而导致孩子们或青少年的鄂温克语使用功能不断退化。据人口统计，我国的鄂温克族人口约为 3.3 万人，其中有 2 万人左右不同程度地使用本民族语。而且，绝大多数使用母语的鄂温克族人生活在内蒙古自治区呼伦贝尔市鄂温克族自治旗。过去我们一直认为，由于农区鄂温克族人比较集中生活，相互间交往和语言交流也比较频繁，他们应该更完整、更多地保留本民族语及其语法成分，包括名词类词错综复杂的形态变化语法现象。然而，我们的调研和现已掌握的第一手调研资料充分证明，在广阔而偏远草原牧区以一家一户游牧形式生活的鄂温克族牧民却较为完整地保存着母语。我们思考的问题是，他们之间的交往没那么频繁，语言交流也不是那么多，有时他们之间一整天没有几句交流。几乎除了日常生活的交流内容之外，没有太多值得交流的话语。课题组到当地进行实地调研时也是如此，时间一天天过去，但他们和我们之间太多对话和交流的内容，无非是课题组成员主动向他们提问名词类词的形态变化语法现象，或者探讨与此相关的学术问题。不过，令我们感到意外的是，他们的口语、他们的大脑、他们的思维中保存着极其丰富的名词类词形态变化语法现象，并保存得十分完美和系统。课题组曾想，他们如此单调、如此寂寞、如此少语的社会生活及生产方式，还能保存或保留多少个名词类词形态变化语法现象呢？！经过调研实践，我们充分认识到这种判断的缺陷和不足。这是需要我们重新思考的一个十分重要的理论问题，那就是语言生活环境的密集度，语言交流关系的频繁度，是否就是语言原生态结构特征及其语法形式的保留条件和主要因素呢？反过来讲，母语生活环境的零散性，语言交流关系的不经常性，却能够保存母语原生态结构特征及复杂多变的形态变化语法现象，包括名词类词的形态变化语法现象主要条件的问题。我们想，这种现象的出现，或许和他们很少与外界直接接触，少受外来语言直接影响，很少触动记忆中原始积累的那些母语符号系统及语法关系有关。这种理论思考，或许有它的合理性和科学性。因为，我们认为，已经消失的许多名词类词形态变化语法现象，可以从他们的口语及语言交流和思维规则中找到。所有这些，给我们完成本课题带来极大鼓舞与希望。与此相关，我们在鄂温克族农区实施实地调研工作时，却遇到许多意想不到的新问题和困难。比如，农区鄂温克族人似乎可以用母语进行随心所欲的交流，说得也似乎十分熟练、流利和连贯，甚至我们都来不及进行认真记录或插话提问。但是，把录音和录制的语言资料拿回去认真细致地反复听、做记录、进行分析时却发现，其中相当一部分名词类词属于借词，同时名词类词的许多形态变化语法现象都已消失，留下的只是支离破碎而残缺不全的形式和内容。这时我们才发现，农区鄂温克族中实施的许多调研资料没有太多的利用价值和研究价值。不过，这些第一手资料，对于语言接触、语言濒危、语言发展等方面的研究或许有用，对于该语言传统意义上的名词类词形态变化语法现象研究几乎没有太大的实际用处。从另一个角度来讲，农区鄂温克语里还是一定程度地保留，或者说保存了不少有关农业生产生活方面的名词类词，这对搜集整理鄂温克语农业词语确实有价值。

　　我们知道，鄂温克语主要分为辉河方言（简称辉方言）、莫日格勒河方言（简称陈方言或莫方言）、敖鲁古雅方言（简称敖方言）三大类。其中，鄂温克语辉河方言也叫索伦语或索伦鄂温克语，以及鄂温克语索伦方言等；鄂温克语莫日格勒河方言也称作通古斯语或通古斯鄂温克语，以及鄂温克语通古斯方言等；鄂温克语敖鲁古雅方言还称作雅库特语或雅库特鄂温克语，以及鄂温克语雅库特方言等。如前所述，鄂温克语三大方言里，作为牧区鄂温克语的辉方言使用人口最多，名词类词的形态变化语法现象保存得也最为全面和系统。那么，根据我们掌握的调研调查资料，以及前人的研究成果，作为鄂温克语最大方言的辉方言语音系统内涉及 a、ə、i、e、o、u、ɵ、ʉ 八个短元音和 aa、əə、ii、ee、oo、uu、ɵɵ、ʉʉ 八个长元音音素，并且在长元音与短元音间有十分严谨的词义区别功能和作用。另外，辉方言有 b、p、m、w、d、t、n、l、r、s、ʤ、ʧ、ʃ、j、g、k、ŋ、h 十八个辅音音素，以及 nt、nd、rt、rd、lt、ld、ŋʧ、ŋʤ、ŋg、ŋk、jk、jg 等复辅音。与此同时，还有 bb、mm、nn、dd、tt、rr、ss、ʤʤ、ʧʧ、ʃʃ、gg、kk、hh、jj 等辅音重叠现象。在这里还需要交代的是，辅音音素中的 r 和 k 只用于词中和词尾，只有在个别借词里用于词首。再说，重叠辅音不出现在词首和词尾，只出现于词中。本书中，鄂温克语记音符号就是使用了辉方言的语音系统。

依据我们掌握的第一手资料，鄂温克语名词类词主要包括名词、代词、数词、形容词等。实际上，也有一部分副词涵括在名词类词范畴。不过，为了更加突出本书的研究对象，以及名词类词形态变化语法现象，在具体讨论时主要以名词、代词、数词、形容词等为例，展开对数形态变化语法现象、格形态变化语法现象、人称领属形态变化语法现象、级形态变化的构成形式语法现象，以及对它们的语音结构、使用关系、语法作用和功能等展开了学术讨论。而且，鄂温克语名词类词的形态变化语法现象，基本上以名词类词词根或词干后面，以黏着形式出现的形态变化语法词缀来表现。从这个意义上讲，名词类词的形态变化语法现象的研究是指对于名词类词词根或词干后面接缀的错综复杂的语法词缀为对象的科研工作。主要研究它们的构成原理，以及在语句中所发挥的各自不同的语法功能和作用。

鄂温克语名词类词拥有非常广泛的使用面，以及非常高的使用率。而且，名词类词内部还分有基本词、派生词、合成词等。其中，数量上最多的是名词类词的基本词，其次是派生词，再次是合成词。而且，基本词里具有相当系统而细致的分类。

有关鄂温克语名词类词的构成形式和内容，在过去的成果里有不少很有价值的分析和讨论。从严格意义上讲，名词类词里除了原有的和基本的实例之外，还有不少后来通过派生和合成构词手段新增加的产物。而且，要以派生构词法为主，以合成构词法为辅。也就是说，该语言里有相当数量的，利用派生构词法派生而来的名词类词。顾名思义，所谓派生构词法，就是在原有名词类词词根或词干后面，或者在动词类词或虚词类词词根或词干后面，接缀某一构词词缀而派生新词的方法。其中，由名词、动词、代词、形容词、数词等派生而来的名词类词占绝对多数，进而出现一整套派生名词类词的形态变化构词词缀。

  总而言之，鄂温克语名词类词有极其丰富而系统的形态变化语法体系，而且主要以词根或词干后面的形态变化语法词缀来表现。换言之，名词类词的那些错综复杂的语法关系，在鄂温克语里通过不同结构形式和内容的形态变化语法词缀来表现。根据现有的调研资料及研究成果，该语言的名词类词的语法形态变化体系中，主要包括复数形态变化语法系统、格形态变化语法系统、领属形态变化语法系统、级形态变化语法系统。其中，级形态变化语法现象一般都在形容词里出现。不过，这并不是说其他名词类词里根本就不出现这种现象。在表示名词、代词、数词等的等级关系时也会使用级形态变化语法词缀。本书从语法形态论以及语法共性论和类型学的角度，将名词类词的复数形态变化语法现象、格形态变化语法现象、领属形态变化语法现象、级形态变化语法现象分成四个章节进行详尽而细致、全面而系统的分析研究。

第一章
名词类词分类及形态变化构词法

本章首先从词汇分类学的角度着重分析和讨论名词类词内部的分类情况及其分类标准和要求等。其次，从构词学、形态论角度，分析讨论鄂温克语名词类词的形态变化构词法。

第一节 名词类词的分类

鄂温克语名词类词主要包括名词、代词、数词、形容词。除此之外，还有一部分副词和形动词，由于能够接缀名词类词错综复杂的形态变化语法现象而被认为可以在名词类词里一并讨论。从一般意义上的词汇学角度来讲，把它们分别都放入副词和形动词里分析，或者在虚词类词及动词类词范畴内展开全面、系统而细致的学术研究，包括对它们具有的名词类词功能和特征一起进行探讨。我们在这里只阐述名词、代词、数词、形容词等名词类词的分类及其相关结构特征，甚至对使用关系比较复杂的名词类词进行例句说明。特别是对像方位名词、时间名词、代词、数词等结构形式和内容复杂多变的名词类词要展开重点讨论。相对而言，对于那些结构形式比较单一，形态变化构词现象并不复杂，并在以后各章节的讨论中经常接触到的名词类词，本章不作太多解释，只是从词汇分类学的角度展示具有代表性的词例，阐明它们间存在的细微差异和共性。

1. 名词

鄂温克语名词主要分为一般名词、方位名词、时间名词和专用名词等。其中，一般名词数量最大，涉及面也最广，内容最为丰富。但是，从词汇结构学的角度来看，一般名词的结构形式没有那么复杂，而且绝大多数属于固有词范畴，所以在构成原理上不像方位名词等那么复杂多变。此外，专用名词的构成性质也不是很复杂。与此相反，名词系列内，词的构成形式和内容方面，最为复杂的应该是方位名词和时间名词。正因为如此，在下面讨论名词的形态变化构词现象结构特征和形成原理时，将把侧重点放在对方位名词和时间名词的讨论上；对一般名词和专用名词，仅在依据词义关系和结构内容进行分类的基础上以代表性实例进行说明，不再作更多解释和分析。

1.1 一般名词

一般名词，也有人称它为基本名词，是最具代表性的名词结构系统。而且，其数量占绝对多数，约占名词的 90%。同时，使用面也特别广泛，人们的交流离不开这些数量庞大的一般名词。它们所表达或表述的内容也非常丰富，关系到人们生活的方方面面。其中，通常按照一般动词所表述的词义内容和使用关系，其内部要分自然现象及自然物、山石土沙、江河湖海水、风雨霜雪云气、植物、野生动物、昆虫、家禽、社会用语、房屋及生活用具、衣食、人体与亲属称谓等诸多类型和种类。例如：

1.1.1 自然现象及自然物方面的一般名词

ʃiguŋ 太阳　　ilaaŋ 光　　nəəriŋ 晨光　　gəgə 光亮　　ʥakkara 黎明
beega 月亮　　gilaaŋ 月光　　iigil 月牙　　momogoŋ 圆月　　oʃitta 星星
dilaha 北斗星　　solho 启明星　　ʥorigaŋ 织女星　　garpa 流星
tog 火　　dol 火焰　　ilaaŋ 火光　　ɬəttən 灰　　saŋaŋ 烟

1.1.2 山石土沙方面的一般名词

ur 山　　ala 矮平山　　dawagaŋ 山岭　　hada 岩山　　muŋga 山岗
ʥolo 石头　　hagga 打火石　　hajir 河流石　　ʥagar 小石子
baltʃig 泥泞　　tuhal 土　　toorol 尘土　　toos 尘埃　　burgiŋ 飞尘
ʃiwar 泥　　ina 沙子　　inatʃʃir 沙漠　　maŋkar 沙丘　　gowi 戈壁

1.1.3 江河湖海水方面的一般名词

mʉʉ 水　　mʉdʉrʉŋ 瀑布　　dəgəŋ 潮水　　dalbaŋ 浪　　iraldʑi 水纹
mʉʉdəri 海　　mʉrəŋ 江　　amadʑi 湖　　doo 河　　əlgəŋ 泊　　bular 泉

1.1.4 风雨霜雪云气方面的一般名词

tamnan 雾　　sugar 气　　saŋiŋ 瘴气　　tʃamdaŋ 霭气　　saawuŋ 霜
ʃiiritʃtʃi 露水　　imadna 雪　　lahsa 雪片　　boono 冰雹　　uduŋ 雨
talkeŋ 闪电　　adde 雷　　sawadaŋ 雨点　　nəmər 甘雨　　ədiŋ 风
tətʃtʃi 云　　ulbariŋ 彩云　　dalgan 霞　　ʃeeraŋ 虹

1.1.5 植物方面的一般名词

moo 树　　dʑadda 松树　　saalbaŋ 白桦树　　niintə 树根　　latʃtʃi 叶
orootto 草　　hagi 茅草　　sujha 艾草　　ajakta 靰鞡草　　onotto 麻
igga 花　　ulaga 海棠　　anar 莲花　　aril 梅花　　hokdo 迎春花

1.1.6 野生动物方面的一般名词

oshoŋ 鱼　　gawal 龟　　hatʃtʃohe 螃蟹　　gabkur 虾　　ərihi 蛙
tasug 虎　　ətərhəŋ 熊　　tʉʉggə 狼　　solahi 狐狸　　torohi 野猪
handahaŋ 驼鹿　　orooŋ 驯鹿　　bog 梅花鹿　　giisəŋ 狍子
dʑəgərəŋ 黄羊　　əwəər 獾子　　gulmahuŋ 兔子　　səŋŋə 刺猬
soolge 黄鼠狼　　aʃitʃtʃaŋ 老鼠　　dəgi 鸟　　nonnohi 雁　　dargunda 麻雀
garasuŋ 燕子　　saadʑige 喜鹊

1.1.7 昆虫方面的一般名词

hulihaŋ 虫子　　dʑiwittə 蜜蜂　　gilʉhəŋ 苍蝇　　iirittə 蚂蚁　　doondohe 蝴蝶

1.1.8 家禽方面的一般名词

ninihin 狗　　həhə 猫　　tʉʉttuge 鸽子　　hahara 鸡　　niihi 鸭子
moriŋ 马　　ʉhʉr 牛　　honiŋ 羊　　imagaŋ 山羊　　təməgəŋ 骆驼

1.1.9 社会用语方面的一般名词

gʉrʉn 国家   nəjgəŋ 社会   jaamun 政府   hoton 城市   rgəŋ 人民
təggu 路   təggəən 车   ʥewe 船   ʃiggool 雪橇   səkʉ 滑雪板
ʃihaŋ 信   tasugʤa 学校   bitig 书   dəbtər 本   nerogaŋ 画

1.1.10 房屋及生活用具方面的一般名词

ʤʉʉ 房子   dʉsə 墙   laha 炕   ʉkkʉ 门   soŋko 窗户
ihʉldʉʉr 锹   satʃtʃiŋka 镐头   daŋʤi 扁担   asa 叉子   haggul 刨子
mala 木榔头   sʉhʉ 斧子   ʉʃən 刀   heeʃi 剪刀   əjəggu 钳子
ihə 锅   taŋgur 碗   tagar 木盘   somo 杯子   sappa 筷子

1.1.11 衣食方面的一般名词

unta 鞋   aawuŋ 帽子   huʃigan 裙子   təggətʃtʃi 衣服   əkki 裤子
hөөmө 饭   nogo 菜   ʉhʉŋ 奶子   ʉldʉ 肉   ʃilə 汤

1.1.12 人体与亲属称谓方面的一般名词

dela 头   amma 嘴   gʉdʉg 肚子   naalla 手   bəldiir 脚
bəj 人   aba 父亲   ahiŋ 哥哥   nəhʉŋ 弟弟   ʉkkəhəŋ 男孩

毫无疑问，在这里我们只是列举了一部分具有说服力的、代表性的一般名词实例。其实，每一个分类中所涵括的内容非常丰富，其词汇数量也非常庞大。依据词义结构以及词义表达的具体概念，还可以划分出比上述分类更细、更多、更深的分类。我们认为，在此方面要做的工作还很多，要进一步调研的内容也有不少。从现已掌握的一般名词资料来看，我们充分认识到它们中的绝大多数是由三个或三个以下的音节构成。也就是说，它们基本上是属于三个音节以下的短音节词。在这里还有必要强调的是，鄂温克语一般名词里有关寒温带及温寒带地的自然现象、自然物、动植物、衣食住行及生活用语十分丰富和发达。比如说，表示冰雪霜冻以及驯鹿等名称的词均有几十种。这也是他们词汇的一般性、结构性特征。

1.2 方位名词

名词类词的名词范畴里，方位名词是一个在语音形式、使用关系、语义内涵等方面均相当复杂的词类。过去的有关研究成果中，习惯于把方位名词叫作方位词。众所周知，方位名词主要表示人或事物所处的场所和地点等。我们的调研资料显示，鄂温克语的方位名词中绝大多数是在 ʤʉli"前"、noo"前"、ʉgi"上"、agi"上"、dii"上"、əggi"下"、ami"后"、ʉʤi"后"、əəggi"这"、saagi"那"、doogi"里"、tʉl"外"、baggi"右"、aaɲi"右"、ʤəəɲi"左"、orooŋ"上"、doliŋ"中"、baruuŋ"右"、akkaŋ"后"、oldoŋ"旁边"、ʤakka"旁边"等后面接缀形态变化构词词缀 -da、-də、-do、-də～-gu、-gʉ～-la、-lə、-lo、-lə 等而构成。其实，鄂温克语的 ʉgi-、agi-、əggi-、ǝǝgi-、saagi-、doogi-、baggi-、aaɲi-、ʤəəɲi- 等方位名词的词干是由词根 ʉ-、a-、ag-<əri-、əə-、saa-、doo-、bag-<bara-、aa-、ʤəə- 和表示方向的形态变化构词词缀 -gi、-ɲi 组合而成的产物。而且，这里的 -ɲi 是 -gi 的鼻音化音变形式。鄂温克语的方位名词里，根据其词根或词干后面接缀的形态变化构词词缀的不同，所表现出的语义内涵也有所不同。请看下面的具体分析。

1.2.1 由形态变化构词词缀 -da、-də、-do、-də 构成方位名词的结构类型

依据已掌握的资料，鄂温克语的句子中，由形态变化构词词缀 -da、-də、-do、-də 构成的方位名词有 ʤʉlidə"前面"、"前边"，ʉgidə"上面"、"上边"，diidə"上边"，əggidə"下面"、"下边"，amida"后面"、"后边"，əəpidə"这面"、"这边"，saagida"那面"、"那边"，doogido"里面"、"里边"，tʉldə"外面"、"外边"，baggida"右面"、"右边"，ʤəəɲidə"左面"、"左边"等。例如：

(1) 表示前后左右的方位名词的构成原理

ʤʉli 前 ＋ -də ＝ ʤʉlidə 前面、前边

ami 后 ＋ -da ＝ amida 后面、后边

baggi 右 ＋ -da ＝ baggida 右面、右边

ʤəəɲi 左 ＋ -də ＝ ʤəəɲidə 左面、左边

(2) 表示这那里外的方位名词的构成原理
əəgi 这 + -də = əəgidə 这面、这边
saagi 那 + -da = saagida 那面、那边
doogi 里 + -do = doogido 里面、里边
tʉldə 外 + -də = tʉldədə 外面、外边

(3) 表示上下中的方位名词的构成原理
ʉgi 上 + -də = ʉgidə 上面、上边
əggi 下 + -də = əggidə 下面、下边
dii 上 + -də = diidə 上面、上边
doliŋ 中 + -do = doliŋdo > dolindo 中间

可以看出，形态变化构词词缀 -da、-də、-do、-də 是根据四元一体音变结构类型及原理，分别接缀于由不同元音为核心构成的方位名词词根或词干后面，从而构成富有不同内涵的方位名词。这些方位名词用于句子时，一般都表示与说话者距离较近的方位，且在鄂温克语里均有较高使用率。

1.2.2 由形态变化构词词缀 -gu、-gʉ 构成方位名词的结构类型

鄂温克语的句子中，由形态变化构词词缀 -gu、-gʉ 构成的方位名词主要有 dʒʉligʉ "前"，ʉgigʉ "上"，diigʉ "上"，əggigʉ "下"，amigu "后"，əəgigʉ "这面"，saagigu "那面"，doogigu "里面"，tʉlgʉ "外面"，baggigu "右面"，dʒəəɲigʉ 或 dʒəəŋgʉ "左面"，baruuŋgu "右" 等。例如：

(1) 表示前后左右的方位名词的构成原理
dʒʉli 前 + -gʉ = dʒʉligʉ 前边
ami 后 + -gu = amigu 后边
baggi 右 + -gu = baggigu 右边
dʒəəɲi 左 + -gʉ = dʒəəɲigʉ > dʒəəŋgʉ 左边

(2) 表示这那里外的方位名词的构成原理
əəgi 这 + -gʉ = əəgigʉ 这边

saagi 那 ＋ -gu ＝ saagigu 那边
doogi 里 ＋ -gu ＝ doogigu>dooggu>doogu 里边
tʉlle 外 ＋ -gʉ ＝ tʉllegʉ>tʉləgʉ>tʉlgʉ 外边

(3) 表示上下中的方位名词的构成原理
ʉgi 上 ＋ -gʉ ＝ ʉgigʉ 上边
əggi 下 ＋ -gʉ ＝ əggigʉ 下边
dii 上 ＋ -gʉ ＝ diigʉ 上边
doliŋ 中 ＋ -gu ＝ doliŋgu>doligu 中间

从上文构成方位名词的实际情况，完全可以了解到形态变化构词词缀 -gu、-gʉ 同样严格按照四元一体音变结构类型的元音和谐规律，分别接缀于由阳性元音或阴性元音为核心构成的方位名词词根或词干后面，构成新的方位名词。由中性元音构成的方位名词词根或词干后面，一般都接缀形态变化构词词缀 -gʉ。而且，接缀有形态变化构词词缀 -gu 或 -gʉ 的方位名词，在语句中常常表示某一泛指性质的方位概念。

1.2.3 由形态变化构词词缀 -la、-lə、-lo、-le 构成方位名词的结构类型

鄂温克语的句子里，由形态变化构词词缀 -la、-lə、-lo、-le 构成的方位名词主要有 ʤʉlilə "前"，ʉgilə "上"、"上面"，diilə "上"、"上面"，əgilə "下"、"下面"，amila "后面"、"后"，əəgilə "这里"、"这面"，saagila "那里"、"那面"，doolo "里面"，tʉlle "外面"，baggila "右边"，aaŋila "左边"，ʤəəŋilə 或 ʤəəɲilə "左侧" 等。例如：

(1) 表示前后左右的方位名词的构成原理
ʤʉli 前 ＋ -lə ＝ ʤʉlilə 前、前面
ami 后 ＋ -la ＝ amila 后、后面
baggi 右 ＋ -la ＝ baggila 右、右面
ʤəəɲi 左 ＋ -lə ＝ ʤəəɲilə 左、左面

(2) 表示这那里外的方位名词的构成原理
əəgi 这 ＋ -lə ＝ əəgilə 这、这面
saagi 那 ＋ -la ＝ saagila 那、那面
doogi 里 ＋ -lo ＝ doogilo 里、里面
tɯldə 外 ＋ -lə ＝ tɯldələ 外、外面

(3) 表示上下中的方位名词的构成原理
ugi 上 ＋ -lə ＝ ugilə 上、上面
əggi 下 ＋ -lə ＝ əggilə 下、下面
dii 上 ＋ -lə ＝ diilə 上、上面
doliŋ 中 ＋ -lo ＝ doliŋlo ＞ dolinlo 中间

　　显而易见，上述方位名词在其词根或词干后面接缀形态变化构词词缀 -la、-lə、-lo、-lə 时，依然遵循四元一体音变结构类型及原理，分别接缀于由不同阳性元音和阴性元音为核心构成的方位名词词根或词干后面，从而构成表示不同方位概念的方位名词。通过现已掌握的口语资料的分析，接缀有形态变化构词词缀 -la、-lə、-lo、-lə 的这套方位名词，一般都要表示与说话者有较远距离的方位概念。

　　总之，我们所搜集整理的鄂温克语方位名词的构成体系内，主要使用以上提到的三种结构类型的形态变化构词词缀。换句话说，该语言内的绝大多数方位名词词根或词干后面，均可同样接缀 -da、-də、-do、-də 与 -gu、-gɯ 以及 -la、-lə、-lo、-lə 三种结构类型的形态变化构词词缀，进而派生出在结构特征、词义内涵、使用关系等方面有所差异的方位名词。不过，我们的研究还表明，不是所有的方位名词都能够接缀这三套形态变化构词词缀，有一些方位名词词根或词干后面只允许接缀其中的某一套或某两套形态变化构词词缀之现象。比如，方位名词词根 noo-"前"后面，一般只可接缀形态变化构词词缀 -gu 或 -lo 两种，基本上不使用 -do 这一形态变化构词词缀。再比如，方位名词词干 agi-"前"后面，一般不接缀形态变化构词词缀 -la 与 -gu，只允许接缀 -da 这一形态变化构词词缀。还有，在方位名词词根 udʒi-"后"后面则不可接缀 -la，而可以使

用 -da 或 -gu 两种形态变化构词词缀。

我们的分析研究还表明，鄂温克语方位名词不是必须接缀前面提到三种结构类型的形态变化构词词缀以后才能够用于句子，有的方位名词完全可以在不接缀任何形态变化构词词缀的情况下用于句子。比如，orooŋ "上"、doliŋ "中间"、akkaŋ "后"、oldoŋ "旁边" 等方位名词就能够以词干形式用于句子，进而毫无疑问地精确表示各自承担的方位名词概念。

1.3 时间名词

鄂温克语名词类词内有时间名词，时间名词也叫时间词。所谓时间名词是指表示季节、年月、日期、时辰等概念的特定词类。正是因为有各自特定的表述内容和使用关系，时间名词具备了极其丰富而特殊的结构特征，以及各不相同的词义内涵。

1.3.1 时间名词的分类

（1）表示季节的时间名词

ʤog 夏天　　tʉg 冬天　　nələki 春天　　bol 秋天　　ulabuŋ 四季
aagiŋ 夏至　　haagiŋ 冬至　　haŋtʃi 惊蛰

（2）表示年月的时间名词

ane 年　　tiŋaŋ 去年　　gʉʃeŋ 明年　　əri ane 今年
tiŋaŋ saaguʤiŋ ane 前年　　beega 月　　ikkiŋ beega 正月　　ulʉhʉ beega 闰月

（3）表示日期的时间名词

inig 天　　əri inig 今天　　timaaʃiŋ 明天　　timaaniŋtʃi 后天
timaaŋ timaaniŋtʃi 大后天　　tinʉg 昨天　　tinʉg saaguʤiŋ～tʃaadʑi 前天

（4）表示时辰的时间名词

əddə 早晨　　dolob 晚上　　inigdoliŋ 中午　　inig ʤʉlidə 上午
inigamila 下午　　doloboŋ doliŋ 半夜　　tokko 更　　əriŋ～sag 时间/小时
minoot 分钟　　səkʉʉnt 秒钟　　əʃi 现在　　amaggu 将来　　noogu 以前

ajitte 古代　əʃitte 现代

　　鄂温克语里表示一至十二年、一至十二月、一至十二小时，甚至表示分秒等的时间名词，要在基数词一至十二后面以词根或词干的形式，或者以接缀有关形态变化构词词缀的形式构成。而且，绝大多数是跟 ane "年"、-be "月"、sag "小时"、minoot "分钟"、səkuunt "秒钟" 等时间名词有关。其中，表示月份的形态变化构词词缀 -be 以黏着形式接缀于相关基数词后面，进而表示不同月份的时间概念。另外，指一号（一日）到三十一号（三十一日）的时间概念时，也要在基数词后面使用 inig "日" 一词的特定手段来表现。不过，表示具体日子的基数词后面，一定要接缀领格形态变化语法词缀 -ni，这样才能使用 inig "日" 这一时间名词。表示不同 "年"、"月"、"时间"、"分"、"秒" 等的时间概念时，基数词词干后面不需要接缀任何形态变化构词词缀，而是直接采用基数词词干的形式（见表 1-1）。

表 1-1

基数词	时间名词	年 ane	月 -be	日 (-ni)inig	时 sag	分 minoot	秒 səkuunt
一	əmun	一年	一月	一号	一点钟	一分钟	一秒钟
二	ʤuur	二年	二月	二号	二点钟	二分钟	二秒钟
三	ilaŋ	三年	三月	三号	三点钟	三分钟	三秒钟
四	digiŋ	四年	四月	四号	四点钟	四分钟	四秒钟
五	toŋ	五年	五月	五号	五点钟	五分钟	五秒钟
六	niŋuŋ	六年	六月	六号	六点钟	六分钟	六秒钟
七	nadan	七年	七月	七号	七点钟	七分钟	七秒钟
八	ʤahoŋ	八年	八月	八号	八点钟	八分钟	八秒钟
九	jəgiŋ	九年	九月	九号	九点钟	九分钟	九秒钟
十	ʤaan	十年	十月	十号	十点钟	十分钟	十秒钟
十一	ʤaan əmun	十一年	十一月	十一号	十一点钟	十一分钟	十一秒钟
十二	ʤaan ʤuur	十二年	十二月	十二号	十二点钟	十二分钟	十二秒钟

我们把表格内由基数词加时间名词 ane "年"、-be "月"、sag "小时"、minoot "分钟"、səkuunt "秒钟" 等构成的，表示不同时间概念的名词从表格内拿出来逐一进行如下展示。

(5) 表示 "年" 的时间名词

əmʉŋ ane 一年　　ʤʉʉr ane 二年　　ilaŋ ane 三年　　digiŋ ane 四年
toŋ ane 五年　　niŋʉŋ ane 六年　　nadan ane 七年　　ʤahoŋ ane 八年
jəgiŋ ane 九年　　ʤaaŋ ane 十年　　ʤaaŋ əmʉŋ ane 十一年
ʤaaŋ ʤʉʉr ane 十二年

(6) 表示 "月" 的时间名词

əmʉŋbe 一月　　ʤʉʉrbe 二月　　ilaŋbe 三月　　digiŋbe 四月
toŋbe 五月　　niŋʉŋbe 六月　　nadanbe 七月　　ʤahoŋbe 八月
jəgiŋbe 九月　　ʤaaŋbe 十月　　ʤaaŋ əmʉŋbe 十一月
ʤaaŋ ʤʉʉrbe 十二月

(7) 表示 "日" 的时间名词

əmʉ(ŋ)ni inig 一号　　ʤʉʉrni inig 二号　　ila(ŋ)ni inig 三号
digi(ŋ)ni inig 四号　　to(ŋ)ni inig 五号　　niŋʉ(ŋ)ni inig 六号
nada(n)ni inig 七号　　ʤaho(ŋ)ni inig 八号　　jəgi(ŋ)ni inig 九号
ʤaa(ŋ)ni inig 十号　　ʤaaŋ əmu(ŋ)ni inig 十一号
ʤaaŋ ʤʉʉrni inig 十二号

(8) 表示 "时" 的时间名词

əmʉŋ sag 点钟　　ʤʉʉr sag 二点钟　　ilaŋ sag 三点钟
digiŋ sag 四点钟　　toŋ sag 五点钟　　niŋʉŋ sag 六点钟
nadan sag 七点钟　　ʤahoŋ sag 八点钟　　jəgiŋ sag 九点钟
ʤaaŋ sag 十点钟　　ʤaaŋ əmʉŋ sag 十一点钟
ʤaaŋ ʤʉʉr sag 十二点钟

(9) 表示"分"的时间名词
əmʉŋ minoot 一分钟　　ʤʉʉr minoot 二分钟　　ilaŋ minoot 三分钟
digiŋ minoot 四分钟　　toŋ minoot 五分钟　　niŋʉŋ minoot 六分钟
nadan minoot 七分钟　　ʤahoŋ minoot 八分钟　　jəgiŋ minoot 九分钟
ʤaaŋ minoot 十分钟　　ʤaaŋ əmʉŋ minoot 十一分钟
ʤaaŋ ʤʉʉr minoot 十二分钟

(10) 表示"秒"的时间名词
əmʉŋ səkʉʉnt 一秒钟　　ʤʉʉr səkʉʉnt 二秒钟　　ilaŋ səkʉʉnt 三秒钟
digiŋ səkʉʉnt 四秒钟　　toŋ səkʉʉnt 五秒钟　　niŋʉŋ səkʉʉnt 六秒钟
nadan səkʉʉnt 七秒钟　　ʤahoŋ səkʉʉnt 八秒钟　　jəgiŋ səkʉʉnt 九秒钟
ʤaaŋ səkʉʉnt 十秒钟　　ʤaaŋ əmʉŋ səkʉʉnt 十一秒钟
ʤaaŋ ʤʉʉr səkʉʉnt 十二秒钟

可以看出，上面罗列的一系列时间名词，除了表示与"月"相关的时间名词，使用由 beega "月（月份）"演化而来的形态变化构词词缀 -be 之外，其他时间名词均属于基数词与不同时间名词以非黏着形式相结合的产物。再说，表示与"日"相关的时间名词时，领格形态变化语法词缀 -ni 前的鼻辅音，也就是基数词词尾鼻辅音 -n 或 -ŋ 要出现脱落现象。

在这里还应该提到的是，除了以上列举的之外，鄂温克语的时间名词里，还有表示从星期一到星期天时间概念的名词系统。而且，它们的构成形式有别于上述时间名词的结构类型。因为，表示与"星期"（周）有关的时间名词时，garag "星期"用于基数词前面，同时在 garag 后面还要接缀领格形态变化语法词缀 -ni，进而才能构成表示一周日期概念的一整套时间名词。例如：

(11) 表示"一周日期"的时间名词
garagni əmʉŋ 星期一　　garagni ʤʉʉr 星期二　　garagni ilaŋ 星期三
garagni digiŋ 星期四　　garagni toŋ 星期五　　garagni niŋʉŋ 星期六
garagni inig 星期天

另外，鄂温克语里还有将 libe "礼拜"一词跟基数词相结合的形式表示一周日期的现象。例如：

libe əmuŋ 礼拜一（星期一）　libe dʒuur 礼拜二（星期二）
libe ilaŋ 礼拜三（星期三）　libe digiŋ 礼拜四（星期四）
libe toŋ 礼拜五（星期五）　libe niŋuŋ 礼拜六（星期六）
libe inig 礼拜天（星期天）

不难看出，这里使用的 libe 和 garag 都是外来词，garag 来自蒙古语，libe 来自汉语的"礼拜"。早期的鄂温克语表示一周的时间概念时，则使用基数词 nadan "七"与其他基数词相结合的表达形式。例如：

əmuŋ nadan ⇨ əmue 一 ＋ nadan 七 ⇨ 一个七 ＝ 星期一
niŋuŋ nadan ⇨ niŋuŋ 六 ＋ nadan 七 ⇨ 六个七 ＝ 星期六
nadan nadan ⇨ nadan 七 ＋ nadan 七 ⇨ 七个七 ＝ 星期日

鄂温克语口语里，有时也把基数词 nadan "七"用在其他基数词前面，但在这种情况下 nadan 后面接缀领格形态变化语法词缀 -ni。比如：nada(n)ni əmuŋ 直译是"七个的一"，意译是"星期一"；nada(n)ni toŋ 直译是"七个的五"，意译为"星期五"；nada(n)ni nadan 直译是"七个的七"，意译为"星期天"等。相比之下，将基数词 nadan "七"用在其他基数词之前表示一周日期概念的现象比较少见。

1.3.2　时间名词在句中的使用关系及其特征

根据时间名词句中使用现象的调查资料，鄂温克语时间名词和数词相结合而用于句子的实例确实有不少。这一实际情况，完全可以从前面分析的内容和举例说明的一系列时间名词看得一清二楚。它们几乎都是由某一特定时间名词和某一基数词结合而成，从而阐述不同内涵的时间概念，使时间名词变得极其丰富而系统。除了前面提到的实例之外，鄂温克语的语句内还有很多由时间名词与数词组合而成的说法。甚至，一些说法已成为鄂温克语句子的一种特定词组关系，由此在句中为明确阐述不同时间名词所包含的不同时间内涵发挥着十分重要的作用。例如：

(1) 由基数词与名词组合而成的时间名词
toŋ 五 + inig 日 = toŋ inig 五天 ⇨ 一周上班时间
ʤaaŋ toŋni 十五 + be 月 = ʤaaŋ toŋni be 十五月 ⇨ 十五的月亮

(2) 由基数词与形动词组合而成的时间名词
tottoso 决定的 + əriŋ 时间 = tottoso əriŋ 决定的时间 ⇨ 定时
əmər 来的 + nələki 春天 = əmər nələki 来年春天 ⇨ 来春

(3) 由基数词与程度副词组合而成的时间名词
miiŋ 最 + dolob 晚上 = miiŋ dolob 最晚
mandi 很 + əddə 早晨 = mandi əddə 很早

而且，鄂温克语的句子里，人们经常遇到时间名词与程度副词相结合的情况。其中，使用率最多的是程度副词 mandi"很"、miiŋ"最"等以修饰时间名词 əddə "早晨"、dolob"晚上"、ore"夜晚"、delda"傍晚"等的结构形式出现的实例。除此之外，我们的调研资料还显示，鄂温克语时间名词被重叠使用的现象有不少。比如，əddə əddə "早晨早晨"（每天早晨）、inig inig "天天"等。他们以此话语交流形式，阐述某一特定时间里反复出现，以及在这反复出现的时间概念里不断重复的动作行为。从这个意义上讲，被重叠使用的时间名词一般都内含复数概念。总之，时间名词在鄂温克语里有相当广泛的使用面，使用形式也极其丰富多样。

2. 代词

我们所掌握的第一手田野调研资料，充分说明鄂温克语中使用的代词十分丰富，内部分类又特别清楚而有规律。这给他们的语言交流带来许多便利，同时他们的交流也变得规范、精确、顺达。其内部依据使用对象、使用关系、使用内容等的不同一般分为：（1）人称代词 ⇨ bi"我"、ʃi"你"、nugan"他"、bʉ "我们"、sʉ"你们"、talar"他们"等；（2）指示代词 ⇨ əri"这"、tari "那"、ələ"这里"、tala"那里"、ədʉ"这儿"、tadu"那儿"等；（3）疑问代词 ⇨ iri"哪个"、ilə"哪个"、awu"谁"、ohoŋ"什么"等；（4）反

身代词 ⇨ məəni"自己"、miti"咱们"等；（5）泛指代词 ⇨ hokko"都"、sɯt"全部"等；（6）不定代词 ⇨ əmɯŋ naaŋ……aaʃiŋ"什么也……"等。事实上，这六种代词里最具代表性的是前四项。因此，在下文中我们依据调研资料对人称代词、指示代词、反身代词和疑问代词的构成原理、结构特征、使用关系进行逐一分析和讨论。

2.1 人称代词

鄂温克语人称代词中，有属于单数类和复数类两种结构类型。其中，单数类主要关系到单数第一、单数第二、单数第三三种人称代词；复数类主要涉及复数第一、复数第二、复数第三三种人称代词。顾名思义，单数类人称代词是指单数内涵的"我"、"你"、"他"，复数类人称代词是指表示复数含义的"我们"、"你们"、"他们"。而且，它们之间均有十分鲜明的语音形式、构成原理、语用关系方面的区别性特征，并均用特定形态变化语法词缀来表现。甚至，有的人称代词还有独立型和非独立型两种结构类型。

2.1.1 单数第一人称代词

显而易见，单数第一人称代词是指属于单数结构类型的，表示第一人称概念的"我"的称呼。鄂温克语中用 bi 来表示。在这里还应该提到的是，对于"我"的指称上，除了独立型结构类型的说法 bi 之外，还有非独立型结构类型的实例 mi-。换言之，bi 是以原有结构形式用于句子，从而表示单数第一人称代词"我"。例如：

bi əri inig geedu ninime.
我 这 天 街 去
我今天要上街。

该句中，单数第一人称代词 bi "我"就以独立型和不变性结构类型用于句子。与此相反，同样是属于单数第一人称代词 mi- "我"作为非独立型结构体，只有在其词干后面接缀名词类词形态变化语法词缀之后，才能用于句子。例如：

mini iəleesə see mandi antaŋʃe.
我   熬的   茶 非常   香美
我熬的奶茶非常香甜。

可以看出，上述句子中的单数第一人称代词 mi-"我"作为非独立型结构体，只有在其词干后面接缀领格形态变化语法词缀 -ni 的前提下才能用于句子。反过来说，mi- 不能以原有结构形式用于句子。不过，在 mi- 后面接缀的基本上是名词类词的格形态变化语法词缀。根据有关研究资料，非独立型结构体单数第一人称代词 mi- 是由独立型结构体 bi"我"演化而来。

2.1.2 单数第二人称代词

调研资料表明，单数第二人称代词 ʃi "你"属于独立型结构类型的产物，它是在词首辅音 ʃ- 后面接缀短元音而构成。词首辅音 ʃ- 有可能源自 *s-。也就是说，ʃi "你"的早期发音形式应为 *si。另外，鄂温克语中还有对于"你"的敬称，并由辅音 s 开头的 sʉ 这一语音形式构成。在我们看来，sʉ 本应该是指称复数第二人称概念时使用的人称代词，怎么会在表示"您"之意时使用 sʉ 呢？对此我们认为，这可能跟人们在早期指称老人、受尊敬的人或敬畏的人时，由于敬重或敬畏而不敢或不愿意直接称呼其为 ʃi "你"，为回避或淡化该概念就用 sʉ "你们"来替代对于"您"的说法有关。

2.1.3 单数第三人称代词

从词及词类构成原理来分析，鄂温克语名词类词的单数第三人称代词的形态变化结构形式相对复杂，并有几种不同的说法。依据现有资料的分析，单数第三人称代词基本上源自 ta- 和 nu- 两个词根。也就是说，在代词词根 ta- 或 nu- 后面接缀像 -ri、-jja、-gaŋ 等形态变化语法词缀而构成。其中，-ri 与 -jja 一般都接缀于代词词根 ta- 后面，构成 tari 和 tajja 两个表示"他"或"她"之意的单数第三人称代词；而 -gaŋ 要接缀于代词词根 nu-后面，同样构成表示"他"或"她"等概念的单数第三人称代词 nugaŋ。这里提到的无论是 tari 或 tajja，还是 nugaŋ 都能够表示单数第三人称男性用的"他"及女性用的"她"。在具体的语句中，区分单数第三人称代词 tari、tajja、nugaŋ

究竟表示的是"他"还是"她"等词义关系时，主要看它们所处的语句及其表述的语句概念。另外，我们的研究还表明，单数第三人称代词 tari、tajja、nugaŋ 在语句中具体使用时，也有约定俗成的内涵及其使用方面的区别性特征。而且，主要表现在 tari 要用于一般意义上的"他"或"她"，tajja 基本上用于贬义或带有不满情绪的语句，nugaŋ 则用于与老年人、敬重者、敬畏者交流时的语句，进而表示褒义概念。简言之，单数第三人称代词 nugaŋ 用于褒义句或敬语句。例如：

tari aja bəj, **tajja** ərʉ bəj, **nugaŋ** mini addewi oorong.
他　好人　　他　坏人　　她　　我的　祖母　　是
他是好人，他是坏人，她是我祖母。

2.1.4　复数第一人称代词

复数是与单数相对而言的概念，是表示复数结构类型的人称代词的产物。那么，复数第一人称是指属于复数结构类型的，表示复数第一人称概念"我们"的称呼。而且，他们同样用独立型结构类型的 bʉ，以及非独立型结构类型的 mʉ- 来表示复数第一人称的"我们"。其中，bʉ 以原有结构形式用于句子，从而表示复数第一人称代词概念。例如：

bʉ əri inig geedu ninime.
我们　这　天　　街　　去
我们今天要上街。

很显然，该句子里 bʉ"我们"完全以独立型和不变性结构类型用于句子。不过，同样是复数结构类型的第一人称代词 mʉ-"我们"，由于属于非独立型结构体，所以只能在其词干后面接缀名词类词格形态变化语法词缀等的前提下用于句子。例如：

mʉni ələəsə see mandi antanʃe.
我们　熬的　茶　非常　香美

我们熬的奶茶非常香甜。

不难看出，上述句中出现的 mu-"我们"，作为非独立型结构体，在其词干后面接缀领格形态变化语法词缀 -ni 后才用于句子。而且，非独立型结构类型的复数第一人称代词 mu- 的词首辅音 m，同样有可能从 bu- 的词首辅音 b 演化而来的实例。

2.1.5 鄂温克语的复数第二人称代词

在前面分析单数第二人称代词时，就提到过该语言里要用 sʉ 这一说法表示"你们"的概念。毫无疑问，sʉ 原本就是复数第二人称代词的语音结构形式，它是在辅音 s- 后面接缀短元音 ʉ 而构成。不过很有意思的是，作为复数第二人称代词的 sʉ "你们"，还可以充当单数第二人称代词的敬称"您"用于敬语句。不仅如此，还有较高的使用率。例如：

sʉ   timaaʃiŋ   ʉrdu   jʉʉhəldəne.
你们   明天   山   上
你们明天上山吧。

2.1.6 鄂温克语的复数第三人称代词

该语言的复数第三人称代词主要是在 ta- 后面接缀 -lar、-tʃtʃil 等形态变化语法词缀而构成。比如，talar（ta- + -lar）、tatʃtʃil（ta- + -tʃtʃil）等。而且，talar 与 tatʃtʃil 均可以表示"他们"或"她们"。再说，还有在单数第三人称代词 nugaŋ、tari、tajja 等后面，接缀复数形态变化语法词缀 -tir、-sal、-l 等构成 nugaŋtir（nugaŋ + -tir）、tajjasal（tajja + -sal）、taril（tar + -l）等来表示"他们"或"她们"等复数第三人称代词的现象。

总之，鄂温克语的人称代词除了分有第一人称、第二人称、第三人称之外，还有单数类和复数类两种数形态变化结构类型。再说，单数第一人称代词 bi 与 mi-，以及复数第一人称代词 bu 与 mu- 在使用原理上还有独立型和非独立型两种结构特征。另外，从复数第一人称代词 bu 与 mu- 所包含的词义结构来看，它们所表现出的"我们"均含有排除式语义内涵。与此相反，在非独立式结构类型的单数第一人称代词 mi-"我"后面，接缀形态变化构词词缀 -ti 而派生的人称代词 miti，则主要表示含有包括式概念的复数第一人称代词"咱们"之意。不过，鄂温克语里，还会见到独立型结构的单数第一人称代词 bi "我"后面，接缀复数形态变化构词词缀 -ti 而构成 biti(bi-ti) "我们"用于句子的现象。很有意思的是，在排除式复数第一人称代词 biti "我们"后面，同样可以接缀复数形态变化语法词缀 -səl，进而构成表示复数语法概念的人称代词 bitisəl(biti-səl) "我们"。

2.2 反身代词

与人称代词相比，鄂温克语的反身代词显得十分简单。而且，我们的调研资料显示，该语言的反身代词只有表示单数的 məəni "自己"和复数的 məənisəl (məəni-səl) "自己们"两种说法。毫无疑问，无论是 məəni 还是 məənisəl 均源自词根 məə-。也就是说，məə- 后面接缀领格形态变化语法词缀 -ni 构成单数反身代词 məəni，在 məəni 后面接缀复数形态变化语法词缀 -səl 构成复数反身代词 məənisəl。不过，我们发现鄂温克语口语里，也有在反身代词词根 məə-后面直接接缀复数形态变化语法词缀 -səl，从而构成复数反身代词 məəsəl "自己们"的现象。

2.3 指示代词

根据分析，鄂温克语指示代词内部要分近指和远指两种结构类型。而且，它们的区别主要体现在指示代词的词根部分。换言之，指示代词的词根是区分近指代词和远指代词的基本条件和要求。比如说，近指代词词根要用 ə- 这一语音形式来体现，远指代词是以词根 ta- 来表现。当然，在近指代词和远指代词词根后面，均能够接缀一系列形态变化构词词缀。从严格意义上讲，无论是近指代词还是远指代词的形态变化构词词缀，在语音结构上基本保持了相互的一致性。它们的不同点，主要体现在因元音和规律的影响和制约，词缀系统中出现的阳性元音 a、u 及阴性元音 ə、ʉ 的不同上。这就是说，近指代词词根 ə- 后面接缀形态变化构词词缀时，要依据元音和谐原理使用以阴性元音 ə、ʉ 为核心构成的一套词缀；相反，远指代词词根 ta- 后面接缀形态变化构词词缀时，同样严格按照元音和谐原理使用以阳性元音 a、u 为核心构成的另一套词缀。不过，在它们的形态变化构词词缀内，也有一些由中性元音构成的实例。

那么，这些由中性元音构成的形态变化构词词缀，均可无区别地用于近指代词或远指代词词根后面。在近指代词和远指代词词根后面接缀的形态变化构词词缀比较丰富，但最为常见的应该是 -ri、-jja、-du、-la、-li、-nnagaŋ、-ʤʤiggiŋ 及 -ri、-jjə、-dʉ、-lə、-nnəgəŋ、-ʤʤiggiŋ 等。其中 -ri、-jja、-du、-la、-li、-nnagaŋ、-ʤʤiggiŋ 用于远指代词词根后面，-ri、-jjə、-dʉ、-lə、-nnəgəŋ、-ʤʤiggiŋ 用于近指代词词根后面。下文中用格式化手段系统展示出，在近指代词与远指代词词根后面，按照元音和谐规律接缀形态变化构词词缀的基本原理。

2.3.1 近指代词词根 ə- 后接缀形态变化构词词缀的实例：

$$
\text{ə-} + \begin{Bmatrix} \text{-ri} \\ \text{-jjə} \\ \text{-dʉ} \\ \text{-lə} \\ \text{-li} \\ \text{-nnəgəŋ} \\ \text{-ʤʤiggiŋ} \end{Bmatrix} = \begin{matrix} \text{əri 这} \\ \text{əjjə 这} \\ \text{ədʉ 这里} \\ \text{ələ 这边} \\ \text{əli 这里} \\ \text{ənnəgəŋ 这样} \\ \text{əʤʤiggiŋ 这程度} \end{matrix}
$$

2.3.2 远指代词词根 ta- 后接缀形态变化构词词缀实例：

$$
\text{ta-} + \begin{Bmatrix} \text{-ri} \\ \text{-jja} \\ \text{-du} \\ \text{-la} \\ \text{-li} \\ \text{-nnagaŋ} \\ \text{-ʤʤiggiŋ} \end{Bmatrix} = \begin{matrix} \text{tari 那} \\ \text{tajja 那} \\ \text{tadu 那里} \\ \text{tala 那边} \\ \text{tali 那里} \\ \text{tannagaŋ 那样} \\ \text{taʤʤiggiŋ 那程度} \end{matrix}
$$

从以上实例可以看出，严格按照元音和谐规律接缀于近指代词词根 ə- 和远指代词词根 ta- 后面的一系列形态变化构词词缀，均有各自承担或表达的特定词义内涵。所有这些，对于指示代词的使用关系、使用意义、使用范围及其条件起到决定性作用。例如：

əri 这、tari 那 ⇨ 常用或一般性用法。
əjjə 这、tajja 那 ⇨ 用于贬义。
ədʉ 这里、tadu 那里 ⇨ 用于指具体位置或地点等。
ələ 这边、tala 那边 ⇨ 用于泛指的位置、地点、方向等。
əli 这儿、tali 那儿 ⇨ 用于指模糊的位置、地点、方向等。
ənnəgəŋ 这样、tannagaŋ 那样 ⇨ 用于指性质、状态、方式、程度等。
ədʑdʑiggiŋ 这程度、tadʑdʑiggiŋ 那程度 ⇨ 用于指程度、界限、限度、要求、标准等。

另外，指示代词，也就是近指代词、远指代词，还有单数类与复数类形态变化结构类型。毋庸置疑，它们的单数概念要用以上讨论的词干形式表现，复数则要用复数形态变化语法词缀来构成。换言之，前面提到的近指代词和远指代词均属单数类形态变化结构类型，在它们后面接缀复数形态变化语法词缀就会构成复数类结构类型的指示代词。它们的区别功能和特征，主要在于错综复杂的形态变化语法词缀上，而不是体现在词根或词干方面。比如说，在近指代词（表示单数概念）əri"这"、əjjə"这"、ənnəgəŋ"这样"、ədʑdʑiggiŋ"这程度"，以及远指代词 tari"那"、tajja"那"、tannagaŋ"那样"、tadʑdʑiggiŋ"那程度"等后面，按照元音和谐规律，分别接缀复数形态变化语法词缀 -səl 或 -sal 之后，就会变成 ərisəl"这些"、əjjəsəl"这些"、ənnəgəŋsəl "这样些"、ədʑdʑiggiŋsəl "这程度些"，以及 tarisal"那些"、tajjasal"那些"、tannagaŋsal"那样些"、tadʑdʑiggiŋsal"那程度些"等表示复数概念的近指代词和远指代词。不过，他们的口语里，表示 ədʉ"这里"、ələ"这边"、əli"这儿"及 tadu"那里"、tala"那边"、tali"那儿"等近指代词或远指代词的复数概念时，一般都依据元音和谐规律接缀约定俗成的形态变化语法词缀 -thəŋ 或 -thaŋ。比如说，ədʉthəŋ"这些里"、ələthəŋ"这些边"、əlithəŋ"这些儿"及 taduthaŋ "那些里"、talathaŋ "那些边"、talithaŋ"那些儿"等。

2.4 疑问代词

通过实地调研和分析研究，我们充分认识到，鄂温克语名词类词的疑问代词也是一个十分复杂的结构系统。首先，从它们的构成原理上讲，有可变性结构类型的实例，以及不变性结构类型的产物。毫无疑问，属于可变性结构类型的疑问代词，在语音结构及其语义结构等方面均表现出一定复杂性。而且，这种复杂性或多样性，往往表现在形态变化构词词缀的变化上。也就是说，可变性疑问代词的形态变化构词词缀中，不但会出现由于严格而规范的元音和谐规律带来的元音变化现象，同时还会出现根据说话人表达不同话语内容而引起的音变现象。比如说，像 awu "谁" 和 ni "谁"、"什么" 就属于不变性疑问代词。然而，还有在可变性疑问代词词根 o- 与 i- 后面，接缀一系列形态变化构词词缀源生疑问代词的实例。例如：

2.4.1 疑问代词词根 o- 后面接缀形态变化构词词缀的实例

o- + { -hi, -hidu, -hoŋ, -ndi, -ni } = { ohi > oohi 多少, ohidu 何时, ohoŋ 什么, ondi 怎样, oni > ooni 怎么 }

2.4.2 疑问代词词根 i- 后面接缀形态变化构词词缀的实例

i- + { -ggʉ, -lə, -thi, -ttʉ, -ma, -da, -nnəgəŋ } = { iggʉ 哪方, ilə 哪里, ithi 往哪儿, ittʉ 怎样、怎么, ima>iima 为何, ida>iida 为什么（究竟为什么）, innəgəŋ 怎么样 }

从上面，疑问代词词根 o- 与 i- 后面接缀形态变化构词词缀原理来看，（1）其中没有相互重复的现象，无论是 o- 还是 i- 均各自使用一套约定俗成的形态变化构词词缀；（2）这些形态变化构词词缀表现出的都是各自不同的词义概念，从而具有各自不同的用处和侧重点；（3）比较而言，疑问代词词根 o- 后面使用的形态变化构词词缀，没有 i- 后面用的形态变化构词词缀多。从这个意义上讲，疑问代词词根 i- 的使用面或者说活力比 o- 要广泛而强盛；（4）疑问代词中 ohi "多少"、oni "如何"、ima "为何"、ida "为什么" 等，在实际发音中还有 oohi、ooni、iima、iida 等将词首短元音发音成长元音的现象；（5）在他们的口语里还有把 ida "为什么" 之意，用 joodoŋ 之说来表示的现象。

在这里，还应该提出的是，以上接缀形态变化构词词缀而构成的这两套疑问代词均属于单数类结构，它们的复数类结构还要接缀复数形态变化语法词缀来实现。而且，经过分析研究，我们发现在这些疑问代词后面接缀的复数形态变化语法词缀，就是讨论指示代词时提到的 -thaŋ、-thəŋ、-thoŋ 等复数形态变化构词词缀。很显然，它们是遵循元音和谐规律，分别接缀于由阳性元音和阴性元音为主构成的疑问代词后面，在中性元音构成的疑问代词后面一般都接缀由阴性元音构成的复数形态变化语法词缀。比如说，awuthaŋ(awu-thaŋ) "谁们"、nithəŋ(ni-thəŋ) "谁们"、ohiduthoŋ(ohidu-thoŋ) "是些何时"、ohoŋthoŋ (ohoŋ-thoŋ) "什么什么"、idathaŋ(ida-thaŋ) "什么什么"、iləthəŋ(ilə-thəŋ) "哪儿哪儿" 等。除此之外，这些单数结构类型的疑问代词后面，还可以接缀 -sal、-səl、-sol 及 -that、-thət 等复数形态变化语法词缀，从而构成具有复数结构类型的疑问代词。另外，我们掌握的田野调查资料还显示，鄂温克语口语里经常能够见到重叠使用单数形态变化结构类型的疑问代词的手段，表示其复数语法概念的现象。

综上所述，该语言的代词中主要有人称代词、指示代词、反身代词、疑问代词。除此之外，还有泛指代词与不定代词。其中，泛指代词只有 hokko "都" 与sʉt "全部" 两种说法，应该说它们是表示复数概念的产物。因为，它们所指的是一种方面广、范围大、数量多的概念，在口语中有一定使用率。再说，不定代词是属于构成原理十分复杂的实例。它是由基数词 əmʉŋ "一" 和数量副词 naaŋ "还" 以及否定助动词 aaʃiŋ "没" 组合而成。作为不定代词 əmʉŋ naaŋ…

aaʃiŋ 用于语句时，主要表示"什么也没……"这一不确定的代词概念。比如说，əmʉŋ naaŋ bəj aaʃiŋ "什么人也没有"。该句子里指的不是"你"、"我"、"他"以及"我们"、"你们"、"他们"等"没有"，而是指"什么人也没有"这一不确定的代词概念。我们在调研时发现，现有的鄂温克语口语里不定代词的使用率明显下降。

就像名词类词后面均可以接缀数、格、人称、级等名词类词具有的形态变化语法词缀一样，在代词词根或词干后面，包括单数结构类型的代词以及复数结构类型的代词，均可以接缀那些错综复杂的名词类词形态变化语法词缀。不过，在前面分析代词的结构特征时，已经明确交代了复数类代词的构成形式和内容。所以，在此只是列举说明，在代词后面接缀格、人称、级形态变化语法词缀的相关实例。比如说，（1）在代词后面接缀格形态变化语法词缀的实例有 tariwa (tari 他、-wa 确定宾格语法词缀)"把他"、əjjəthi (əjjə 这个、-thi 比较格语法词缀)"比这个"、awuʤi(awu 谁、-ʤi 造格语法词缀)"用谁"、məənithəhi (məəni 自己、-thəhi 方向格语法词缀)"向自己方向"；（2）在代词后面接缀领属形态变化语法词缀的实例有 tariʃi(tari 他、-ʃi 单数第二人称语法词缀)"你的他"、əriwi(əri 这个、-wi 单数第一人称语法词缀)"我这个"、awusuŋ (awu 谁、-suŋ 复数第二人称语法词缀)"你们的谁"、məəniniŋ (məəni 自己、-niŋ 单复数第三人称语法词缀)"他(或他们)自己"；（3）在代词后面接缀级形态变化语法词缀的实例有 sʉhəŋ(sʉ 你们、-həŋ 低级语法词缀)"略微你们"、ənnəgəŋsələ (ənnəgəŋ 那样、-sələ 次低级语法词缀)"略那样"、ithihəhəŋ(ithi 往哪儿、-həhəŋ 最低级语法词缀)"略微往哪儿一点"、məənihəjə(məəni 自己、-həjə 次低级语法词缀)"略微自己"等。尽管在代词后面可以接缀名词类词各种形态变化语法词缀，但使用复数、格、人称领属形态变化语法词缀的现象比较多，接缀级形态变化语法词缀的实例不是很多。

3. 数词

鄂温克语的句子里，既有用不同结构原理构成，又有不同使用关系与使用价值的数词系统，而且均有相当高的使用率。同时，在数词词干后面同样可以接缀名词类词的形态变化语法词缀，从而表示它们在句中的不同成分和关系。根据我们掌握的调研资料，该语言中使用的数词主要分为基数词、序数词、集合数词、平均数词、概数词、分数词、限定数词、重复数词八种结构类型。比如说，（1）基数词有 əmʉŋ "一"、ʤʉʉr "二"、ilaŋ "三"、digin "四"、toŋ "五"、niŋʉŋ "六"、ʤakun "八"、ʤaan "十"、orin "二十"、namaaʤ "百"、meŋgan "千"等；（2）序数词为 əmʉŋduhi "第一"、ʤʉʉrduhi "第二"、ilaŋduhi "第三"等；（3）集合数词包括 ilane "三个一起"、ʤakune "八个一起"、ʤaane "十个一起"等；（4）平均数词有 əmʉŋtəl "各一个"、ilaŋtal "各三个"、niŋʉŋtəl "各六个"等；（5）概数词指 adi "几个"、ʉlʉhʉ "多余"等；（6）分数词基本上由分数词 howi "分" 接形态变化语法词缀 -ni 而构成；（7）限定数词是在基数词词干后面接缀形态变化语法词缀 -haŋ、-həŋ～-kaŋ、-kəŋ 等构成；（8）重复数词有 modan "次"、ərin "回"等。以下分别阐述它们的构成特征，以及句中的使用关系及其原理。

3.1 基数词

鄂温克语的句子中使用的基数词，根据其结构特征，主要分为单一类基数词和复合类基数词两种结构类型。而且，人们习惯于将单一类基数词称为单纯基数词，同时把复合类基数词称为复合基数词。

3.1.1 单纯基数词

我们所掌握的鄂温克语单纯基数词包括一至九的个位数、十至九十的十位数，以及百、千、万、亿等单位数。单纯基数词实用率最高、使用面最广，也是派生其他数词的前提条件和基本要素。例如：

əmʉŋ 一	ʤʉʉr 二	ilaŋ 三	digin 四	toŋ 五
niŋʉŋ 六	nadan 七	ʤahon 八	jəgin 九	ʤaan 十
orin 二十	gotin 三十	dəhi 四十	tonne 五十	
niŋʉŋne 六十	nadanne 七十	ʤahonne 八十	jərən 九十	
namaaʤ 百	meŋgan 千	tʉmʉn 万	donʃuur 亿	

在该语言里，从 toŋŋe"五十"到 ʥahoŋŋe"八十"的四个十位数是在 toŋ "五"、niŋʉŋ"六"、nadan"七"、ʥahoŋ"八"四个个位数词词干后面，接缀形态变化构词词缀 -ŋe 派生出来的实例。因此，也可以把它们称为派生数词。但是，这种从个位数词派生十位数词的形态变化构词词缀 -ŋe，只能接缀于从 toŋ"五"到 ʥahoŋ"八"这四个个位数词词干后面，在其他个位数词词干后面不接缀该形态变化语法词缀。比如说，不能把 əmʉŋ"一"说成 əmʉŋŋe（əmʉŋ-ŋe），əmʉŋŋe 几乎跟 əmʉŋ 一样表示个位数的"一"。

3.1.2 复合基数词

所谓的复合基数词指的就是复合类基数词，一般是指由两个或两个以上单纯基数词结合而成的基数词，并在结合类型方面有所不同。鄂温克语中，复合基数词的构成主要有两种不同的结构类型，一种是由两个单纯基数词相加原理构成，另一种是由两个单纯基数词的相乘原理组合而成。那么，用两个单纯基数词的相加原理构成复合基数词时，位数大的单纯基数词要位于位数小的单纯基数词前面，把位数小的单纯基数词用在位数大的单纯基数词后面。例如：

ʥaaŋ əmʉŋ 十一   gotiŋ ʥahoŋ 三十八   namaaʥ toŋ 一百零五
十   一   三十 八   百   五

由两个单纯基数词相加原理构成的复合基数词在句中使用情况：

ʥaaŋ əmʉŋ inig doolo əʃiŋ ətərə, gotiŋ niŋʉŋ inig doolo ətərəŋ.
十   一   天 里   不 完   三十 六   天 里   完
此事十一天内弄不完，三十六天内才能弄完。

可以看出，上述例句里出现 ʥaaŋ əmʉŋ"十一"、gotiŋ niŋʉŋ"三十六"两个数词均属于由位数大的基数词 ʥaaŋ"十"、gotiŋ"三十"位于位数小的基数词 əmʉŋ"一"、niŋʉŋ"六"之前的结构原理构成的相加式复合基数词。鄂温克语里以单纯基数词相加原理构成复合基数词时，一般不会在同位的基数词间产生结合关系，而是在不同位的基数词间相互结合而构成。

然而，与上面提到的实例相反，由两个单纯基数词相乘形式构成复合基数词时，位数小的单纯基数词要出现在位数大的单纯基数词的前面，将位数大的单纯基数词用于位数小的单纯基数词后面。例如：

ʤuur oriŋ 四十　　niŋʉŋ gotiŋ 一百八十
二　　二十　　　　六　　三十

ʤahoŋ ʤaaŋ 八十　　toŋ namaaʤ 五百
八　　十　　　　　五　　百

鄂温克语里表示多位数概念时，要同时使用单纯基数词相加和相乘的形式来实现。也就是说，表述某一多位数概念时，在用单纯基数词的相加形式的同时，还要使用单纯基数词的相乘形式，进而才能够达到表述某一复杂结构关系的多位数的目的。例如：

əmuŋ tumuŋ ʤuur meŋga ilaŋ namaaʤ nadanŋe digiŋ.
一　　万　　二　千　　三　百　　　七十　　四
一万两千三百七十四。

这是一个充分利用单纯基数词的相加和相乘结构原理组合而成的，结构关系相当复杂的多位数。其中，əmuŋ tumuŋ"一万"、ʤuur meŋgaŋ"二千"、ilaŋ namaaʤ"三百"三个复合基数词是以单纯基数词相乘原理结合而成；nadanŋe digiŋ"七十四"则是以单纯基数词相加原理结合而成的产物。最后，在它们整体结合的基础上，才完整地表达了"一万两千三百七十四"这一多位数概念。

3.2 序数词

鄂温克语中常见的序数词，主要是在基数词词干后面接缀形态变化构词词缀-duhi、-dʉhi 而构成。由于该词缀有元音和谐规律，使用时要严格遵循二元一体音变结构类型的元音和谐要求。另外，在基数词词干后面也可以接缀形态变化构词词缀 -ʃiniŋ 来构成序数词。例如：

基数词词干后面接缀形态变化构词词缀 -duhi、-dʉhi 而构成序数词的实例：

toŋ ＋ -duhi ＝ toŋduhi 第五
əmʉŋ ＋ -dʉhi ＝ əmʉŋdʉhi 第一

基数词词干后面接缀形态变化构词词缀 -ʃiniŋ 而构成序数词的实例：

toŋ ＋ -ʃiniŋ ＝ toŋʃiniŋ 第五
əmʉŋ ＋ -ʃiniŋ ＝ əmʉŋʃiniŋ 第一

除了以上提到的形态变化构词词缀 -duhi、-dʉhi 及其 -ʃiniŋ 之外，鄂温克语口语里还有用形态变化构词词缀 -dugar、-dʉgər 构成序数词的情况。比如说，toŋdugar(toŋ-dugar)"第五"、əmʉŋdʉgər (əmʉŋ-dʉgər) "第一"等。

3.3 集合数词

根据调查资料，鄂温克语的句子里集合数词有一定使用率。而且，该语言的集合数词主要是在基数词词干后面接缀形态变化构词词缀 -ne 而构成。很有意思的是，由 -ne 构成的集合数词内含人与事物间产生的某种情感，从而表现出人和人、人与事物、事物同事物间存在的某种亲和关系。例如：

toŋŋe ＋ -ne ＝ toŋŋene 五十在一起
dʒahoŋ ＋ -ne ＝ dʒahoŋne 八个在一块

3.4 平均数词

鄂温克语的平均数词，用基数词的重叠形式表示。有时，在重叠出现的平均数词的第二个基数词后面要接缀形态变化语法词缀 -dʒi，从而表示某一平均数词概念。例如：

tari satandihiwi ʉrʉldʉ ʤaaŋ ʤaaŋ-ʤi bʉʉsə.
他   糖块从自己   孩子   十   十   给
他把自己的糖块分给每个孩子平均十块。

bi inig taniŋ ʤahoŋ ʤahoŋ sag-ʤi gəbbələme.
我   天   每   八   八   时间   工作
我每天平均工作八个小时。

3.5 概数词

鄂温克语的概数词，主要由基数词同相关疑问代词或形容词等组合而成。而且，基数词要用于疑问代词 adi"几"或形容词 ʉlʉhʉ"多"等前面。例如：

tinʉgni gisaŋdu ʤaaŋ adi bəj iisə gʉnəŋ.
昨天   会议   十   几   人   参加 说
据说，大概有十几个人参加了昨天的会议。

əri mudaŋ boŋgoŋ imandadu gotiŋ adi honiŋ bʉsə.
这   次   大的   雪   三十   几   羊   死
在这次的特大暴风雪中死了三十多只羊。

鄂温克语里，表示十位以下大约数字概念时，往往把两个紧挨着的基数词按照从小到大的顺序排列使用。例如：

takkaŋ gəbbəwə əmʉŋ ʤʉʉr bəj ookki ootʃtʃi nəərəŋ.
那一点   工作   一   二   人   做   行   成
就那么一点工作有一两个人就够了。

bʉ taduhi əri ʤakka toŋ niŋʉŋ sag aggaʃisamuŋ.
我们 那   这   到   五   六   时   走
我们从那里到这里走了五六个小时。

不只是十位以下的个位数如此，其他不同位数的数词要是按照从小到大的顺序使用，同样能够表示与此相关的概数词概念。例如：

honiŋdihi **toŋŋe niŋʉŋŋe** abalʤiraŋ gʉnɵŋ.
羊　　　五十　六十　　缺　　　说
说是我们的羊缺五六十只。

gagasel əmʉŋ ʃiipʉʤi əmʉŋ inig **ʤʉʉr** ilaŋ namaaʤ bohol heenja hadisa.
哥哥　　一　　手扶　　一　天　二　　三　　百　　小垛　草　　割
哥哥他们用一台手扶拖拉机一天割了两三百小垛草。

除此之外，鄂温克语里还有在基数词前面使用 barag "大约" 这一副词来表示大约数字概念的现象。例如：

kino **barag ʤʉʉr** sagdu əəkkərəŋ ʃiŋʤə.
电影　大约　　两　　钟　　　开始　　是
电影约在两点钟开始放映。

timaaʃiŋ tatʃtʃil **barag ʤaan** əmʉŋ bəj əmərəŋ.
明天　　　他们　　大约　　十　　一　　人　来
明天他们约来十一个人。

3.6 分数词

鄂温克语的分数词由 howi "分" 接缀领格形态变化语法词缀 -ni 而构成，并且要位于分母数词和分子数词之间。其顺序是分母数在前，分子数在后。同时，充当分母数词和分子数词的几乎是基数词。例如：

minidu mooniwi toŋ howini digiŋbəni bʉʉsə.
我　　　木　　　五　分　　四　　　　给

他把木料的五分之四给了我。

əri boŋoŋ imandadu gagani honiŋdihi **namaadʒ** howini əmʉ(ŋ)niŋ busə.
这 大的 雪 哥哥 羊 百 分 一 死了
在这次的特大暴风雪中哥哥损失了百分之一的羊。

鄂温克语里还有省略分数词 howini 的同时，在分母数词后面接缀领格形态变化语法词缀 -ni 的结构形式表示分数概念的现象。例如：

toŋ-ni əmʉŋbəni nəhʉŋbi gatʃtʃi ʉlisə.
五 一 弟弟 拿 走
我弟弟拿走了其中的五分之一。

əri əri(ŋ)ni horoldu ulur **namaadʒ-ni** namaadʒ hokko iisə.
这 次 会 人们 百 百 都 参加
在这次的会议上人们百分之百地都参加了。

3.7 限定数词

鄂温克语的限定数词是，在基数词后面接缀 -haŋ、-həŋ、-hoŋ、-hɵŋ～-kaŋ、-kəŋ、-koŋ、-kɵŋ 等词缀辅音交替规则和四元一体音变结构类型的形态变化构词词缀而构成。根据使用原理和基本要求，将这些限定数词的形态变化构词词缀分别接缀于由不同元音和谐构成的基数词后面，从而表示数词的限定意义。限定数词在句子里，表示的意义相当于汉语的"仅仅"、"只是"等。例如：

amihaŋ miisaŋbi iɲiitʃtʃi əmʉn-**kəŋ** ʉrdʉ jʉʉsə.
大爷 枪 背 一 山 上
只有大爷一个人背着枪上山了。

sʉni hurigaŋdusuŋ əʃi **dʒʉʉr-həŋ** moriŋ biʃiŋ.
你们 园子 现在 二 马 有

你们的马圈里现在只有两匹马。

除了上面举例说明的情况之外，还有 namaadʒhaŋ(namaadʒ-haŋ)"只是一百"、dəhihəŋ(dəhi-həŋ) "只是四十"、toŋŋehoŋ (toŋŋe-hoŋ) "只是五十"、nadankaŋ (nadan-kaŋ) "只是七个"、toŋkoŋ(toŋ-koŋ) "只是五个"、niŋʉnkəŋ (niŋʉn-kəŋ) "只是六个"等，限定数词的形态变化语法词缀 -haŋ、-hoŋ、-həŋ～-kaŋ、-koŋ、-kəŋ 的用法。

3.8 重复数词

鄂温克语中表示重复概念的数词有 modaŋ、əriŋ 等。而且，它们主要用于句子的基数词后面，从而表示相当于汉语的"次"、"回"等概念。例如：

bi ilaŋ **modaŋ** bəədʒindʉ ninisʉ hʉŋ.
我　三　　次　　北京　　去　呀
我去过三次北京。

tari giltariŋ sisə mʉni ʉkkʉli toŋ **əriŋ** nʉtʃtʃidʒirəŋ.
那　白的　汽车　我们　门　五　次　　过
那辆白色汽车从我们家门口路过五次了。

根据以上分析和讨论，鄂温克语中使用的数词有基数词、序数词、集合数词、平均数词、概数词、分数词、限定数词、重复数词等。其中，（1）基数词作为基础数词，是属于使用面最广、使用率最高的数词系统，也是派生其他数词类词的前提条件；（2）序数词、集合数词、限定数词是在基数词词根或词干后面，接缀相关形态变化构词词缀派生的产物；（3）平均数词一般都以基数词的重叠形式来表现；（4）概数词则是在基数词后面使用疑问代词或相关形容词的结构形式组合而成；（5）分数词主要由分母数词和分子数词来构成。而且，具体使用时，在分母数词和分子数词之间，还要使用 howini "分"这一特定词；（6）重复数词，是在基数词前使用 modaŋ 或 əriŋ 等量词的结构类型来组成。所以说，除基数词之外的数词,在其构成条件和结构关系中,基数词发挥着不可忽视的重要作用。从某种意义上也可以说,这些数词一旦离开基数词就很难生存和成立。再说,由于这些数词的构成原理、结构特征、语用关系等方面的不同,它们在语句中发挥的作用也有所不同。尽管如此,由于这些不同结构类型和使用特征的数词系统的存在,使鄂温克语句子中表述人或事物的不同数字概念的手段和方法变得十分全面而系统。

4. 形容词

名词类词的结构系统中,形容词也是一个不可或缺的组成部分。众所周知,形容词主要表示人或事物的性质、颜色、形状、状态的词类,在人们的日常用语中有很高使用率。不过,更多的时候用于描写、阐述、修饰名词所指的人或事物的性质、颜色、形状、状态等方面。由此,也可以将形容词看作用来描写和修饰名词的一种词类。根据形容词的结构类型,在其内部一般要分出性质形容词和关系形容词两大部分。鄂温克语形容词里,性质形容词数量最大,涉及面最广,内容也最为丰富。另外,从词汇结构学原理来分析,形容词的结构形式及其原理并不十分复杂,绝大多数是属于固有性质的产物。从此角度来说,在构成形式和内容上不像关系形容词那么复杂。我们所说的关系形容词,基本上是指由其他词类派生而来的,具有形容词功能和结构性特征的词类。

4.1 性质形容词

就如前面所说,鄂温克语名词类词的结构系统内,性质形容词是一个十分活跃而涉及面十分广泛的词类系统。所以,也可以把性质形容词称为基本形容词或一般形容词,它们是在形容词内最具代表性的词群。而且,在鄂温克语的形容词里,其数量占据绝对优势,约占形容词的 70%。同时,也有着十分广泛的使用范围,以及相当高的使用率。再说,它们所表达或表述的内容也非常丰富,关系到人或事物性质的方方面面。或许正因为如此,其内部有相当复杂的分类及其结构原理。总体上来讲,可以从表示人或事物本质属性、结构形状、动作行为、颜色四个方面进行归纳和分类。例如:

4.1.1 表示人或事物本质属性特征的形容词

aja 好的　　　ərʉ 坏的　　　nandahaŋ 美丽的　　boʥir 脏的　　əhʉddi 热的
inigiddi 冷的　　hata 硬的　　olgohoŋ 干的　　　dəjə 软的　　olokkoŋ 湿的
ikkiŋ 新的　　　irəəttə 旧的　goʃitta 辣的　　　sojo 稀的　　ətʃtʃə 稠的

4.1.2 表示人或事物结构形状特征的形容词

urʉŋkʉŋ 短的　　nonom 长的　　əŋŋə 宽的　　datʃtʃi 窄的　　goddo 高的
dəbbəlʥiŋ 四方形的　nisʉhʉŋ 小的　narikkʉŋ 细的　nəttə 矮的
ʃiiggəŋ 直的　　gobbəlʥiŋ 三角形的　　boŋgoŋ 大的　　baruguŋ 粗的
tətʃtʃi 齐的　　motʃtʃehu 歪的

4.1.3 表示人或事物行为动作特征的形容词

tʉgguŋ 快的　　təədi 慢的　　sampal 利落的　　naŋa 缓慢的
dalgi 毛手毛脚的

4.1.4 表示人或事物颜色特征的形容词

uliriŋ 红的　　ʃiŋariŋ 黄的　　honnoriŋ 黑的　giltariŋ 白的　jaariŋ 粉的
tʃʉʉturiŋ 绿的　nəəriŋ 雪亮的　iggaʃi 花的　　jatʃiŋ 青的　　husuŋ 紫的

　　以上四种结构类型的形容词里,数量上最多的是表示人或事物本质属性特征和表示人或事物结构形状特征的形容词。其次是表示人或事物行为动作特征的形容词。再次是表示人或事物颜色特征的形容词。

4.2 关系形容词

　　鄂温克语名词类词的形容词中,也有一定数量的由名词或动词派生的关系形容词。不过,它们在数量上远不及性质形容词,约占形容词的 30%。另外,使用面也没有性质形容词那样广泛。从某种意义上讲,关系形容词在具体使用时,要受到原有词义的一定影响,甚至会受到直接影响缩小使用范围。比如说,像关系形容词 naallaʃi "狡猾的"只能适用于有手(包括有前爪或爪子),而且手段阴险狡诈的动物或人身上,至少不适用于蛇之类没有手爪的动物。该语言的关系形容词主要源于名词和动词。例如：

4.2.1　由名词派生而来的关系形容词
meegaŋ 心脏 ＋ -ʃi ＝ meeganʃi 胆大的
naalla 手 ＋ -ʃi ＝ naallaʃi 狡猾的
dʑolo 石头 ＋ -mohe ＝ dʑolomohe 硬的
ilatʃtʃi 鼻涕 ＋ -mahe ＝ ilatʃtʃimahe 黏的
həwəŋ 棉花 ＋ -məhe ＝ həwəŋməhe 软的

4.2.2　由动词派生而来的关系形容词
ale- 生气 ＋ -he ＝ alehe 暴躁的
gəbbələ- 劳动 ＋ -he ＝ gəbbələhe 勤劳的
saa- 知道 ＋ -haʃir ＝ saahaʃir 装腔作势的
tihi- 掉 ＋ -məhe ＝ tihiməhe 不稳的
adda- 高兴 ＋ -mahe ＝ addamahe 快乐的

我们的调研资料还表明，与性质形容词相比较，关系形容词有一定发展趋势。甚至还出现了由形容词派生而来的关系形容词，以及由名词之外的其他名词类词根或词干后面，接缀形态变化构词词缀派生的关系形容词。

在这里还应该指出的是，形容词词根或词干后面能够接缀名词类词错综复杂的形态变化语法词缀，进而确定形容词在语句中的不同成分，发挥它们的不同作用。尤其是鄂温克语名词类词形容词的级形态变化现象十分复杂，而且级形态变化现象有非常丰富的表现形式。可以说，在整个阿尔泰语系语言名词类词的形态变化语法范畴里，级形态变化现象属于最为完整而严谨的语法结构系统及其表现形式。对此现象，我们会在分析和研究名词类词错综复杂的形态变化语法手段时进行全面科学阐述。

第二节　名词类词的构词方法

经过实地调研和对于调研资料的分析，我们发现鄂温克语名词类词的构词系统中除了有派生法和合成法两种形式的构词方式之外,还有通过名词类词的语音交替手段构词的现象。在构词方面发挥作用最大、涉及面最广、构词功能最强的还是派生式构词法,其次是合成式构词法。相比之下,在他们的语言里,通过语音交替形式构成新词的现象不是很多。

1. 派生式构词法

就如刚才所说,派生式构词手段是鄂温克语名词类词中一个不可忽视的构词方式,也是该语言的词汇能够繁荣发展的重要途径。在名词类词里,绝大多数词可以充当派生新词的角色或前提条件。鄂温克语名词类词中,有着相当数量的经派生式构词手段派生而来的新词术语或相关说法。再说,从一般性结构原理来看,派生词所表达的词义同被派生而来的原有词词义间有一定联系。比如,naalla"手"后面接缀从名词派生形容词的形态变化构词词缀 -ʃi 之后,就会派生出 naallaʃi(naalla-ʃi)"有手段的"这一形容词。可以看出,名词 naalla"手"及 naallaʃi"有手段的"的词义间有一定内在关系。不过,也有的派生词与原有词所表达的词义间没有太明显关系的实例。比如,在名词 meegaŋ"心脏"后面,同样接缀从名词派生形容词的形态变化构词词缀 -ʃi 以后,所派生出的形容词 meegaŋʃi(meegaŋ-ʃi)表达的是"胆大的"之意。不难看出,meegaŋ"心脏"和 meegaŋʃi"胆大的"之间没有太直接的关系,一个指的是"心脏",另一个说的是与"胆量"有关系的"胆大的"之词义概念。下面,我们着重分析名词类词中的派生名词、派生代词、派生形容词、派生数词。因为,前面讨论代词及其结构特征时,已经充分地阐述过代词及其构成原理,特别是论述过由代词词根派生代词的基本情况。所以,在此省略代词派生式构词现象的相关讨论内容。

1.1 名词的派生

鄂温克语名词类词的派生词内,由名词、动词、代词以及形容词等派生而来的实例比较丰富。相比之下,由名词和动词派生的名词占绝对多数。其中,有不少派生名词的形态变化构词词缀有元音和谐现象。比如,从名词派生名词的形态变化构词词缀 -ŋga、-ŋgə、-ŋgo、-ŋgө、-ŋgu、-ŋgʉ 与 -han、-hən、-hon、-hөn 及 -su、-sʉ 等均有不同程度的元音和谐现象。所以在具体使用时,一定要严格遵守不同条件、不同要求、不同程度的元音和谐规律。在表 1-2 至表 1-4 中展示的是派生名词时常见而具有代表性、基础性、实用性的形态变化构词词缀。考虑到本书的篇幅，仅从那些有元音和谐规律的形态变化构词词缀中选择性地列举了某一个成分。

1.1.1 从名词派生名词的实例

表 1-2

原有名词	原有词义	构词词缀	派生名词	派生名词词义
uhur	牛	-ʃeŋ	uhurʃeŋ	牛倌
iɲa	沙子	-tʃtʃir	iɲatʃtʃir	沙洲
naga	舅家亲	-su	nagasu	舅舅
amma	口	-ʤi	ammaʤi > amaʤi	湖
təməgəŋ	骆驼	-lʤi	təməgəŋlʤi > təməgəlʤi	蜻蜓
əttə	肺	-ldur	əttəldur	肺病
iggi	尾巴	-ləŋ	iggiləŋ	蝌蚪
asa	木叉	-le	asale	妇女
gol	中心	-miŋ	golmiŋ	花蕊
timaŋ	明天	-niŋtʃi	timaŋniŋtʃi > timaniŋtʃi	后天
agga	粗长绳子	-ŋga	agganga	拴牲畜的粗长绳子
amiŋ	父亲	-han	amiŋhan > amihan	大爷
ata	曾祖母	-ggaŋ	ataggaŋ	祖母
imagaŋ	山羊	-tʃtʃi	imagaŋtʃtʃi > imagatʃtʃi	山羊皮
ʤiwə	刺儿	-ttə	ʤiwəttə	蜜蜂
unuhuŋ	指头	-ttuŋ	unuhuŋttuŋ > unuhuttuŋ	顶针
ami	生命	-ra	amira	种子
		-taŋ	amitaŋ	生物

1.1.2 从动词派生名词的实例

表 1-3

原有动词	原有词义	构词词缀	派生名词	派生名词词义
tari-	种	-gaŋ	tarigaŋ	农田
aggaʃi-	走路	-gga	aggaʃigga	步伐
təli-	撑	-ge	təlige	皮带
tikkə-	钉	-sʉŋ	tikkəsʉŋ	钉子
ʉji-	水开	-r	ʉjiir	洪水
iggi-	饲养	-məl	iggiməl	家禽
əwə-	下、下来	-ŋkə	əwəkŋə	下来者、鄂温克人
əri-	转动	-ŋ	əriŋ	时间
ana-	推	-hu	anahu	钥匙
ʉlə-	剩下	-ttəŋ	ʉləttəŋ	火灰
iggi-	饲养	-tʃtʃi	iggitʃtʃi	粮食、伙食、食物
baldi-	生	-wuŋ	baldiwuŋ	出身
tuggu-	顶	-gur	tuggugur > tugguur	柱子

1.1.3 从形容词派生名词的实例

表 1-4

原有形容词	原有词义	构词词缀	派生名词	派生名词词义
aja	好的	-wuŋ	ajawuŋ	兴趣
honnoriŋ	黑的	-ŋgo	honnoriŋŋgo > honnoriŋgo	黑颜色
əŋŋə	宽的	-ttʉŋ	əŋŋəttʉŋ	胸襟

其实在鄂温克语名词类词里，由名词或动词派生的名词还有一些，甚至由形容词等名词和动词之外的词类派生的名词也有不少。在以后的研究中，可以进行进一步深入调研和分析。

1.2 代词的派生

很有意思的是，我们所掌握的口语调查资料里，有关代词的派生内容不是十分丰富，而且多数是由代词词根或词干派生而来。换言之，所谓的被派生代词中，在原有的代词词根或词干后面，接缀某一形态变化构词词缀派生而来的实例占多数（见表1-5）。

表1-5

原有代词词根	原有词义	构词词缀	派生名词	派生名词词义
ta-	那	-ri	tari	那个
ə-	这	-lə	ələ	这里
i-	哪	-ma	ima	为何
o-	何	-ndi	ondi > oondi	怎样

由于在前面讨论代词及其结构特征时，已经充分阐述过代词及其构成情况。特别是由代词词根或词干派生代词的基本原理，说得比较详细和全面。所以在这里对于代词派生式构词现象，不再进行举例说明和讨论。

1.3 数词的派生

说到数词的派生，几乎也是更多地涉及从数词派生数词的实例，除数词之外的名词类词派生数词的情况比较少见。表1-6中，展示从数词派生序数词的形态变化构词词缀及相关实例。

表1-6

原有数词	原有词义	构词词缀	派生名词	派生名词词义
niŋʉŋ	六	-ne	niŋʉŋne	六十（基数词）
ilaŋ	三	-duhi	ilaŋduhi	第三（序数词）
əmʉŋe	一	-təl	əmʉŋtəl	各一（平均数词）
toŋ	五	-ne	toŋne > tonne	五个在一起（集数词）

我们的分析研究还表明，鄂温克语里许多数词源于基数词，其中就包括上文列举的基数词及序数词、平均数词、集数词等。从这个意义上讲，基数词是派生其他数词必不可少的因素，绝大多数数词是由基数词派生、发展、演化而来的。

1.4 形容词的派生

鄂温克语里通过派生式构词手段派生而来的形容词确实有不少，其中从名词和动词派生的实例占绝对多数（见表1-7、表1-8）。

1.4.1 从名词派生形容词的实例

表 1-7

原有名词	原有词义	构词词缀	派生名词	派生名词词义
dela	头	-ʃi	delaʃi	聪明的、智慧的
əəŋ	药	-məən	əəŋməən > əəmməən	苦的
mojo	猴子	-kku	mojokku	滑稽的
səl	铁	-sələ	səlsələ	硬的
amma	口	-thaŋ	ammathaŋ	口是心非的
amuŋ	粪便	-gar	amuŋgar	臭的
moo	木头	-ŋgir	mooŋgir	愚蠢的

1.4.2 从动词派生形容词的实例

表 1-8

原有动词	原有词义	构词词缀	派生名词	派生名词词义
ana-	推	-mal	anamal	推的
motʃʃe-	变歪	-hu	motʃʃehu	歪的
ale-	生气	-he	alehe	爱生气的、暴躁的
adda-	高兴	-mu	addamu	高兴的、愉快的
gudʒə-	喜爱	-mɯddi	gudʒəmɯddi	可爱的

总而言之，在鄂温克语中通过派生式构词手段派生的名词类词有很多，本书只是对那些最具代表性、普遍性、实用性的实例进行了讨论，在这里没有涵括进来的实例还有不少。如前所述，派生式构词法在鄂温克语中，对于词汇系统的发展和丰富以及多范围、多角度、多层面的使用发挥着极其重要的作用，进而成为该语言构词学讨论的核心话题和主要内容。

2. 合成式构词法

鄂温克语名词类词内，通过合成式构词手段构成的实例也有不少，而且已经成为该语言构词学中不得不重视或严肃考虑的内容。根据我们的分析以及相关调研资料所表现出的实际情况看，合成式构词法或者说合成式构成形式也是该语言较早而重要的构词现象。虽然派生法是该语言最早期的构词手段，但也不能忽略合成式构词法具有的历史地位及其在构词方面发挥的实际作用和意义。在这里，我们主要讨论利用并列关系和修饰关系构成新词的合成式构词手段。

2.1　并列式结构类型的合成词

ahiŋ 兄　+　nəhuŋ 弟　⇨　ahiŋ nəhuŋ 朋友
amma 口　+　iɲi 舌　⇨　amma iɲi 舆论
əŋŋə 宽　+　datʃtʃi 窄　⇨　əŋŋə datʃtʃi 尺寸
əmuŋ 一　+　dʒuur 二　⇨　əmuŋ dʒuur 几个

2.2　修饰式结构类型的合成词

huhu 青色的　+　dʒolo 石头　⇨　huhudʒolo 青石
hara 黑色的　+　dʒuu 房　⇨　hara dʒuu 牢房、监狱
uhur 牛　+　dʒolo 石　⇨　uhur dʒolo 磐石
təməgən 骆驼　+　immi 针　⇨　təməgən immi 长针
səl 铁　+　təggəən 车　⇨　səl təggəən 火车

以上我们只是列举了由并列式和修饰式结构类型构成的合成词。除此之外，名词类词的合成词内还有一些由表达式结构类型构成的合成词。比如，iisal goddo(iisal 眼睛 ＋ goddo 高的)"骄傲自满的"、amma boŋgoŋ(amma 嘴 ＋ boŋgoŋ 大的)"夸夸其谈的"等。此外也有以重叠式结构类型构成的合成词实例。比如，goddo goddo(goddo 高的)"林立的"、naŋa naŋa(naŋa 慢的)"小心翼翼的"等。总之，在鄂温克语里，利用合成式构词法构成的名词类词也有不少。其中，名词占绝对优势，其次是形容词，数词和代词就没有那么多。从鄂温克语词汇发展现状来看，合成式构词手段同样属于一个比较重要的词汇发展途径，甚至在构成新词的功能和作用方面比过去更加突出和显著。

3. 语音交替式构词法

从某种角度来讲，鄂温克语里保存的语音交替式构词法属于比较早期和传统的构词形式。它主要是用交替式使用词首某一音素或词首音节，或者交替式使用词尾音节等手段实现构成新词目的的一种方式。而且名词类词的早期词汇系统中，至今还保留通过语音交替式构词法构成的相关实例，特别是在与他们的日常生活密切相关的亲属称谓、家禽、代词或形容词里还在被使用。下面列举一些由语音交替式构词法构成的名词、代词、形容词等。

3.1 亲属称谓中的语音交替式构词现象及其实例

aki 叔祖父 ⇔ əki 叔祖母
amiŋ 父亲 ⇔ əmiŋ＞əniŋ 母亲
amihəŋ 大爷 ⇔ əmihəŋ＞ənihəŋ 大婶
ahiŋ 哥哥 ⇔ əhiŋ 姐姐

3.2 家禽称谓中的语音交替式构词现象及其实例

saha 棕色公鹿 ⇔ sahakaŋ 棕色母鹿
ala 花公鹿 ⇔ alakaŋ 花母鹿

3.3 代词中的语音交替式构词现象及其实例

tari 那 ⇔ əri 这
tattu 那么 ⇔ əttʉ 这么
tatʃtʃil 那些 ⇔ ətʃtʃil 这些
tannagaŋ 那样 ⇔ ənnəgəŋ 这样

3.4 形容词中的语音交替式构词现象及其实例

alaar 花毛的 ⇔ ələər 斑纹的
dawar 过分的 ⇔ dəwər 不自量力的
abbuur 快速的 ⇔ əbbʉʉr 缓慢的
dalgi 好事的 ⇔ dəlgi 多事的

综上所述，鄂温克语名词类词的构词法主要涉及派生式、合成式、语音交替式三种形式和内容。其中，使用率最高的是派生式构词法，其次是合成式构词法，构词率最低的是语音交替式构词法。另外，他们还善于利用在借词后面接缀形态变化构词词缀派生新词的手段，充实和发展本民族语词汇系统。比如，在 denno"电脑"这一借词后面接缀相关构词词缀派生的名词类词有 dennoʃeŋ (denno-ʃeŋ)"买电脑者"、dennoggo(denno-ggo)"电脑作用"、dennoʃi(denno-ʃi)"有电脑的"、odennomohe(denno-he)"像电脑的"等。该方式已经成为鄂温克语词汇发展的一个新途径。

第二章
名词类词数形态变化语法现象

　　鄂温克语名词类词的语法系统有着极其丰富的形态变化现象。换言之，该语言错综复杂的语法概念，均用约定俗成的形态变化语法现象来表示。而且，所有形态变化语法现象均以黏着形式接缀于名词类词词根或词干后面，进而表示各自不同而特定的语法意义。正因如此，人们对鄂温克语名词类词的语法现象展开分析研究或学术讨论时，重点放在名词类词词根或词干后面使用的属于不同语音形式、不同语法内涵的形态变化语法词缀上。这就是说，在该语言的名词类词词根或词干后面，接缀有一整套极其复杂而结构非常严谨，所表现出的语法概念各自不同的形态变化语法词缀。根据我们掌握的第一手资料，这些形态变化语法词缀里也有零结构的产物，零结构类型的形态变化语法词缀也叫无形形态变化语法词缀。因为，此类形态变化语法词缀不是由约定俗成的语音形式来构成，而是以名词类词的词根或词干形式来表现。不过，属于零词缀结构类型的形态变化语法现象，在鄂温克语语法名词类词的形态变化语法现象中出现得不多，占绝对多数的语法概念都有特定形态变化语法词缀。

　　依据前人的研究以及我们的分析，鄂温克语名词类词主要包括名词、代词、数词、形容词等。除此之外，还有一些副词及形动词。这些副词和形动词也和名词类词一样，在它们的词根或词干后面能够接缀名词类词形态变化语法词缀。名词类词极其复杂而结构严谨的形态变化语法系统，往往以数、格、领属、级四种结构类型的形态变化语法现象来体现。也就是说，鄂温克语名词类词的形态变化语法现象内，有数形态变化语法现象、格形态变化语法现象、领属形态变化语法现象、级形态变化语法现象等。而且，每一个范畴的形态变化语法现象都有各自不同的结构特征、表现形式、使用关系和语法内涵。在本章里，我们将着重讨论该语言的名词类词数形态变化语法现象。

鄂温克语名词类词的数形态变化语法现象是一个十分重要而系统的语法变化形式和内容。数形态变化语法现象主要阐述人或事物的单数或复数概念。它们的表现形式由无形形态变化语法词缀与有形形态变化语法词缀来构成。所谓无形形态变化语法词缀，也叫零形态变化语法词缀，往往用于单数结构类型的名词类词。与此相反，有形形态变化语法词缀一般用于复数结构类型的名词类词。正因为如此，以往的数形态变化现象的研究，基本上不涉及无形结构类型的单数形态变化现象，主要讨论有形结构类型的复数形态变化现象。然而，有形结构类型的复数形态变化现象，基本上是在名词、代词、数词、形容词等名词类词词根或词干后面，以接缀特定形态变化语法词缀的手段或形式来体现。就如刚才所说，过去的鄂温克语名词类词数形态变化语法现象研究，无一例外地都在讨论名词类词的复数形态变化现象及其形态变化语法词缀，以及这些形态变化语法词缀的构成原理、结构特征、使用关系、语法内涵等。我们在进行本项课题研究时，经过对名词类词数形态变化语法资料全面细致的分析，却发现单数形态变化语法现象的表现形式中，除了无形结构类型的形态变化现象之外，也有表示单数语法概念的有形形态变化语法词缀。

过去的研究充分证明，鄂温克语名词类词的数形态变化现象，一般用约定俗成的语法词缀来表示。从理论上讲，数形态变化语法范畴里，复数形态变化现象是相对于单数而言的概念。也就是说，没有单数形态变化语法现象的存在，复数形态变化语法形式和内容也就无从谈起。哪怕单数形态变化语法现象完全属于无形结构类型，或者属于零结构类型，没有特定的形态变化语法词缀，也不能因此忽略单数语法现象的存在形式和内容，更不能采取避而不谈的学术态度。依据我们所掌握的第一手田野调查资料，鄂温克语名词类词的单数形态变化语法概念，主要以名词类词的词根或词干形式表现。从某种意义上来讲，除了复数人称代词，以及表示复数意义的数词等之外，没有接缀复数形态变化语法词缀的名词类词基本上属于单数形态变化结构类型。换言之，鄂温克语名词类词的复数形态变化语法现象均有特定语法词缀，并且这些语法词缀无一例外地接缀于表示单数概念的名词类词词根或词干后面，从而表示人或事物的复数概念及其语法关系。根据这一事实，人们习惯于将鄂温克语数形态变化现象直接称为复数形态变化语法现象。毫无疑问,这和刚才提到的很容易被忽略的单数形态变化的表现形式及语法词缀有关。然而,为了全面、详尽而系统地展示鄂温克语名词类词的数形态变化语法现象,以及语法结构体系,在下面的分析讨论中,我们首先探讨无形结构类型的单数形态变化语法现象及结构特征。

第一节 单数形态变化语法现象

如前所述,鄂温克语名词类词的单数形态变化语法现象,主要由除复数人称代词及复数词之外的名词类词词根或词干形式来表现。这里所说的复数人称代词是指 bʉ "我们"、sʉ "你们"、talar "他们"等,而复数词是指 ʤaan "十"、namaʤi "百"、tʉmʉŋ "万"等。除了这些含有复数概念的名词类词词根或词干之外,其他名词类词词根或词干主要在没有接缀任何形态变化语法词缀的前提下,利用词根或词干形式来表示单数语法概念。根据这一事实,把那些没有接缀任何复数形态变化语法词缀而属于零词缀结构类型的名词类词词根或词干,基本上都归类为具有无形结构类型的语法词缀的单数形态变化语法范畴。例如:

oʃitta 星斗　ʉr 山　orootto 草　mo 木　igga 花　latʃtʃi 叶子
tʉʉggʉ 狼　giiseŋ 黄羊　moriŋ 马　həhə 猫　holihan 虫子　dəgi 鸟

bəj 人　amiŋ 父亲　naalla 手　ʤʉʉ 房子　təggeŋ 车　taŋgur 碗
inig 天　ʉgilə 上面　tari 他　əmʉʉ 一　honnoriŋ 黑　nəttə 矮的

以上这些名词类词均属于单数形态变化结构类型。从数形态变化语法结构角度来讲,它们实际表现出的语法意义应该是 oʃitta "一颗星斗"、bəj "一个人"、ʤʉʉ "一幢房子"、ʉr "一座山"、moriŋ "一匹马"、igga "一朵花"等单数形态变化语法概念。这些名词类词完全是以词根或词干形式出现的,没有接缀任何表示单数形态变化现象的语法词缀。所以,在形态变化语法结构学理论里,它们都属于具有无形结构类型的形态变化语法词,也就是人们常说的属于零词缀结构类型的数形态变化语法现象,即我们所提到的单数形态变化类词。比如,把 bəj əməə. 这一简单句一般译成"来人了"就可以了。但是,从数形态变化结构学角度进行详尽而精确翻译的话,应该译成"来了一个人"。还比如,将简单句 igga iggalasa. 一般译成"花开了"。而按照该句所表现出的单数形态变化语法概念,要严格地译成"开了一朵花"或"一朵花开了"等。下面,进一步展示单数形态变化结构类型的名词类词在句中的具体使用情况。例如:

əmmə sʉnidʉlə ninisə.
妈妈   你们与在   去了
妈妈(一个人)去了你们家。

ətəŋgə tinʉg dolob oʃitta tihirwə iʃim bahasa.
额腾格   昨   晚   星斗   掉下把   看   见
额腾格(一个人)昨晚看见了坠落的(一颗)星斗。

saaral moriŋ hurigaŋdihi ʉttʉlitʃtʃi jʉʉsə.
白的   马   马圈从   跑了   出了
(一匹)白马从马圈里跑出去了。

可以看出,以上三个例句中,像 əmmə "妈妈"、ətəŋgə "额腾格"、oʃitta "星斗"、moriŋ "马"都是单数形态变化结构类型的实例。依据数形态变化语法现象的基本原理,以及他们所包含的数形态变化语法概念来细致分析,句中这些名词类词实际表现出的应该是"妈妈一人"、"额腾格一人"、"一颗星斗"、"一匹马"等单数形态变化语法概念。

另外,鄂温克语里,强调人或事物的单数概念时,也有在单数形态变化结构类型的名词类词前使用基数词 əmʉŋ "一",或者在它后面使用代词 əmʉkkəŋ "独自"、əmʉl "单个"等的现象。比如,əmʉŋ bɔj ɔməsə. "来了一个人"。而且,用基数词 əmʉŋ "一"强调指出的单数语法概念中,往往要包含说话者对于所指的人或事物的复数概念进行否定的语义内涵。所以,əmmə əmʉkkəŋ ɔməsə. 这一句应该译成"妈妈独自一人来了"或者译为"妈妈一个人来了"。很显然,这种强调阐明了单数语法概念的简单句中,同时也包含着"来的是一个人,而不是许多人"之否定复数概念的语句内容。

在这里还有必要指出的是，以往研究中被确定为复数形态变化语法词缀的
-l，在具体的语句里也可以作为单数形态变化语法词缀来使用。例如：

əri　inig　əmmə-l　əmsə.
这　天　妈妈一个　来了
今天只来了妈妈一人。

毫无疑问，该句子里数形态变化语法词缀 -l 表现出了名词 əmmə "妈妈"
的单数语法概念。也就是说，数形态变化语法词缀 -l 在上面的语句中，具体表
示的语法概念应该是"今天来的是'一位妈妈'，而不是'妈妈们'"。或者说
"今天只是妈妈（一人）来了，而不是来了许多人"。另外，数形态变化语法词
缀 -l 表示单数语法概念的同时，还要表达对于单数的强调语气。鄂温克语里的
-l 是一个有多重语法内涵的形态变化语法词缀，它广泛用于名词类词的词根或词
干后面，从而表示人或事物的单数或复数语法意义，同时还可以用于表示限定概
念的语句。

在以往关于鄂温克语名词类词的数形态变化语法现象的研究中，从未提出过
单数语法概念要用有形形态变化语法词缀来表示的实例。然而，刚刚提到的数形
态变化语法词缀 -l 表示单数语法概念的事实，不得不让我们重新思考该语言的
单数形态变化语法现象中，是否存在使用有形形态变化语法词缀的问题。

第二节　复数形态变化语法现象

鄂温克语名词类词的数形态变化语法范畴里，复数形态变化语法现象是一个相当
复杂的研究对象。它的复杂性体现在：（1）语音结构类型的多样性；（2）语义结
构类型的区别性；（3）语用关系的不同性等。其中，有的形态变化语法词缀由
单一辅音音素构成，有的由中性元音为主构成，还有的则遵循元音和谐原理组合
而成。而且，这些复数形态变化语法词缀，在使用上有其特定规则和区别性要求。
根据我们掌握的第一手调研资料，鄂温克语名词类词的复数形态变化语法现象，
基本上用 -l、-r、-t、-s、-ʃeŋ、-nel、-nal～-nel～-nol～-nəl、-sal～-səl～-sol～-səl～
-sul～-sɯl 等语法词缀来表示。

下文，主要以名词类词的名词为例，根据自然语境中获得的丰厚而可靠的第一手资料，对鄂温克语名词类词的复数形态变化语法现象及其功能作用展开全面系统而实事求是的分析研究。

1. 复数形态变化语法词缀 -l

我们在讨论单数形态变化语法现象时，明确提到过形态变化语法词缀 -l 在不同语言环境和条件下，根据说话人和语句所表述的内容，既可以表示单数语法概念，也能够表现出复数语法关系。而且调研资料表明，形态变化语法词缀 -l 更多地用于表示复数语法概念的语句，甚至被认为是鄂温克语最为早期的数形态变化语法词缀。然而，形态变化语法词缀 -l 在现代鄂温克语里使用得不多，且用于跟人相关的名词词根或词干后面表示其复数语法关系的实例占多数。例如：

ʉkkəhəŋ 男孩 ＋ -l = ʉkkəhə(ŋ)-l ⇨ ʉkkəhəl 男孩们
ʉr 种子 ＋ -l = ʉr(ʉ)-l ⇨ ʉrʉl 种子们、孩子们

上例中，第一个例词词尾的鼻辅音 ŋ 接缀复数形态变化语法词缀 -l 时要出现脱落现象。第二个例词词根后面接缀 -l 时，在 ʉr 后面增加过渡音 ʉ。而且，ʉrʉl 一词可以表示"种子们"（"许多种子"）和"孩子们"两个概念，不过在现代鄂温克语里基本上表达"孩子们"的词义。请看以下例句展示的复数形态变化语法词缀 -l 的使用情况：

ʉkkəhə(ŋ)-l   timaaʃiŋ   hokko   ʉrdʉ   jʉʉrəŋ.
男孩们　　　 明天　　　 都　　　山　　　出
明天男孩们都要上山。

mʉni   ədʉ   ʉr(ʉ) l-ŋ   ʉmʉe   naaŋ   əʃiŋ   əmərə.
我们的　这里　孩子们　　一　　　　　也　　不　　来
孩子们一个也不到我们这里来。

与此相关，在早期的鄂温克语里，指单只"眼睛"时用 iisa 或 iiha，iisal 则用于指"一双眼睛"，相当于复数结构类型的实例。然而，现代鄂温克语里，iisal 已演变为表示单数概念"眼睛"的名词了。在俄罗斯的鄂温克语里，至今还保留着该词单数形态变化语法现象 iisa 或 iiha 表示"眼睛"的说法。

2. 复数形态变化语法词缀 -r

表示复数概念的形态变化语法词缀 -r，主要接缀于自然界坚硬物名称或石类物的名词词根或词干后面，从而指出它们的复数概念。例如：

iŋa 沙子 ＋ -r = iŋa-r ⇨ iŋar 沙子们、许多沙子
ʥolo 石头 ＋ -r= ʥolo-r ⇨ ʥolor 石头们、许多石头

复数形态变化语法词缀 -r 在句中的使用情况：

əri bog ʃi iŋa-r bog.
这   地   是 沙子们 地
这是沙化地。

əri ʉr bikki ʥolo-r ʉr.
这   山   是   石头们   山
这是一座有许多石头的山。

鄂温克语名词类词的复数形态变化语法现象的表现形式里，语法词缀 -r 也属于早期使用的产物，在现代鄂温克语里使用得不是太多，使用范围也十分有限。

3. 复数形态变化语法词缀 -t

我们掌握的第一手资料表明，-t 也是使用率比较低的复数形态变化语法现象的早期使用实例。形态变化语法词缀 -t 接缀于有关名词词根或词干后面，表示该事物的复数概念。很有意思的是，该复数形态变化语法词缀多数情况下接缀于表示不满、厌恶、反感、蔑视的事物名称或与此相关的名词类词后面。例如：

ninihin 狗 ＋ -t = ninihi(n)-t ⇨ ninihit 许多狗
ʃiwar 泥泞 ＋ -t = ʃiwar-t ⇨ ʃiwart 许多泥泞

作为早期使用形式的形态变化语法词缀 -t 在句子中的使用情况：

ərʉni   ninihi(n)-t   sʉt   nəələtʃʃi   ʉttʉlisə.
坏   狗们   都   怕   跑了
恶狗们都吓跑了。

ʃiwər-t   bogdu   təggəəŋ   ʉlim   əʃiŋ   ətərə.
泥   们   地方   车   走   不   能
泥泞多的地方车就走不动。

以上两个句子里，接缀有复数形态变化语法词缀 -t 的名词 ninihi(n)-t "狗"和 ʃiwar-t "泥泞"，均表现出了说话人对于"许多狗"和"许多泥泞"的反感或厌恶的心理。其中，在 ninihin 后面接缀 -t 时，词尾鼻辅音 n 要产生脱落现象。在现代鄂温克语口语里，复数形态变化语法词缀 -t 的使用面同样比较有限，使用率也比较低。另外，在表示野果的 ʉlir "一个山丁子"、iŋir "一个臭李子"、hakkar "一株野罂粟"等名词词根或词干后面，接缀复数形态变化语法词缀 -t，进而构成 ʉlirt、iŋirt、hakkart 等表示"许多山丁子"、"许多臭李子"、"许多野罂粟"等复数概念的名词。后来，这些表示复数的植物名词产生了 ʉlirt、iŋirt、hakkart＞ʉlitt、iŋitt、hakkatt＞ʉlitt(ə)、iŋitt(ə)、hakkatt(a) 等音变现象。在词尾辅音后面不增加任何过渡音。结果，现在人们很难看清楚，复数形态变化语法词缀 -t 的本来面貌，进而认为 -ttə 和 -tta 是属于形态变化构词词缀。

4. 复数形态变化语法词缀 -s

鄂温克语里的复数形态变化语法词缀 -s 是一个使用面较广，使用率也较高

的数形态变化语法现象。-s 接缀于名词词根或词干后面,表示一般意义上的复数语法概念。例如:

nəhʉŋ 弟弟 ＋ -s = nəhʉ(ŋ)-s ⇨ nəhʉs 弟弟们
ninihin 狗 ＋ -s = ninihi(n)-s ⇨ ninihis 许多狗
ʉr 山 ＋ -s = ʉr(ʉ)-s ⇨ ʉrʉs 许多山

复数形态变化语法词缀 -s 用于句子的情况:

nəhʉ(ŋ)-s hokko tasugdu ninisə.
弟弟们   都   学校   去了
弟弟们都去上学了。

ərʉ ninihi(n)-s sʉt nəəlitʃtʃi tʉttʉlisə.
坏   狗们   都   吓完   跑了
恶狗们都给吓跑了。

从上面的句子可以看出,复数形态变化语法词缀 -s 用于由鼻辅音结尾的名词后面时,词尾鼻辅音都要产生脱落现象。另外,由其他辅音结尾的名词后面接缀 -s 时,在词尾辅音和形态变化语法词缀 -s 之间要加过渡音。例如,ʉhʉr "一头牛"、səl "一块铁"、bitig "一本书" 后面接缀 -s 时,就会在名词词尾和形态变化语法词缀之间出现过渡音,从而构成 ʉhʉr(ʉ)s＞ʉhʉrʉs "许多牛"、səl(ə)s＞sələs "许多铁"、bitig(ə)s＞bitigəs "许多书" 等表示复数语法概念的名词。不过也有人认为,在词尾辅音和 -s 之间不需要什么过渡音,词缀 -s 可以直接接缀于词尾辅音后面。而且,复数形态变化语法词缀 -s 接缀于由元音结尾的名词词根或词干后面时,不产生任何语音变化。例如,nojo "官" 后面接缀 -s 时,就会变成 nojos "官们"。

5. 复数形态变化语法词缀 -ʃeŋ

该复数形态变化语法词缀,主要用于人名或亲属称谓的名词词根或词干后面,从而表示人的复数概念。根据 -ʃeŋ 的这一使用特征，完全可以把它看成专门用于表示人或亲属称谓复数概念的语法词缀。而且，复数形态变化语法词缀 -ʃeŋ 所表示的复数内涵中，往往要包含以某人为中心的一些人或一群人的复数概念。例如：

ʃiŋbo 邢宝 ＋ -ʃeŋ = ʃiŋbo-ʃeŋ ⇨ ʃiŋboʃeŋ 邢宝们、邢宝他们
əmmə 母亲 ＋ -ʃeŋ = əmmə-ʃeŋ ⇨ əmməʃeŋ 母亲们、母亲她们
adde 奶奶 ＋ -ʃeŋ = adde-ʃeŋ ⇨ addeʃeŋ 奶奶们、奶奶她们

复数形态变化语法词缀 -ʃeŋ 在现代鄂温克语里有一定的使用率。同时，-ʃeŋ 所表现出来的复数概念可以用汉语的"们"或"他们"取而代之。例如：

ʃiŋbo-ʃeŋ doo ʤəəŋdələ nuuggisə.
邢宝 们 河 东 搬
邢宝他们搬到了河东。

əmmə-ʃeŋ hokko moriŋ təggəəŋdu təgəsə.
母亲 们 都 马 车 坐
母亲们都乘坐了马车。

复数形态变化语法词缀 -ʃeŋ 用于句子时，不单是表示复数形态变化语法关系，同时也要表现出说话者对于所提及的人之间产生的亲密关系或亲切感，甚至表现出对他人的尊敬和敬意。在此还有必要提到的是，表示复数概念的形态变化语法词缀 -ʃeŋ 不同于形态变化构词词缀 -ʃeŋ，不能把它们混为一谈。也就是说，在现代鄂温克语里，既有表示复数概念的形态变化语法词缀 -ʃeŋ，又有表示从名词派生名词的形态变化构词词缀 -ʃeŋ。这些形态变化语法现象在使用功能和作用方面有着严格的区分。它们的区别性特征，就在于复数形态变化语法词缀 -ʃeŋ 主要用于人名或亲属称谓类名词后面，而从名词派生名词的形态变化构词词缀 -ʃeŋ 一般用于除了人名或亲属称谓以外的名词后面。例如，uhurʃeŋ(uhur 牛+ -ʃeŋ 者) "牛倌"、"牧牛人"一词，就是在名词 uhur "牛"后面接缀从名

词派生名词的形态变化构词词缀 -ʃeŋ "者"、"人"而构成，绝不能把 ᴜhᴜrʃeŋ 译写成"牛们"、"牛群"或"许多牛"等。这就像不能将 ʃiŋboʃeŋ "邢宝们"和 əmməʃeŋ "母亲们"译写成"邢宝人"、"母亲人"一样，有着严格而明确的使用方面的区别性特征。那么，表示 ᴜhᴜrʃeŋ "牛倌"、"牧牛人"的复数概念时，要在该派生名词 ᴜhᴜrʃeŋ 后面接缀复数形态变化语法词缀 -sᴜl。例如，ᴜhᴜrʃeŋ "牛倌"、"牧牛人" + -sᴜl = ᴜhᴜrʃeŋsᴜl "牛倌们"、"牧牛的人们"等。复数形态变化语法词缀 -sᴜl 是以中性元音为核心构成的产物，因此在任何人名或亲属称谓后面都可以使用。

6. 复数形态变化语法词缀 -nel

鄂温克语的复数形态变化语法词缀 -nel，主要用于亲属称谓类名词后面，尤其是在有关兄弟姐妹方面的亲属称谓后面有着很高的使用率，从而表示亲属称谓类名词的复数语法意义。例如：

ahiŋ 哥哥 ＋ -nel = ahi(ŋ)-nel ⇨ ahinel 哥哥们
əhiŋ 姐姐 ＋ -nel = əhi(ŋ)-nel ⇨ əhinel 姐姐们
nəhᴜŋ 弟弟 ＋ -nel = nəhᴜ(ŋ)-nel ⇨ nəhᴜnel 弟弟们
ada 姐姐 ＋ -nel = ada-nel ⇨ adanel 姐姐们

复数形态变化语法词缀 -nel 用于句子的情况：

nəhᴜ(ŋ)-nel hokko tasugdu ninisə.
弟弟   们   都   学校   去了
弟弟们都去上学了。

ada-nel əri inig doodu əbbəʃinərəŋ.
姐姐 们 这 天   河里   游泳去
今天姐姐们去河里游泳。

从上例可以看出，复数形态变化语法词缀 -nel 用于由鼻辅音结尾的兄弟姐妹类亲属称谓时，词尾鼻辅音一般都被省略。另外，-nel 在句中的使用，常常表现出说话人对于所指对象们产生的一种亲切、亲密、亲近感。然而在现代鄂温克语里，复数形态变化语法词缀 -nel 的使用率变得越来越低，取而代之的是复数形态变化语法词缀 -sal、-səl 等。比如，把上例中的 ahi(ŋ)nel＞ahinel "哥哥们"、əhi(ŋ)nel＞əhinel "姐姐们"、nəhʉ(ŋ)nel＞nəhʉnel "弟弟们"、adanel "姐姐们" 等，都说成 ahiŋsal、əhiŋsəl、nəhʉŋsəl、adasal 等。

7. 复数形态变化语法词缀 -nal、-nəl、-nol、-nəl

这套复数形态变化语法词缀同样用于亲属称谓名词后面，从而表现出说话者对于所指对象的复数概念。同时，在这套复数词缀中，还包含着说话人对所指对象们的良好而积极的认知态度，以及一定程度的亲切、亲近的语义内涵。但是，-nal、-nəl、-nol、-nəl 表现出的内涵，没有像上文分析的复数形态变化语法词缀 -nel 那么亲切、亲密、亲近。也就是说，复数形态变化语法词缀 -nal、-nəl、-nol、-nəl 同 -nel 之间，在所表现出的亲切、亲密、亲近语义方面存在一些差异。另外，这套复数形态变化语法词缀是由四元一体音变结构类型的元音和谐原理组合而成的实例，所以必须严格遵循它们的元音和谐规律，用于以不同元音为核心和谐构成的亲属称谓名词词根或词干后面。具体来说：(1)由阳性元音 a、aa 为主构成的亲属称谓名词词根或词干后面接缀 -nal；(2)由阳性元音 o、u 或 oo、uu 等构成的实例后面接缀 -nol；(3)由阴性元音 ə、əə 构成的亲属称谓名词词根或词干后要使用 -nəl；(4)由阴性元音 ɵ、ʉ 或 ɵɵ、ʉʉ 构成的实例后面接缀 -nɵl；(5)由中性元音构成的亲属称谓名词词根或词干后一般都接缀 -nəl。例如：

nəhʉŋ 弟弟 ＋ -nəl = nəhʉ(ŋ)nəl ⇨ nəhʉnəl 弟弟们
ahiŋ 哥哥 ＋ -nal = ahi(ŋ)nal ⇨ ahinal 哥哥们
hoto 姑娘 ＋ -nol = hotonol 姑娘们
ʉt 儿子 ＋ -nɵl = ʉtnɵl 儿子们

复数形态变化语法词缀 -nal、-nəl、-nol、-nɵl 用于句子的情况：

nəhʉ(ŋ)-nəl　moriŋ　təggəəŋʤi　moowo　iranam　ninisə.
弟弟　们　　马　　车用　　　木材把　拉　　去了
弟弟们用马车去拉木材了。

ahi(ŋ)-nal　ʉrdʉ　moriŋ　ʤawanasa.
哥哥　们　　山在　马　　抓去了
哥哥们到山上抓马去了。

复数形态变化语法词缀 -nal、-nəl、-nol、-nəl 在现代鄂温克语里也有一定使用率,而且除了亲属称谓类名词之外在有关官职名称、专业化人名、专用称谓等后面也使用这些词缀,从而表示所指对象的复数概念。例如:

nojo 官　＋　-nol = nojonol 官们
səwə 老师　＋　-nəl = səwənəl 老师们
ʃewe 学生　＋　-nal = ʃewenal 学生们
gʉtʃʉ 朋友　＋　-nəl = gʉtʃʉnəl 朋友们

比较而言,这套复数形态变化语法词缀在亲属称谓类名词词根或词干后面使用的情况,比在其他相关名词后面使用的现象要多得多。复数形态变化语法词缀 -nal、-nəl、-nol、-nəl 接缀于由鼻辅音结尾的亲属称谓类名词等后面时,词尾鼻辅音 -ŋ 等要产生脱落现象。

8. 复数形态变化语法词缀 -sal、-səl、-sol、-səl、-sul、-sʉl

根据调查资料,我们完全可以说,鄂温克语口语里常见的复数形态变化语法现象 -sal、-səl、-sol、-səl、-sul、-sʉl 是使用率最高、使用范围最广、生命力最强的一套复数形态变化语法词缀。正因如此,这套复数形态变化语法词缀不仅有元音和谐规律,而且其元音和谐现象在复数语法词中最为复杂。所以,具体使用时要严格遵循六元一体音变结构类型的元音和谐原理。比如,(1) 由阳性元音 a 构成的复数形态变化语法词缀 -sal 要接缀于以阳性元音 a、aa 为核心构成的名词词根或词干后面;(2) 由阳性元音 o 构成的复数形态变化语法词缀 -sol 要接缀于以阳性元音 o、oo 为核心构成的名词词根或词干后面；(3) 由阳性元音 u 构成的复数形态变化语法词缀 -sul 要接缀于以阳性元音 u、uu为核心构成的名词词根或词干后面；(4) 由阴性元音 ə 构成的复数形态变化语法词缀 -səl 要接缀于以阳性元音 ə、əə 为核心构成的名词词根或词干后面；(5) 由阴性元音 ө 构成的复数形态变化语法词缀 -sөl 要接缀于以阳性元音 ө、өө 为核心构成的名词词根或词干后面；(6) 由阴性元音 ʉ 构成的复数形态变化语法词缀 -sʉl 要接缀于以阳性元音 ʉ、ʉʉ 为核心构成的名词词根或词干后面；(7) 以中性元音为核心构成的名词后面一般都接缀 -səl。例如：

aawaŋ 帽子 ＋ -sal = aawaŋsal 许多帽子
bəj 人 ＋ -səl = bəjsəl 人们
moo 树 ＋ -sol = moosol 许多树
hөөggө 桥 ＋ -sөl = hөөggөsөl 许多桥
unuhuŋ 指头 ＋ -sul = unuhuŋsul 许多指头
ʤʉʉ 房子 ＋ -sʉl = ʤʉʉsʉl 许多房子

复数形态变化语法词缀 -sal、-səl、-sol、-sөl、-sul、-sʉl 用于句子的情况：

toshaŋ-sal ootʃtʃi **unʉgʉŋ-sʉl** sʉt hurigaŋdu aaʃiŋ.
牛犊 们 和 乳牛 们 都 圈在 无
牛犊(们)和乳牛(们)都不在牛圈里。

ʤulilө mʉni **өggө-sөl** ootʃtʃi **moriŋ-sol** iʃiwʉʤirəŋ.
前边 我们的 游牧包 们 和 马 们 看被正在
在前方出现了我们的许多游牧包和马群。

əmgəəl-səl haʃi ʤʉʉ doolo biʃiŋ.
鞍子 们 仓库 房 里 有
马鞍子(们)都在库房里。

talarni **unuhuŋ-sul** sʉt mandi budʒir ooso.
他们的　手指　们　　都　太　脏　成了
他们的手指(们)都太脏了。

如上所述，在鄂温克语里，人们表示人或事物的复数概念时，绝大多数情况下都用复数形态变化语法词缀 -sal、-səl、-sol、-søl、-sul、-sʉl。与此相反，使用其他复数形态变化语法词缀的现象却变得越来越少。甚至可以说，除了一些老年人以外，在表示人或事物的复数概念时，绝大多数使用这套复数形态变化语法词缀。

9. 用数词替代复数形态变化语法词缀的现象

根据复数形态变化语法现象调查资料，鄂温克语里还有用数词表述人或事物的具体复数概念的实例。人们在进行语言交流时，为了说清某一个具体的复数概念，经常在名词前使用数词。同时，往往要把包含复数内涵的名词后面的复数形态变化语法词缀省略掉。例如：

heendu **gotiŋ** bəj ninisə.
草场　　三十　人　去
有三十个人去了草场。

mʉni gatʃagiidʒi albaaŋdu **namaadʒ** ʉhʉr ʉniim bʉʉsə.
我们　村方面　　公家　　百　　牛　　卖给
我们村卖给公家一百头牛。

这两个例句中的 bəj "人" 和 ʉhʉr "牛" 都属于复数性质的名词。但是，由于在这两个名词前已使用了gotiŋ "三十" 和 namaadʒ "百" 等表示具体复数的数词，所以就不必在 bəj 和 ʉhʉr 后面接缀复数形态变化语法词缀。也就是说在鄂温克语里，没有像 gotiŋ bəj-səl. "三十人们"，namaadʒ ʉhʉr-sʉl. "一百头牛们" 之类，在使用陈述复数的具体数词的同时，还使用复数形态变化语法词缀的现象。

第三节 代词的数形态变化语法现象

我们之所以在这一节里，专门讨论代词的数形态变化语法现象是因为，在鄂温克语口语代词错综复杂的语法结构系统中,有一整套阐述单数和复数形态变化语法现象的词缀系统。这些形态变化语法词缀，对于人们更好、更全面、更客观实在地认识该语言的数形态变化语法现象具有十分重要的作用。从这个意义上讲，把代词的数形态变化语法现象放入数形态变化语法范畴进行分析很有价值。比如说，代词中的人称代词内，就可以根据数形态变化语法现象的结构性特征，区分出单数形态变化结构类型的第一人称代词、第二人称代词、第三人称代词，以及复数形态变化结构类型的第一人称代词、第二人称代词、第三人称代词等。特别是在指示代词内部被进一步细分为近指代词和远指代词的分类概念中,还涉及单数和复数形态变化语法词缀及其表现形式等。在以往研究中，均把代词的这些数形态变化现象放在代词形态变化语法结构的分析进行阐述。本书中，我们还是将其作为数形态变化语法现象的特有结构关系,同名词类词的数形态变化语法现象一同探讨。

1. 人称代词的数形态变化语法现象

首先谈一谈人称代词的单数和复数形态变化语法现象及其所表现出的语法意义。众所周知，鄂温克语里人称代词被分为第一人称、第二人称、第三人称三种，而且均分有单数和复数形态变化结构类型。同时，这些人称代词在绝大多数情况下都以特定的数形态变化语法词缀表现出来。

1.1 单数第一人称代词的数形态变化语法现象

该语言的单数第一人称代词有两种说法，一是独立型结构体 bi "我"。所谓的独立型结构体，是指在其词干后面不接缀任何形态变化语法词缀的前提下，能够以原来结构形式独立用于句子的现象。二是非独立型结构体的 mi- "我"。那么，作为非独立型结构体的 mi-,只有在其词干后面接缀名词类词的相关形态变化语法词缀以后才能用于句子。例如：

bi moriŋ ugutʃtʃi ninikte.
我　马　骑　去吧
我骑马去吧。

mi-ni moriŋbo naaŋ awusuŋ ʥawasa?
我的　马把　又　谁你们　抓了
你们这些人里谁又抓了我的马?

单数第一人称代词 mi- "我"后面接缀名词类词的形态变化语法词缀时，首先要接缀领格形态变化语法词缀 -ni。所以，单数第一人称代词 mi- 基本上以 mini 的形态变化结构特征用于句子。根据有关研究资料，非独立型结构体单数第一人称代词 mi- 是由独立型结构体 bi"我"演化而来的产物。也就是说，在 bi 后面接缀名词类词的形态变化语法词缀时，短元音 i 前的双唇浊塞音 b 就会产生 m 音变。结果，bi 就演化为 mi-。不论怎么说，单数第一人称代词 bi 和 mi- 是在词首辅音 b- 与 m- 后面接缀短元音 i 而构成。例如:

b- + -i = bi 我
m- + -i = mi- 我

这种说法跟复数第一人称代词 bʉ 和 mʉ- 有关。我们可以将单数第一人称代词 bi 和 mi- 以及复数第一人称代词 bʉ 和 mʉ- 中的短元音 i 与 ʉ，看成分别表示单数或复数语法概念的可变性音素，同时把双唇辅音 b 与 m 认定为不变性音素。所以，在区分第一人称代词所表示的单数或复数形态变化语法概念时，短元音 i 与 ʉ 发挥着极其重要的作用，而双唇辅音 b 与 m 只是在同一个数形态变化范畴里发挥着相关作用。

1.2　单数第二人称代词的数形态变化语法现象

根据分析，我们认为，鄂温克语代词中的单数第二人称代词 ʃi "你"是在词首辅音 ʃ- 后面接缀短元音 i 而构成的产物。而且，词首辅音 ʃ- 有可能是从

*s- 演化而来。尽管如此，现在人们将单数第二人称代词均发音成 ʃi。例如：

ʃ- <*s- + -i = ʃi <*si 你

ʃi "你" 在句子中的使用情况如下：

ʃi   bikki   mini   miiŋ   aja   ahiŋbiwi   oonde.
你   是   我的   最   好   哥哥我   成
你是我的最好的哥哥。

单数第二人称代词 ʃi "你" 在早期可能被发音为 *si，后来受其后面的短元音 i 的影响演变成 ʃ- 音。在现代鄂温克语里把单数第二人称代词均发音为 ʃi，没有人发作 *si 音了。如果有人刻意地发作 *si 音，那么鄂温克人就会认为你的发音完全不对，甚至有人会听不明白你发音的具体内容，或认为你在表达其他什么概念，而不是在说单数第二人称代词的"你"。

1.3 单数第三人称代词的数形态变化语法现象

鄂温克语里的单数第三人称代词无论在说法上，还是在形态变化语法结构方面，均显出一定程度的复杂性。应该说，它们是在代词词根 ta- 和 nu- 后面接缀形态变化语法词缀 -ri、-jja、-gaŋ 等构成。具体阐述的话，在 ta- 后面接缀形态变化语法词缀 -ri 或 -jja 构成了 tari 和 tajja，而在 nu- 后面接缀形态变化语法词缀 -gaŋ 构成了 nugaŋ。例如：

ta- ＋ -ri = tari 他、她
ta- ＋ -jja = tajja 他、她
nu- ＋ -gaŋ = nugaŋ 他、她

无论是 tari 或 tajja，还是 nugaŋ 均可以表示单数第三人称男性用的"他"或女性用的"她"。它们的差别在于：(1) tari 属于常用式；(2) tajja 多用于贬义；(3) nugaŋ 经常用于褒义或敬语句。例如：

ta-ri bikki əmʉŋ gəbbəʃeŋ.
他　　是　一　　工人
他是一名工人。

ta-jja bikki ərʉ bəj gʉnəŋ.
他　　　是　坏　人　说
据说他是一个坏人。

nu-gaŋ bikki mʉni amiha(ŋ)muŋ ooroŋ.
他　　　是　我们的　大爷　　　我们　成
他是我们的大爷。

值得一提的是，黑龙江地区从事农业生产的鄂温克族人的口语里，有词首辅音 n- 或 t- 后面接缀短元音 u、o、i 派生出单数第三人称代词 nu~no (nu > no)、ti 等的现象。比如，n-u ninitʃə~n-o ninitʃə (nini- 去 -tʃə 了) "他去了"，t-i əmətʃə(əmə - 来 -tʃə 了) "他来了" 等。如果这套单数第三人称代词是鄂温克语原来就有的，那么其中的 ti "他"正好同 ʃi <*si "你"和 bi "我"的语音结构原理相吻合。此外，这里出现的 nu(n-u) 有可能是单数第三人称代词的早期形态变化现象，而 no(n-o < u) 是 nu 的另一种变音形式。

1.4 复数第一人称代词的数形态变化语法现象

鄂温克语代词里，复数第一人称代词也和它单数第一人称代词的说法相同，有独立型结构体的 bʉ "我们"，以及非独型结构体的 mʉ- "我们"。它们同样可能是在词首辅音 b- 与 m- 后面接缀短元音 ʉ 而构成的产物。例如：

b- + -ʉ = bʉ 我们
m- + -ʉ = mʉ- 我们

很显然，其中的 bʉ(b-ʉ) 作为独立型结构体，在不接缀任何形态变化语法词缀的前提下完全能够用于句子。然而，因为 mʉ-(m-ʉ) 是非独型结构体，所以在 mʉ- 后面接缀相关形态变化语法词缀才能用于句子。而且，一般都要先接缀领格形态变化语法词缀 -ni,再接缀其他形态变化语法词缀。也就是说，mʉ-(m-ʉ) 后面接缀 -ni 的前提下，才能接缀其他形态变化语法词缀，而绝不能以 mʉ- 这一语音结构形式用于句子，且在 mʉ- 后面没有接缀 -ni 的情况下不能直接接缀其他形态变化语法词缀。例如：

b-ʉ　bikkiwi　heendu　ninidʑir　ulur.
我们　是　　草场　　去着的　人们
我们是上打草场的人们。

mʉ-ni　ʉnʉgʉŋbʉ　əʃi　awusuŋ　sagadʑiraŋ?
我们的　　乳牛把　　现在　谁你们　挤在
你们中现在谁在挤我们的乳牛呢？

鄂温克语里由词首辅音 b- 或 m- 跟短元音 -ʉ 组合而成的复数第一人称代词 bʉ "我们" 或 mʉ- "我们" 均含有排除他人的语法内涵，从而被学术界认为是排除式语义结构的复数第一人称代词。与此相反,鄂温克语里还有在 mi- "我" 后面接缀形态变化语法词缀 -ti 而构成的 miti "咱们" 这一表示包括式词义概念的复数第一人称代词。miti "咱们" 在句子中的使用情况如下：

mi-ti　bikkiwi　gʉrʉ(ŋ)ni　dʑaariŋ　bitig　tatidʑitte.
咱们　　是　　　国家的　　为了　　书　　学着咱们
咱们是为了祖国而读书。

另外，以上提到的排除式复数第一人称代词 mʉ- "我们",在一些句子里也可以表示包括式语法概念。例如：

mini　inig　doliŋ　aaʃindʑirduwi　**mʉ-ni-dөlө**　ondi　bəj　əməsə.
我　　日　　中　　睡　　　　　咱们的在　　　什么　人　　来了

今天中午我睡觉时咱们家来了什么人？

　　尽管如此，接缀有形态变化语法词缀的复数第一人称代词 mʉ- 在绝大多数情况下表示排除式语法概念，用于包括式语句的实例比较少。其中，mʉ- 表示包括式的语法概念时，一般都以在其后先接缀领格形态变化语法词缀 -ni，再接缀其他某一格形态变化语法词缀的结构形式出现。上面的例句中也是如此，在 mʉ- 后面先接缀 -ni，再接缀位格形态变化语法词缀 -dələ，从而构成 mʉnidələ (mʉ-ni-dələ)。"咱们的在(在咱们的)"这一表示包括式语法概念的复数第一人称代词。

　　在这里，还有必要进一步阐述鄂温克语包括式复数第一人称代词 miti 的构成原理。miti 是在单数第一人称代词 mi- 后面，接缀形态变化语法词缀 -ti 而构成。不过，也不能排除 miti "咱们"是单数第一人称代词 mi- "我"跟单数第三人称代词 ti "他"的结合体的可能。与此相关，鄂温克语里还有在单数第一人称形态变化结构类型的代词 bi "我"后面，接缀复数形态变化语法词缀 -t 或 -ti，构成表示复数第一人称语法概念的代词 bit(bi-t)～biti(bi-ti) "我们"的现象。其构成原理，好像也跟包括式复数第一人称 miti(mi-ti) 相同。再说，bi "我"后面接缀的复数形态变化语法词缀 -t，有可能是 -ti 的另一种变体形式。无论是 bit 还是 biti，在句子里均表示复数第一人称代词"我们"之意。例如，bit ʉligərə～biti ʉligərə "我们走吧"。另外，在包括式复数第一人称代词 miti "咱们"，以及排除式复数第一人称代词 biti "我们"等后面，还可以接缀复数形态变化语法词缀 -səl 而构成 mitisəl (miti-səl) "咱们"或 bitisəl(biti-səl) "我们"等表示复数语法概念的特殊代词。看起来，在复数第一人称代词 miti 或 biti 等后面再接缀复数形态变化语法词缀 -səl 似乎没有什么实际意义，其实这种形态变化结构对于第一人称代词的复数语法概念起到进一步强调的作用。

1.5　复数第二人称代词的数形态变化语法现象

　　就如前面的相关分析，鄂温克语复数第二人称代词 sʉ "你"的构成原理，同样可能是词首辅音 s- 后面接缀短元音 ʉ 而构成的产物。我们在前面讨论单数第二人称代词 ʃi 时就涉及过与此相关的问题。在我们看来，无论是单数第二人

称代词的 ʃi，还是复数第二人称代词的表示形式 sʉ 等的词首辅音原来都应该是 s-，ʃ- 有可能是后来由 s- 演化而来。请看以下例句中复数第二人称代词 sʉ "你们" 的使用情况：

s-ʉ timaaʃiŋ ʥʉligʉ ʉrirəndʉ ohoŋ oonom ninitʃtʃʉŋ?
你们 明天   前村   什么   做   去
你们明天到前村去干什么？

在人们的日常用语中，复数第二人称代词 sʉ "你" 还可以表示单数第一人称代词的敬称 "您" 之意。例如：

s-ʉ ohi əddʉg nasuɲʃi oososuŋ?
您   多   大   岁数   成您
您多大岁数了？

从单数第二人称代词 ʃi <*si "你" 和复数第二人称代词 sʉ "你们" 的结构特征中不难看出，它们同单数第一人称代词 bi "我" 和复数第一人称代词 bʉ "我们" 之间存在某种共性。那就是，它们的单数和复数形态变化语法现象，均以短元音 i 和 ʉ 为主构成。由此，我们应该充分认识到单元音 i 与 ʉ 在人称代词的数形态变化结构中发挥的重要作用。

1.6 复数第三人称代词的数形态变化语法现象

我们掌握的第一手资料显示，鄂温克语的复数第三人称代词也和单数第三人称代词一样，在其表现形式及其构成原理等方面均显示出它们具有的复杂性。这种复杂性主要表现在第三人称代词词根 ta- 以及单数第三人称代词 nugaŋ、tari、tajja 后面接缀的一系列复数形态变化语法词缀方面。

1.6.1 ta- 接缀形态变化语法词缀 -lar、-tʃtʃil 构成复数第三人称代词的实例

ta- ＋ -lar = talar 他们、她们

ta- + -tʃtʃil = tatʃtʃil 他们、她们

1.6.2 nugaŋ、tari、tajja 接缀形态变化语法词缀 -nel、-sal、-l 构成复数第三人称代词的实例

nugaŋ + -l～-sal～-nel = nuga(ŋ)l～nugaŋsal～nuga(ŋ)nel 他们、她们
tari + -l～-sal = taril～tarisal 他们、她们
tajj + -sal = tajjasal 他们、她们

在单数第三人称代词 nugaŋ 后面接缀复数形态变化语法词缀 -nel 或 -l 时，词尾鼻辅音 ŋ 要产生脱落现象；而接缀复数形态变化语法词缀 -sal 时，词尾鼻辅音 ŋ 却被保留下来。此外，单数第三人称代词 tari 后面一般不能接缀复数形态变化语法词缀 -nel，单数第三人称代词 tajja 后面也几乎不使用复数形态变化语法词缀 -nel 和 -l。以下，用语句形式阐述复数第三人称的使用情况：

ta-lar bikki mʉni aja ahiŋ nʉhʉŋsɵlmʉŋ ʃiŋdʒə.
他们　是　我们 好的 哥哥 弟弟 们我们　是
他们是我们的好朋友。

ta-tʃtʃil dʒʉligʉ ʉrirəŋdihi əməsə.
他们　前　　村从　来了
他们是从前村来的。

nuga(ŋ)-nel əddʉg sujtaŋdu iitʃtʃi dʒʉʉhe ane oodʒiroŋ.
他　　们 大　学校　上　第二　年　成
他们上大学已经是第二年了。

tari-l-ni ʉhʉr honi(ŋ)niŋ mandi baraaŋ gʉnɵŋ.
他们的 牛　羊　他们 很　多　说
据说他们有很多的牛羊。

tajja-sal dattaŋ bəjni jəəməwəni tiinəŋ.
他们　　经常　人的　东西把的　　抢
他们经常抢人家的东西。

以上接缀不同复数形态变化语法词缀的第三人称代词里，使用率最高、使用范围最广的是 talar（ta-lar）和 tatʃtʃil（ta-tʃil）。nuga(ŋ)l～nugaŋsal～nuga(ŋ)nel、taril～tarisal、tajjasal 等的使用率都比较低，尤以 nuga(ŋ)nel、taril～tarisal 的使用率最低。而且，其中的 nuga(ŋ)nel 常常被发音为 nuŋaŋnil 或 nuŋanil 等。同时，这些复数第三人称代词均可以表示"他们"或"她们"。

2. 反身代词的数形态变化语法现象

前面讨论的是人称代词范畴的单数和复数形态变化语法现象。与此相关，鄂温克语口语反身代词同样具有单数和复数形态变化结构特征。其中，表示单数语法概念的反身代词要用 məəni "自己" 来表示。毫无疑问，məəni 是在反身代词词根 məə- 后面接缀领格形态变化语法词缀 -ni 而构成。请看 məəni 在句中使用情况：

ʃi joodoŋ məə-ni ɕiŋɕisa ʉgdʉwi əʃinde eʃera?
你　为何　自己　说的　话自己　不你　到呀
你为何自己说完办不到呢？

反身代词的复数语法概念往往是以单数反身代词 məəni 后面接缀复数形态变化语法词缀 -səl 的形式来表现。复数反身代词 məənisəl (məəni-səl) 主要表示"自己们"之意。例如：

məəni-səl bəjdʑi gəbbə oordu mandi amala.
自己们　　人和　活儿　干在　很　方便
和自己（们）的人干活就会很方便。

另外，鄂温克语的口语里，也有在反身代词词根 məə- 后面，直接接缀复数形态变化语法词缀 -səl，构成表示复数概念的反身代词 məə-səl "自己们" 的现象。例如，talar məə-səl saaraŋ. "他们自己(们)知道"。还有在单数反身代词məəni 后面接缀形态变化语法词缀 -til 而构成复数概念的反身代词 məən(i)til {məən(i)-til} "自己们"的实例。例如，sʉ məən(i)til saahaldone. "你们自己(们)知道吧！"但是，在 məəni 后面接缀形态变化语法词缀 -til 时，词尾的短元音 i 要产生脱落现象。

3. 指示代词的数形态变化语法现象

我们的调研资料充分显示，指示代词的单数形态变化语法现象相对要复杂，它的复杂性体现在单数形态变化语法词缀的构成系统里。也就是说，鄂温克语指示代词的单数形态变化结构类型里有，表示近指概念的一套形态变化系统，同时还有一套表示远指概念的形态变化系统。其中，近指代词是在词根 ta-"那"后面，接缀 -ri、-jjə、-dʉ、-lə、-li、-nnəgəŋ、-ʥʥigiŋ 等形态变化语法词缀而构成；远指代词则是在词根 ə-"这"后面，接缀 -ri、-ja、-du、-la、-li、-nnagaŋ、-ʥʥigiŋ 等一系列形态变化语法词缀而构成。请看指示代词单数形态变化结构形式及其内容：

ə- + { -ri, -jjə, -dʉ, -lə, -li, -nnəgəŋ, -ʥʥigiŋ } = əri 这, əjjə 这, ədʉ 这里, ələ 这边, əli 这里, ənnəgəŋ 这样, əʥʥigiŋ 这程度

ta- + { -ri, -jja, -du, -la, -li, -nnagaŋ, -ʥʥigiŋ } = tari 那, tajja 那, tadu 那里, tala 那边, tali 那里, tannagaŋ 那样, taʥʥigiŋ 那程度

鄂温克语里，还有在单数结构类型的近指代词词干 əri、əjjə、ədʉ、ələ、əli、ənnəgəŋ、əʥʥiggiŋ 后面，直接接缀复数形态变化语法词缀 -l、-səl、-thəŋ 等而构成表示复数概念的近指代词的现象。下面系统展示近指代词词干后面接缀复数形态变化语法词缀的实例：

əri 这 ＋ -səl = ərisəl 这些
əjjə 这 ＋ -səl = əjjəsəl 这些
ədʉ 这里 ＋ -thəŋ = ədʉthəŋ 这些里
ələ 这里 ＋ -thəŋ = ələthəŋ 这些里
əli 这边 ＋ -thəŋ = əlithəŋ 这些边
ənnəgəŋ 这样 ＋ -səl = ənnəgəŋsəl 这样们
əʥʥiggiŋ 这程度 ＋ -səl = əʥʥiggiŋsəl 这些个程度

远指代词的复数形态变化语法现象也是在表示单数概念的远指代词词干 tari、tajja、tala、tadu、tali、tannagaŋ、taʥʥiggiŋ 后面，接缀 -l、-sal、-thaŋ 等复数语法词缀而构成。以下具体展示远指代词复数形态变化语法现象的实例：

tari 那 ＋ -sal = tarisal 那些
tajja 那 ＋ -sal = tajjasal 那些
tala 那里 ＋ -thaŋ = talathaŋ 那些里
tadu 那里 ＋ -thaŋ = taduthaŋ 那些里
tali 那里 ＋ -thaŋ = talithaŋ 那些边
tannagaŋ 那样 ＋ -sal = tannagaŋsal 那样们
taʥʥiggiŋsal 那程度 ＋ -səl = taʥʥiggiŋəsal 那些个程度

从以上全面而系统展示的实例，我们完全可以清楚地了解在近指代词词根 ə-"这"和远指代词词根 ta-"那"后面，接缀单数形态变化语法词缀构成不同形式和内容的单数指示代词的基本原理。在单数近指代词和远指代词后面，接缀复数语法词缀构成复数形态变化结构类型的近指代词和远指代词的基本规律。以下，用语句形式逐一阐述鄂温克语近指代词和远指代词的形态变化语法现象，以及它们在数形态语法结构方面存在的区别性特征等。

3.1 常用指示代词的数形态变化语法现象

依据我们掌握的调研资料，常见的单数形态变化结构类型的近指代词 əri(ə-ri) "这" 和远指代词 tari(ta-ri) "那"，以及复数形态变化结构类型的近指代词 ərisəl(əri-səl) "这些" 和远指代词 tarisal(tari-sal) "那些"，在鄂温克语口语里有着相当高的使用率，使用面也十分广泛。例如：

ə-ri bikki mini moriŋ, **ta-ri** bikki ʃini ʉhʉr.
这　　是　我的　马　　　那　　是　你的　牛
这是我的马，那是你的牛。

əri-səl bikki mʉni tarigaŋ, **tari-sal** bikki sʉni tarigaŋ.
这些　　是　我们的　粮田　　那些　　是　你们的　粮田
这些是我们的粮田，那些是你们的粮田。

3.2 贬义指示代词的数形态变化语法现象

我们的分析表明，经常用于贬义句且包含说话者不满情绪或不愉快心情的单数形态变化结构类型的近指代词 əjjə(ə-jjə) "这" 和远指代词 tajja(ta-jja) "那"，以及复数形态变化结构类型的近指代词 əjjəsəl(əjjə-səl) "这些" 和远指代词 tajjasal(tajja-sal) "那些" 等，由于受词义概念的限制，使用率没有那么高，使用面也没有那么广泛。例如：

ə-jjə təti ərʉhəjə, **ta-jja** təti naaŋ nandahaŋ ənte.
这　　衣服　难看　　那　　衣服　也　　好看　　不是
这衣服难看，那衣服也不漂亮。

əjjə-səl hokko mʉnəsə jəəmə, **tajja-sal** naaŋ sʉt ərʉdəsə jəəmə hʉŋ.
这　些　全　臭了的　东西　　那　些　也　都　坏了的　东西　是

这些全是发臭了的东西，那些也都是变味了的东西。

3.3 场地指示代词的数形态变化语法现象

鄂温克语的代词内，有一些用于指场所、位置、地点等的指示代词，并且同样有单数和复数形态变化结构类型。比如，单数形态变化结构类型的近指场所和位置的代词有 ədʉ(ə-dʉ) "这里"，以及远指场所和位置的代词有 tadu (ta-du) "那里"。表示复数形态变化结构类型的近指场所和位置的代词有 ədʉsəl(ədʉ-səl) "这些里"，以及远指场所和位置的代词有 tadusal(tadu-sal) "那些里" 等。它们在句子里的使用情况是：

ə-dʉ bi təgəme，**ta-du** ʃi təgəhə.
这里 我 坐我 那里 你 坐吧
我在这里坐，你在那里坐吧。

ədʉ-səl əmuŋ bəj naaŋ aaʃiŋ，**tadu-sal** baraaŋ bəj biʃiŋ.
这里们 一 人 也 没有 那里们 多 人 有
这些(场所)里连一个人也没有，那些(场所)里有好多人。

除了上面提到的之外，在他们的语言里还有单数形态变化结构类型的近指代词 ələ(ə-lə) "这儿" 和远指代词 tala(ta-la) "那儿"，以及复数形态变化结构类型的近指代词 ələsəl(əlʉ-səl) "这些儿" 和远指代词 talasal(tala-sal) "那些儿" 等。它们在句子中使用时，同样可以指出某人或某物所处的场所、位置、地点。例如：

ə-lə moriŋ biʃiŋ，**ta-la** ʉhʉr biʃiŋ.
这儿 马 有 那儿 牛 有
这儿有马，那儿有牛。

ələ-səl bikki muni bog，**tala-sal** bikki suni bog.
这些 是 我们的 地盘 那些 是 你们的 地盘
这些是我们的地盘，那些是你们的地盘。

3.4 范围指示代词的数形态变化语法现象

从数形态变化语法现象的角度来看，表示范围的指示代词同样有单数和复数形态变化语法内容。其中，属于单数形态变化结构类型的近指范围代词有 əli(ə-li) "这边" 和远指范围代词有 tali(ta-li) "那边"。还有属于复数形态变化结构类型的近指范围代词 əlisəl(əli-səl) "这些边" 和远指范围代词 talisal(tali-sal) "那些边" 等。它们在句子里的使用情况是：

ə-li moriŋ biʃiŋ, **ta-li** ʉhʉr biʃiŋ.
这边 马 有 那边 牛 有
这边有马，那边有牛。

əli-səl sʉt ʃiwar ooso, **tali-sal** əmʉŋ naan ʃiwar aaʃiŋ.
这些边 都 泥泞 成了 那些边 一 也 泥泞 没有
这儿周边都变成了泥泞，那儿周边连一点泥泞也没有。

3.5 样态指示代词的数形态变化语法现象

鄂温克语口语里，有专用于表示状态、形状、模样的样态指示代词。毫无疑问，样态指示代词同样有单数和复数形态变化语法现象。根据其具体表述的数形态变化语法概念的不同，我们可以在其内部分出单数形态变化结构类型的近指样态代词 ənnəgəŋ(ə-nnəgəŋ) "这样" 和远指样态代词 tannagaŋ(ta-nnagaŋ) "那边"，以及复数形态变化结构类型的近指样态代词 ənnəgəŋ-səl(ənnəgəŋ-səl) "这些样" 和远指样态代词 tannagaŋsal(tannagaŋ-sal) "那些样" 等。它们在句子中使用的情况如下：

ə-nnəgəŋ ʥʉʉ mandi nandahaŋ, **ta-nnagaŋ** ʥʉʉ nandahaŋ əntə.
这样 房子 非常 好看 那样 房子 好看 不是
这样的房子非常好看，那样的房子不好看。

ənnəgəŋ-səl bikki əʃiŋ oodo, **tannagaŋ-sal** bikki oodoŋ.
这些样 是 不 行 那些样 是 可以
这些样式不行，那些样式还可以。

3.6 程度指示代词的数形态变化语法现象

作为指示代词的一个组成部分，表示程度、距离、水平的指示代词也有数形态变化语法结构特征和功能。其中，单数形态变化结构类型的有近指程度代词 ədʑdʑiggiŋ(ə-dʑdʑiggiŋ) "这么" 和远指程度代词 tadʑdʑiggiŋ(ta-dʑdʑiggiŋ) "那么"，以及复数形态变化结构类型的有近指程度代词 ədʑdʑiggiŋsəl (ədʑdʑiggiŋ-səl) "这么些" 和远指程度代词 tadʑdʑiggiŋsal (tadʑdʑiggiŋ-sal) "那么些" 等。它们在句子中的使用情况如下：

ə-dʑdʑiggiŋ goddo bikki ooroŋ, **ta-dʑdʑiggiŋ** goddo naaŋ oodoŋ.
这么 高 是 行 那么 高 也 行
有这么高就可以了，但有那么高的也行。

ədʑdʑiggiŋ-səl bikki mʉni oosomʉŋ, **tadʑdʑiggiŋ-sal** bikki sʉni oososʉŋ.
这么 些 是 我们的 做的我们, 那么 些 是 你们的 做的你们
这些是我们做的，那些是你们做的。

根据以上的分析和举例说明，我们可以了解和掌握鄂温克语指示代复杂多变的数形态变化语法结构系统。它们的复杂性体现在近指和远指两套结构类型的多样性，以及有一定数量的数形态变化语法词缀之中。相比之下，指示代词的单数形态变化语法词缀的构成形式和内容比较复杂，复数形态变化语法词缀相对简单。另外，由复数形态变化语法词缀构成的复数结构类型的指示代词在句中被使用时，往往还要接缀名词类词的格形态变化等语法词缀。特别是表示场所、地点、范围、程度以及样式等方面的指示代词以复数形态变化结构类型出现时，绝大多数情况下都要接缀有格等形态变化语法词缀。比如，ədʉsəl(ədʉ-səl) "这些里"、ələ(ələ-səl) "这些里"、əli (əli-səl) "这些边"、ənnəgəŋsəl (ənnəgəŋ-səl) "这些样"、ədʑdʑiggiŋsəl (ədʑdʑiggiŋ-səl) "这么些" 等。它们在句中要以 ədʉsəldʉ[①](ədʉsəl-dʉ ⇨ 定位格形态变化语法词缀) "在这些里"、ələsəlli (ələsəl-li ⇨ 不定位格形态变化

---

① 下划线部分属于格形态变化语法词缀。

语法词缀)"约在这些里"、əlisəldihi(əlisəl-dihi ⇨ 从格形态变化语法词缀)"从这些边"、ənnəgəŋsəlwə(ənnəgəŋsəl- ⇨ wə 确定宾格形态变化语法词缀)"把这些模样的"、ədʒdʒiggiŋsəldʒi(ədʒdʒiggiŋsəl-dʒi ⇨ 造格形态变化语法词缀)"用这么些"等结构形式出现。同时，这些复数形态变化结构类型的指示代词后面，接缀名词类词的格形态变化语法词缀后，往往出现名词化现象。不过，这并不是说鄂温克语的指示代词不能以复数形式用于句子，只是说指示代词以复数形态变化结构形式使用的现象比较少。

4. 疑问代词数形态变化语法现象

鄂温克语的疑问代词也有严格而系统的单数和复数形态变化语法结构特征。其中，单数语法概念要用疑问代词词根或词干形式来表现，或在词根后面接缀形态变化语法词缀 -hoŋ、-ndi、-hid、-ggʉ、-lə、-thi、-ttʉ、-doŋ 等手段表现出来。它们的复数语法概念，要在单数形态变化语法结构特征的疑问代词后面，接缀 -sal、-səl、-sol、-thaŋ、-thəŋ、-thoŋ、-that、-thət 等复数语法词缀的形式来表示（见表2-1）。

表 2-1

序号	结构特征	单数形态变化现象	复数形态变化现象
1	以疑问代词词根形式或在词根后面接缀复数形态变化语法词缀构成	awu 谁 ni 谁、什么	awu-sal 谁谁 ni-səl 谁谁、什么什么
2	以疑问代词词根 o- 后面接缀单数或复数形态变化语法词缀构成	o-hidu 何时 o-hoŋ 什么 o-ndi 什么样	ohidu-thot 是些何时 ohoŋ-sol 什么什么 ondi-thəŋ 什么什么样
3	以疑问代词词根 i- 后面接缀单数或复数形态变化语法词缀构成	i-ggʉ 哪位、哪个 i-lə 哪儿 i-thi 往哪儿 i-ttʉ 怎样、怎么 i-da 为何	iggʉ-thəŋ 哪个哪个、哪些个 ilə-thəŋ 哪儿哪儿 ithi-thəŋ 往哪儿哪儿 ittʉ-thəŋ 怎样怎样 ida-thaŋ 是些为何
4	以疑问代词词根 joo- 后面接缀单数或复数形态变化语法词缀构成	joo-doŋ 为何	joo-thoŋ 是些为何

4.1 疑问代词 awu 和 ni 的数形态变化语法现象

从数形态变化语法概念的角度来讲，awu"谁"和 ni"谁"、"什么"的单数形态变化语法现象均属于零词缀结构类型。也就是说，它们是由词根形式构成的，表示单数概念的疑问代词。疑问代词以单数形态变化结构类型用于句子的情况是：

awu　mʉni　ədʉ　ɲeəməŋ?
谁　我们的　这　来
谁到我们这里来了？

ni　tala　ninisə?
谁　那里　去了
谁到那里去了？

ni　bogdu　ʥəddə　jʉʉsə?
什么地在　　火灾　　出了
在什么地方着火了？

我们的研究表明，作为单数形态变化结构类型的疑问代词 awu 和 ni 表示"谁谁"、"什么什么"等充当表示复数概念的疑问动词时，要在 awu 和 ni 后面根据元音和谐规律，分别接缀复数形态变化语法词缀 -sal 或 -səl。具体说的话，在疑问代词 awu 后面接缀 -sal，在 ni 后面接缀 -səl。例如：

honi(ŋ)ni　iŋatta　hajʃilardu　**awu-sal**　ninisə?
羊的　　　毛　　剪在　　　　谁们　　　去了
剪羊毛的时候谁去了？

ni-səl　dooni　mʉʉdʉ　əjəmʉtʃʃi　ʉlisə?
什么什么　河的　　水里　　流被完　　走了
什么(东西)被河水冲走了？

4.2 疑问代词词根 o- 的数形态变化语法现象

从前面的相关讨论中，我们已经认识到，在疑问代词词根 o- 后面接缀的数形态变化语法词缀十分复杂，并有其严格意义上的单数和复数之分。笔者认为，单数形态变化语法结构类型的疑问代词 ohidu "何时"、ohoŋ "什么"、ondi "什么样"等，是在疑问代词词根 o- 后面接缀 -hidu、-hoŋ、-ndi 等单数形态变化语法词缀构成的产物。例如：

sɯ　o-hidu　hojdihi　ɯɯʃigi　gɯggɯlsəsɯŋ?
你们　何时　辉从往　这边　动了你们
你们何时从辉河往这边动身的？

ʃi　tadu　təgətəŋ　o-hoŋ　oodʒinde?
你　那里　坐原样　什么　干着你
你坐那里在干什么呢？

bi　tari　adi　mori(ŋ)ni　o-ndi　moriŋboni　dʒawame.
我　那　几　马的　什么样　马把　抓　我
我从那几匹马中抓什么样的一匹马？

鄂温克语口语里，用这些疑问代词表示复数概念时，在单数形态变化语法结构类型的 ohidu "何时"、ohoŋ "什么"、ondi "什么样"等后面，要接缀 -thoŋ、-thot、-sol、-l 等复数形态变化语法词缀。例如：

ohidu ＋ -thot ＝ ohiduthot 何时都、什么时候都
ohoŋ ＋ -sol ＝ ohoŋsol 什么什么
ondi ＋ -thoŋ ＝ ondithoŋ 什么什么样
ohidu ＋ -l ＝ ohidul 何时也、什么时候也

以上复数形态变化结构类型的疑问代词在句子中的使用情况是：

tari ohidu-thot tattu dilagaŋ aaʃiŋ təgərəŋ.
他　何时　　那样　　声　　无　　坐
他什么时候开始那样沉默寡言地坐着的？

hotʃʃodu　ohoŋ-sol ʉnidʒirəŋ?
商店在　　什么什么　　卖
商店里卖什么（东西）呢？

4.3　疑问代词词根 i- 的数形态变化语法现象

正如在前面有关章节的论述中所提到的那样，鄂温克语疑问代词里，还有一套在疑问代词词根 i- 后面接缀 -ggʉ、-lə、-thi、-da 等一系列形态变化语法词缀而构成的 i-ggʉ "哪位、哪个"、i-lə "哪儿"、i-thi "往哪儿"、i-ttʉ "怎样、怎么"、i-da "为何" 等表示单数语法概念的疑问代词。例如：

```
            -ggʉ         i-ggʉ 哪位、哪个
            -lə          i-lə 哪儿
    i- +    -thi    =    i-thi 往哪儿
            -ttʉ         i-ttʉ 怎样、怎么
            -da          i-da 为何、怎么
```

以上单数形态变化语法结构类型的疑问代词在句子中的使用实例为：

tari i-ggʉ bogdihi əməsə bəj?
他　哪个　　地从　　来　　人
他是从哪个地方来的人？

amihaŋ əʃi i-lə bidʒirəŋ?
大爷　现在　哪儿　在
大爷现在在哪儿？

səwəŋ i-ttɯ tannagaŋ goddo nəəsə jəəməwə gasa?
斯文   怎么   那样   高的   放   东西   要
斯文是如何把放在那么高处的东西拿下来的呀？

tɯɯggɯ i-thi ɯlisə jəm?
狼   往哪儿 走了   是
狼往哪儿走了？

mini moriŋ i-da aaʃiŋ ooso?
我的 马   怎么 没   成了
我的马怎么没有了？

那么，这些单数形态变化语法结构类型的疑问代词表示复数语法概念时，就如表2-1所展示的那样，根据元音和谐规律，在它们的词干后面接缀形态变化语法词缀 -thəŋ 或 -thaŋ。疑问代词的构成原理及表示的复数概念如下：

iggɯ ⎫   -thəŋ = iggɯthəŋ 哪些个、哪个哪个
ilə   ⎪   -thəŋ = iləthəŋ 是些哪儿、哪儿哪儿
ithi ⎬ +   -thəŋ = ithithəŋ 往哪儿哪儿
ittɯ ⎪   -thəŋ = ittɯthəŋ 怎样怎样、怎么怎么
ida   ⎭   -thaŋ = idathaŋ 怎么怎么、如何如何

请看具体句子中的使用情况：

mini jəəməsəlwi iggɯ-thəŋ addar doolo biʃiŋ?
我   东西们我   哪些个   箱子   里   有
我的东西都在哪些箱子里？

tari təggətʃisəlwə **ida-thaŋ** oososuŋ jəm?
那　衣物们把　　怎样怎样　缝制你们　呀
你们把那些衣物究竟是怎样缝制的呀？

sɯni baltʃasuŋ **ilə-thəŋ** bogdu təgədʑirəŋ?
你们的　亲戚你们　哪儿哪儿　地在　住着他们
你们家的亲戚都在什么地方住？

bi **ittɯ-thəŋ** əri ʥakka aggaʃim əməsəwi jag əʃim saara.
我　怎么怎么　这　到　走　　来　完全　不　知道
我完全不知道怎么走到这里来了。

除上面提到的实例之外，在单数形态变化语法结构类型的疑问代词 igɯ 后面，还可以接缀复数形态变化语法词缀 -səl，从而构成 igɯsəl "谁谁"、"哪些个" 这一表示复数概念的疑问代词。例如，igɯ-səl əmərəŋ? "谁谁来？" 等。

4.4　疑问代词词根 joo- 的数形态变化语法现象

我们发现，在疑问代词词根 joo- 后面接缀形态变化语法词缀 -doŋ，可以构成表示单数概念的疑问代词 joo-doŋ（joodoŋ）"为何"。另外，在 joo- 后面接缀形态变化语法词缀 -thoŋ，就会构成表示复数概念的疑问代词 joo-thoŋ（joothoŋ）"是些为何"。例如：

ʃi **joo-doŋ** tari honiŋbo waasaʃi jəm?
你　为何　　那　羊把　　杀了　是
你为什么杀了那只羊？

araʥosal **joodo(ŋ)-thoŋ** tɯɯrərwi udiso?
收音机们　是些为何　　　响把　　停了
这些收音机是什么原因都不出声了呢？

4.5 疑问代词词根 a- 或 o- 的复数形态变化语法现象

鄂温克语里，除了有上面讨论的数形态变化语法现象的疑问代词之外，还有在词根 a- 或 o- 后面接缀形态变化语法词缀 -di 或 -hi 来构成表示复数语法概念的 adi（a-di）"几个"、ohi（o-hi）"多少"等疑问代词的现象。例如：

əri　təggəəŋdʉ　**a-di**　bəj　təgərəŋ？
这　　车　　里　　几个　人　　乘坐
这辆车里能乘坐几个人？

o-hi　əriŋ　nʉtʃisələ　əhʉddi　mʉ　əmərəŋ？
多少　时间　过了　　　热　　水　来
过了多少时间以后才供应热水？

很有趣的是，在表示复数概念的疑问代词 adi 或 ohi 等的词干后面，还可以接缀复数形态变化语法词缀 -thaŋ、-thoŋ，从而构成强调其复数语法概念的疑问代词 adithaŋ "是些几个" 或者 ohithoŋ "是些多少" 等。比如，adi-thaŋ bəj jəm？"是些几个人呀？" ohithoŋ əriŋ ooso？"是些多少时间了？" 等。

4.6 疑问代词词根 a- 或 o- 的单数形态变化语法现象

我们进行田野调查时还发现，鄂温克语口语里经常能见到以重叠使用单数形态变化语法结构类型的疑问代词 awu "谁" 或 ohoŋ "什么" 等，表示它们复数语法概念的现象。例如：

imiŋ　doodu　**awu**　**awu**　əbbəʃidʑirəŋ？
伊敏　河　　谁　　谁　　游泳着
谁在伊敏河里游泳？

tari　bөөsө　hʉʉde　doolo　**ohoŋ**　**ohoŋ**　təwəsəsʉŋ？
那　　布　　口袋　　里　　什么　　什么　　装了你们
那布口袋里你们装了些什么？

在代词里，除了有上面例句指出的单数形态变化语法结构类型的疑问代词以重叠使用形式表示复数语法概念之外，还有以单数形态变化语法结构类型的反身代词重叠使用的手段表示其复数语法概念的实例。例如：

sʉ mәәni mәәni gәbbәwә ajaʤi ooholdone.
你们 自己　自己 工作自己们 好用　做 你们
你们要把各自的工作做好。

甚至可以说，在代词范畴里，像上面句子里出现的这种复数表现形式似乎变得越来越多，这使那些曾经用特定形态变化语法词缀表示代词复数概念的现象反过来相对减少。我们认为，这一现象的出现很值得关注。

综上所述，鄂温克语中，在人称代词、指示代词、反身代词、疑问代词等词根或词干后面，多数情况下都接缀数形态变化语法词缀，从而表示不同数形态变化现象的语法内涵。另外，通过讨论，我们可以清楚地认识到鄂温克语代词单数语法概念，一般都是以在代词词根或词干后面接缀单数形态变化语法词缀的结构形式表现，代词的复数语法概念是在单数结构类型的代词词干后面接缀复数形态变化语法词缀而构成。相比之下，表示代词单数类形态变化现象的语法词缀其构成形式比较复杂，而复数类代词的形态变化语法词缀其构成原理相对简单。从前面的讨论还可以看出，鄂温克语的指示代词和疑问代词在单数和复数形态变化语法结构方面有十分明确的区别性特征，同时有相当系统而规范的表现形式和手段，从而充分展示了极其整齐而有规律的数形态变化语法体系。另外，那些以阳性元音或阴性元音为主构成的单数或复数形态变化语法词缀，必须严格按照元音和谐的基本原理，接缀于以阳性元音或阴性元音为主构成的代词词根或词干后面。

总而言之，在现代鄂温克语的数形态变化语法范畴里，有以上论述的单数和复数形态变化语法现象。其中，单数一般用零形态变化语法手段来表示，而复数形态变化现象均有特定的语法词缀。同时，复数形态变化语法词缀在语音结构、构成原理、使用关系等方面都有各自的特点。因此，在句中使用时，一定要严格遵循其使用规则和要求。不过，在现代鄂温克语里，（1）-l、-r、-t、-s 等复数形态变化语法词缀的使用率变得很低，甚至很少被使用；（2）-nel、-nal、-nəl、-nol、-nɵl 等复数形态变化语法词缀的使用率也变得越来越低；（3）相对而言，复数形态变化语法词缀 -ʃeŋ 现在还有一定使用率；（4）使用率最高的是 -sal、-səl、-sol、-sɵl、-sul、-sʉl 等形态变化语法词缀。不过，就是在使用率最高的这套复数词缀中，-sul、-sʉl 的使用率也在不断下降，取代它们的是复数形态变化语法词缀 -sol、-sɵl。另外，现代鄂温克语里，也有在名词类词前使用具体数词的形式表示某些人或事物复数概念的现象。在这种情况下，往往要省略掉名词后面使用的复数形态变化语法词缀。例如，heendu **gotiŋ** bəj ninisə."有三十人去草场了"、bʉ **namaadʒ** ʉhʉr ʉniisəmuŋ."我们卖了一百头牛"。这两个句子中的 bəj "人"和 ʉhʉr "牛"都属于复数性质的名词，但由于在它们前面用了 gotiŋ "三十"和 namaadʒ "百"等表示具体复数的数词，所以省略了 bəj 和 ʉhʉr 后面接缀的复数形态变化语法词缀 -səl、-sʉl。也就说，鄂温克语里没有 gotiŋ bəj-səl. "三十人们"、namaadʒ ʉhʉr-sʉl. "一百头牛们"等，在用具体数词表述复数概念的前提下，在该名词词根或词干后接缀复数形态变化语法词缀的实例。

　　这里还有必要进一步阐述的是，在单数或复数形态变化语法结构类型的名词类词后面，往往还能够接缀格、人称等形态变化语法词缀。如前所述，鄂温克语名词类词的单数语法概念，一般都以词根或词干形式表现。从数形态变化现象原理来认识，在名词类词词根或词干后面直接接缀格或人称形态变化语法词缀后，它们大都表示单数形态变化现象的语法概念。例如，ahiŋba "把一位哥哥" ⇨ ahiŋ-ba(ahiŋ 哥哥、-ba 确定宾格语法词缀)、ʉrdʒi ⇨ ʉr-dʒi "用一座山"(ʉr 一座山、-dʒi 造格语法词缀)、ninihinbi "我的一条狗" ⇨ ninihin-bi(ninihin 一条狗、-bi 单数第一人称领属语法词缀)、dʒʉʉsuŋ "你们的一栋房子" ⇨ dʒʉʉ-suŋ(dʒʉʉ 一栋房子、-suŋ 复数第二人称语法词缀)、tariwaʃi "把你的那个" ⇨ tari-wa-ʃi(tari 那个、-wa 确定宾格语法词缀、-ʃi 复数第一人称语法词缀)等。另外，接缀有复数形态变化语法词缀的名词类词后面，同样能够接缀格或人称形态变化语法词缀。例如，ahiŋnaldihi "把哥哥们" ⇨ ahiŋ-nal-dihi(ahiŋ 哥哥、-nal 复数语法词缀、-dihi 确定宾格语法词缀)、ʉrsʉldʒi "用一座山" ⇨ ʉr-sʉl-dʒi(ʉr 一座山、-sʉl 复数语法词缀、-dʒi 造格语法词缀)、ninihinsəlbi "我的那些狗" ⇨ ninihin-səl-bi(ninihin 狗、-səl 复数语法词缀、-bi 单数第一人称领属语法词缀)、moriŋsolsuŋ "你们的那些马" ⇨ moriŋ-sol-suŋ (moriŋ 马、-sol 复数语法词缀、-suŋ 复数第二人称语法词缀)、tarisalwaʃi "把你的那些" ⇨ tari-sal-wa-ʃi(tari 那个、-sal 复数语法词缀、-wa 确定宾格语法词缀、-ʃi 复数第一人称语法词缀)等。

除此之外，在鄂温克语里，还有利用重叠使用某一单数结构类型的名词类词的特殊手段表示复数概念的现象。例如，ahiŋ ahiŋ aaʃiŋ."哥哥们不在"、ʉr ʉr doolo."在许多山里"、ninihin ninihin ətʃtʃʉrəŋ."许多狗叫"等。不过，属于重叠式结构类型的复数概念，往往要包含说话人对于所指的人们或一些事物表现出的不满、反感、蔑视等心理。而且，根据我们掌握的调查资料，现代鄂温克语里使用复数形态变化语法词缀的现象有所减少，取而代之的是单数形态变化语法结构类型中名词类词的重复使用现象，以及在单数形态变化语法结构类型的名词类词前使用数词等实例。特别是在青少年的口语里，名词类词曾经富有的数形态变化语法词缀逐渐被省略。这也是鄂温克语名词类词错综复杂的形态变化语法现象不断削弱、不断退化、不断简化的一个重要迹象。

第三章
名词类词格形态变化语法现象

鄂温克语名词类词有数量可观而极其系统的格形态变化语法现象，以此来理顺或处理名词类词在语句中所处的复杂多变的关系，进而确定它们在句子的成分、地位和功能作用等。而且，除了表示主格形态变化语法概念的形式用名词类词的词根或词干来表示之外，其他格形态变化语法现象均使用约定俗成的语法词缀来表现。在以往的研究中，把鄂温克语名词类词的格形态变化语法现象，根据其语句中具体表现出的语法意义及其功能分为主格、领格、确定宾格、不定宾格、反身宾格、与格、位格、不定位格、工具格、从格、方面格、方向格、比格、限定格、共同格、有格、所有格 17 种。其中，只有主格用零词缀形式来表现，其他 16 种格形态变化语法现象都有自己特定的表现形式。然而，有的格形态变化语法词缀有元音和谐现象，有的没有元音和谐现象，有的元音和谐现象十分复杂，还有的存在词首辅音的交替使用现象等，均显示出格形态变化语法现象结构系统内部的多变性、构成音素方面的多样性，以及使用关系的复杂性等。

这些格形态变化语法词缀虽然在名词、代词、数词、形容词等名词类词词根或词干后面均可以使用，但在名词和代词后面的使用率最高。相比之下，在数词和形容词后面的使用率不是很高。从某种使用现象看，格形态变化语法词缀往往接缀于名词化的数词或形容词词根或词干后面。如前所述，格形态变化语法词缀是表示名词类词在句中和其他词间产生的各种语法关系的重要手段，不同名词类词在句子中产生的不同语法关系，以及在句子中所发挥的不同作用均和格形态变化语法词缀有十分密切的内在联系。因此，鄂温克语名词类词的形态变化语法结构体系中，格形态变化语法现象的研究占据不可忽视的地位。

以下章节里，我们以具体句子为例，将名、代、数词和形容词等名词类词词根或词干后面，接缀不同格形态变化语法词缀的基本情况、具体要求、实际意义及其使用关系和作用等作为讨论对象,展开全面、系统、细致而翔实的分析研究。

第一节 主格

鄂温克语的格形态变化语法结构体系中,只有主格形态变化语法现象没有专属语法词缀。所以,名词类词往往以词根或词干的形式表示主格的语法概念。也就是说,主格形态变化语法现象,要用零形式的形态变化语法词缀来表现。从这个意义上讲,我们也可以把没有接缀任何格形态变化语法词缀的名词类词,均称为主格形态变化现象。因为,从格形态变化语法范畴的结构特征来看,没有接缀任何格形态变化语法词缀的名词类词词根或词干,在具体的语句里表现出的应该就是主格语法概念。此外,鄂温克语名词类词的主格,主要表示动作行为的主体或叙述的对象。

1. 主格形态变化(零词缀)语法结构类型的名词

əggəəl ʤɯɯ inig əsə əməggirə.
犍牛 两 天 没 回来
犍牛已有两天没有回来。

bol ooso, **bog** nogorotʃtʃi, **igga** dəggərədʒirən.
春天 到了 大地 绿了 花 开着
春天到了,大地绿了,花儿正在开放。

上面的两个例句里出现的 əggəəl "犍牛"、bol "春天"、bog "大地"、igga "花"等名词,在没有接缀任何格形态变化语法词缀的前提下,以词根或词干形式阐述了动词 əsə əməggirə、ooso、nogorotʃtʃi、dəggərədʒirən 所表述的 "没回来"、"到了"、"绿了"、"开着"等动作行为的主体或对象。毫无疑问,句子中的这些名词都无一例外地属于主格形态变化语法结构类型。

2. 主格形态变化(零词缀)语法结构类型的代词

nugaŋ əʃi doodu əbbəʃidʑirəŋ.
他　　现　河在　游泳正在
他现在正在河里游泳。

bi əri iniŋ imiŋ somodu ninime.
我　这　天　伊敏　索木　去
我今天去伊敏索木。

这两个句子内,单数第三人称代词 nugaŋ "他"和单数第一人称代词 bi "我"均充当了句末出现的动词 əbbəʃidʑirəŋ "正在游泳"及 ninime "去"所表示的动作行为的实施者。它们同样也属于零词缀结构类型的主格形态变化语法现象。

3. 主格形态变化(零词缀)语法结构类型的形容词

uliriŋ minidʉ mandi dʑohiwuraŋ.
红的　　我　　非常　合适
红对我最合适。

很显然,该句子中,表示颜色的形容词 uliriŋ "红的"作为句末动词 dʑohiwuraŋ "合适"叙述的对象而出现。当然,它也属于主格形态变化语法现象。在这里还需要说明的是,以主格形态变化语法现象的结构形式出现的形容词被名词化的比较多。事实上,该句子中的主格形态变化语法结构关系的形容词 uliriŋ 同样有名词化倾向。换言之,它在该句子里实际表达的应该是"红颜色"这一名词化的词义概念。

4. 主格形态变化(零词缀)语法结构类型的数词

dʑahoŋ bikkiwi əmʉŋ aja tooŋ.
八　　　是　　一　好　数字

八是一个好数字。

该句句首出现的基数词 ʤahoŋ "八" 就属于没有接缀任何格形态变化语法词缀的，以词干形式出现的主格形态变化语法现象的实例。

尽管鄂温克语名词类词都可以在不接缀任何格形态变化语法词缀的前提下，用原有的词根或词干形式表示主格形态变化现象的语法概念。但是，相比之下，由名词充当主格形态变化结构类型及句子主语的现象最为突出，其次应该是代词。数词或形容词以主格形态变化语法现象充当句子主语的情况不是很多，而且就如上面所分析的，往往要被名词化。

另外，主格形态变化语法现象的名词类词，还可以用词根或词干后面接缀复数形态变化语法词缀，以及接缀级形态变化语法词缀的形式出现于句中。也就是说，在句子里充当主语且符合主格形态变化语法结构特征的名词类词，完全能够在其词根或词干后面直接接缀复数形态变化语法词缀，或接缀级形态变化语法词缀等。

5. 接缀复数形态变化语法词缀的主格结构类型的名词类词

ahiŋ-sal əri iniŋ mʉni ʤʉʉdʉ əməsə.
哥哥们 这 天 我们 家 来了
哥哥们今天来我们家了。

ərʉ-səl sʉt amidaduni ʉləsə.
虚弱的们 都 后面 留下了
虚弱的（人）们都留在了后面。

不难看出，位于这两个句子之首的名词 ahiŋ "哥哥" 及名词化了的形容词 ərʉ "虚弱的" 后面，都接缀了复数形态变化语法词缀 -sal 与 -səl，使它们成为表示 "哥哥们"、"虚弱的(人)们" 等复数形态变化语法概念的名词类词。而且，在它们后面没有接缀任何其他格形态变化语法词缀，它们是以主格形态变化语法现象用于句首的实例。

6. 接缀级形态变化语法词缀的主格结构类型的名词类词

ʤolo-solo bikkiwi ootʃtʃi nəərəŋ.
石头 略   是   行   成
略(像)石头(硬的)就可行。

aja-haŋkaŋ niŋ oodoŋ ʃiŋʤə.
好 略微一点 是   可以   是
略微好一点的(东西)就可以。

在第一句句首出现的名词 ʤolo "石头" 后面接缀次低级形态变化语法词缀 -solo，进而构成了具有级形态变化语法现象的名词 ʤolosolo "略像石头硬的 (东西)"。第二句句首的形容词 aja "好的" 后面，同样接缀了最低级形态变化语法词缀 -haŋkaŋ，从而构成接缀级形态变化语法词缀的主格形态变化语法结构类型的形容词 ajahaŋkaŋ "略微好一点的"。

鄂温克语中，虽然有不少在主格形态变化语法结构类型的名词类词后面接缀数或级形态变化语法词缀的现象，但在实际句子里绝大多数实例属于名词或代词，数词或形容词的实例不是很多。此外，接缀级形态变化语法词缀的名词类词，以主格形态变化结构类型出现于句首或句中的实例也不是很多，且多数属于形容词或名词，代词或数词以此结构形式出现得更少。

第二节　领格

该形态变化语法现象的表现形式为 -ni。形态变化语法词缀 -ni 接缀于名词类词词根或词干后面，一般都表示人或事物间存在的领属关系。-ni 在句子中表现出的语法概念可以用汉语的 "的" 来替代。可以看出，领格形态变化语法词缀没有元音和谐现象，因而在使用方面不受元音和谐规律的影响和限制，自由用于由不同元音构成的名词类词词根或词干后面。另外，-ni 接缀于由鼻辅音 n、ŋ

结尾的名词类词词根或词干后面时，词尾鼻辅音一般都要出现脱落现象。

1. 名词接缀领格形态变化语法词缀的现象

我们掌握的调研资料还显示，在鄂温克语口语里，几乎所有的名词词根或词干均可以接缀领格形态变化语法词缀，进而阐述领格形态变化现象的语法概念。而且，领格形态变化语法词缀在名词词根或词干后面有很高的使用率。例如：

hoʤira　**əthə(ŋ)-ni**　ɵggɵ　ʤɯɯniŋ　mandi　arakkuŋ.
好吉拉　老人　的　游牧包　房子他　特别　干净
好吉拉老人的游牧包特别干净。

aba-ni　moriŋniŋ　**bəj-ni**　hurigaŋdu　ɯttɯlitʃtʃi　iisə.
爸爸的　马它　别人的　马圈　跑　进了
爸爸的马跑进了别人家的马圈。

上述两个例句中，领格形态变化语法词缀 -ni 分别接缀于名词 əthəŋ "老人"、aba "爸爸"、bəj "别人" 等后面，进而构成 əthəŋni＞əthəni(əthəŋ-ni) "老人的"、abani(aba-ni) "爸爸的"、bəjni(bəj-ni) "别人家的" 等表示领格形态变化语法概念的名词。其中，名词 əthəŋ 后面接缀领格形态变化语法词缀时，词尾鼻辅音 ŋ 要出现脱落现象。

2. 代词接缀领格形态变化语法词缀的现象

领格形态变化语法词缀在代词后面也有很高的使用率，人称代词、指示代词、疑问代词、反身代词、泛指动词的词根或词干后面均可以接缀领格形态变化语法词缀。可变性人称代词必须先接缀领格形态变化语法词缀，然后才能够接缀其他形态变化语法词缀。此外，在代词范畴里，不定代词后面一般不接缀领格形态变化语法词缀。例如：

mɯ-ni　ooso　ootʃtʃi　**sɯ-ni**　ooso　hokko　**tari-ni**　ooso　ʤikki　aja
我们的　做的　和　你们的　做的　都　他的　做的　那样　好

ənt ə.
不是

我们做的和他们做的都没有他做得好。

awu-ni moriŋniŋ **məə-ni** ʉttʉitʃtʃi jʉʉsə?
谁的   马   它 自己的   跑   出去了
谁的马自己跑出去了？

在第一句里，领格形态变化语法词缀 -ni 先后接缀于可变性人称代词 mʉ- "我们"及不变性人称代词 sʉ"你们"、tari"他"等后面，构成 mʉni(mʉ-ni) "我们的"、sʉ-ni(sʉ-ni) "你们的"、tarini (tari-ni) "他的"等包含领格形态变化语法概念的代词。在第二句里，领格形态变化语法词缀 -ni 先后接缀于疑问代词 awu "谁"及可变性反身代词 məə- "自己"后面，构成 awuni(awu-ni) "谁的"、məəni(məə-ni) "自己的"等表示领格形态变化语法概念的代词。

3. 数词接缀领格形态变化语法词缀的现象

据分析，领格形态变化语法词缀 -ni 在数词词根或词干后面的使用率不是很高，而且主要接缀于基数词和序数词的词根或词干后面。在集数词、平均数词、概数词、分数词、限定数词、重复数词等后面，一般不使用领格形态变化语法词缀。例如：

əmməwi **toŋ-ni** doolo ilaŋniŋ oodoŋ gʉnəŋ.
妈妈   五的   里头   三个   可以   说
我妈妈说这五个中有三个还可以。

ʤahuŋduhi-ni ʤʉʉ ootʃtʃi ʤʉʉrdʉhi-ni ʤʉʉniŋ mandi nandahaŋ.
第八   的   房子   和 第二   的   房子 非常   漂亮
第八（位）的房子和第二（位）的非常漂亮。

上述两个例句中，领格形态变化语法词缀 -ni 先后接缀于基数词 toŋ"五"、序数词 ʤahuŋduhi"第一"、ʤʉʉrdʉhi"第二"后面，进而构成 toŋni(toŋ-ni)

"五的"、ʥahuŋduhini (ʥahuŋduhi-ni) "第八的"、ʥuurduhini(ʥuurduhi-ni) "第二的"等表示领格形态变化语法概念的数词。不过，数词后面接缀领格形态变化语法词缀时，该数词要出现名词化现象。

4. 形容词接缀领格形态变化语法词缀的现象

领格形态变化语法词缀 -ni 在形容词后面也有一定使用率，但没有在名词及代词等后面的使用率高。接缀有领格形态变化语法词缀的形容词，常常被注入名词化的概念或内涵。例如：

tajja bəj **əru-ni** əruhu əmuŋ nasuŋbi manasa.
那   人   坏的   坏   一   生   结束
那家伙在不幸中了却了一生。

uliriŋ-ni orooŋdu honnoriŋ bodoorbo nəəm əʃiŋ ood.
红 的   上面在   黑   颜色把   放   不   行
在红的上面不能加黑颜色。

在这里，形容词 əru "坏"、uliriŋ "红" 接缀领格形态变化语法词缀 -ni 之后，变成 əruni(əru-ni) "坏的"、uliriŋni(uliriŋ-ni) "红的" 等具有领格形态变化语法概念的形容词。

总而言之，名词类词的领格形态变化语法词缀有很高的使用率，特别是在名词和代词后面使用的现象十分突出。另外，就如前面的分析和讨论中所说，在数词和形容词后面接缀领格形态变化语法词缀时，那些数词或形容词会出现名词化的现象，从而表现出与某人或某物密切相关的语义要素或内涵。比如，将 toŋ ni "五的"和 uliriŋ-ni "红的"表示的概念，也可以解释为"五个（人或物）的"和"红（颜色）的"等。在以鼻辅音结尾的名词类词词根或词干后面接缀领格形态变化语法词缀时，词尾鼻辅音一般被省略。不过，在以双唇鼻辅音 m 结尾的名词类词后面接缀领格形态变化语法词缀时，词尾鼻辅音 m 一般都被保留下来。还有，领格形态变化语法词缀 -ni，就像上述例句中见到的那样，在某一个句子里出现两次的情况确实有不少，甚至会出现使用三个以上的实例。与此同时，句子中还有连续出现的名词类词后面接缀领格形态变化语法词缀 -ni 的现象等。

在这里还应该提出的是，有人认为鄂温克语口语的领格形态变化语法词缀应该有 -ni 和 -i 两种，其中的 -i 接缀于以鼻辅音 n、ŋ 结尾的名词类词词根或词干后面，其他名词类词词根或词干后面则使用 -ni。然而，在我们调研的辉河地区索伦鄂温克语口语资料里，没有出现 -ŋi 来替代领格形态变化语法词缀 -ni 的现象。这就充分说明，作为研究对象的索伦鄂温克语口语内，在以鼻辅音 ŋ 结尾的名词类词词根或词干后面，不能使用所谓领格形态变化语法词缀 -i，而必须使用领格形态变化语法词缀 -ni 的原理。另外，在以鼻辅音 n 结尾的名词类词词根或词干后面使用 -i 的说法确实有些滑稽。例如，ninihini (ninihi-ni～ninihin-i)"狗的"的形态变化语法现象是属于词尾鼻辅音 n 被省略以后接缀 -ni 而构成的呢，还是词尾鼻辅音 n 被保留的前提下接缀 -i 而构成的呢？看起来这两种说法似乎都成立。但如果第二种说法成立的话，我们只能说索伦鄂温克语领格形态变化语法词缀 -i 只能用于以鼻辅音 n 结尾的名词类词词根或词干后面，其他情况下均使用 -ni。实际上，从形态变化语法词缀的构成原理及其系统性、整体性的角度，乃至从名词类词词尾鼻辅音产生脱落的基本情况来分析，词尾鼻辅音 -n 产生脱落后接缀形态变化语法词缀 -ni 的可能性较大。何况鄂温克语口语里，还有将 ninihini(ninihi-ni)"狗的"说成 ninihinni (ninihin-ni)的现象。

第三节　确定宾格

鄂温克语确定宾格形态变化语法词缀是一个相当复杂的结构系统。它们的复杂性就在于，不仅有严格意义上的元音和谐现象，同时还有词缀首辅音的交替形式。根据我们掌握的调研资料，确定宾格形态变化现象的语法概念要用 -ba、-bə、-bo、-bɵ、-bu、-bʉ 及 -wa、-wə、-wo、-wɵ、-wu、-wʉ 两套共 12 个语法词缀来表现。毫无疑问，这些语法词缀是由十分严谨的元音和谐规律，以及词缀首辅音的语音交替原理等构成。确定宾格形态变化语法词缀严格按照各种使用原理及其规则，接缀于名词类词的后面时，主要表示某一动作行为的直接支配对象，或阐述与某一动作行为直接相关的人或事物。在以往的研究中，根据这些形态变化语法词缀的使用功能，以及语句中具体阐述的动作行为的直接支配者的实际情况，把它们一并归为确定宾格的特定语法范畴。而且，将这些确定宾格语法词缀表示的语法意义，完全可以用汉语的"把"来替代。在我们看来，确定宾格形态变化语法现象演化为如此复杂的程度，有可能和它们的高使用率，以及极其广泛的使用面等有必然内在联系。首先，以双唇不送气清塞辅音 b 开头的语法词缀 -ba、-bə、-bo、-bө、-bu、-bʉ，接缀于以鼻辅音 ŋ、n、m 结尾的名词类词词根或词干后面；以双唇浊擦辅音 w 为首的形态变化语法词缀 -wa、-wə、-wo、-wө、-wu、-wʉ，则用于除鼻辅音之外的辅音或由元音音素结尾的名词类词词根或词干后面。其次，这些语法词缀还要严格按照六元一体音变结构类型的元音和谐规律，分别用于以不同元音为主构成的名词类词词根或词干后面。下面以元音和谐的基本原理为依据，具体阐述确定宾格形态变化语法词缀的使用情况及其所表现出的语法意义。

1. -ba～-wa 的使用原理及其实例

以阳性短元音 a 为核心构成的确定宾格形态变化语法词缀 -ba～-wa，严格按照六元一体音变结构类型的元音和谐原理，接缀于由阳性短元音 a 和长元音 aa 构成的或以此为中心组合而成的名词类词词根或词干后面。其中，以辅音 b 开头的确定宾格形态变化语法词缀 -ba 接缀于以鼻辅音 ŋ、n、m 结尾的名词类词词根或词干后面，以辅音 w 为首的确定宾格形态变化语法词缀 -wa 则用于除鼻辅音之外的辅音或由元音结尾的名词类词词根或词干后面。例如：

ahiŋ-ba　ədʉ　əəritʃtʃi　əməwʉhə.
哥哥把　这里　叫完　来被吧
把哥哥叫到这里来吧。

beega-wa sʉt ohoŋkot əʃin ooro nʉtʃtʃihənkəndʑirən.
月把　　都　什么　　不　做　　度过让着
把每个月都什么也没做地浪费掉了。

2. -bo～-wo 的使用原理及其实例

以阳性短元音 o 为核心构成的确定宾格形态变化语法词缀 -bo～-wo，要严格按照六元一体音变结构类型的元音和谐原理，接缀于以阳性短元音 o 和长元音 oo 为主构成的名词类词词根或词干后面。其中，确定宾格形态变化语法词缀 -bo 接缀于由鼻辅音 ŋ、n、m 结尾的名词类词词根或词干后面，以辅音 w 为首的确定宾格形态变化语法词缀 -wo 则用于除鼻辅音之外的辅音或由元音结尾的名词类词词根或词干后面。例如：

ʃiŋboni **moriŋ-bo** ʉrʉl ugutʃtʃi ʉttʉlisə.
辛宝的   马   把 孩子   骑完   跑了
孩子把辛宝的马骑跑了。

ootto-wo ʤʉʉ doolo əʤi nəərə.
干牛粪 把 屋子 里 别 放
别把干牛粪放屋子里。

3. -bu～-wu 的使用原理及其实例

以阳性短元音 u 为核心构成的确定宾格形态变化语法词缀 -bu～-wu，要严格按照六元一体音变结构类型的元音和谐原理，接缀于由阳性短元音 u 或长元音 uu 构成的或以此为中心组合而成的名词类词词根及词干后面。其中，以辅音 b 开头的确定宾格形态变化语法词缀 -bu 接缀于以鼻辅音 ŋ、n、m 结尾的名词类词词根或词干后面，以辅音 w 为首的确定宾格形态变化语法词缀 -wu 则用于除鼻辅音之外的辅音或由元音结尾的名词类词词根或词干后面。例如：

əri **tatuhu-wu** awu naɲim ətəreŋ?
这   抽屉   把 谁   开   能
谁能把这个抽屉打开？

tarini **unuhuŋ-bu** awu ʉshənʤi naatʃtʃa?
他的 手指头   把 谁 刀用   碰了
谁用刀碰了他的手指头？

4. -bə～-wə 的使用原理及其实例

以阴性短元音 ə 为核心构成的确定宾格形态变化语法词缀 -bə～-wə，要严格按照六元一体音变结构类型的元音和谐原理,接缀于由阴性短元音 ə 或长元音 əə 构成的或以此为中心组合而成的名词类词词根及词干后面。其中,以辅音 b 开头的确定宾格形态变化语法词缀 -bə 接缀于以鼻辅音 ŋ、n、m 结尾的名词类词词根或词干后面,以辅音 w 为首的确定宾格形态变化语法词缀 -wə 则用于除鼻辅音之外的辅音或由元音结尾的名词类词词根或词干后面。例如:

ʃirəni ʉgidədʉ bidʒir bitigni **əmʉŋ-bə** amar gatʃtʃi əməhe.
桌子的 上面 在 书的 一 把 快的 拿完 来
请你赶快从桌子上的书中给我拿一本过来。

əri-wə imokkiwi ənʉhʉʃi aja ooroŋ.
这 把 吃的话 病你 好 成
把这个吃了,你的病就会好起来的。

另外,根据我们掌握的资料,由中性短元音 i、e 及长元音 ii、ee 构成的名词类词词根或词干后面,一般都要接缀由阴性短元音 ə 构成的确定宾格形态变化语法词缀 -bə~-wə 等。例如:

tajjasalni **iri-wə** aja bəj gʉŋdʒende?
他们的 哪个把 好 人 认为你呀
你认为他们中的哪位是好人呀?

sʉŋtʃiŋ **imiŋ-bə** məəni baltʃa bogwi gʉnoŋ.
孙青 伊敏把 自己的 出生的 地 说
孙青说伊敏是他出生的地方。

5. -bɵ~-wɵ 的使用原理及其实例

以阴性短元音 ɵ 为核心构成的确定宾格形态变化语法词缀 -bɵ~-wɵ,要严格按照六元一体音变结构类型的元音和谐原理,接缀于由阴性短元音 ɵ 或长元音 ɵɵ 构成的或以此为中心组合而成的名词类词词根及词干后面。其中,以辅音

b 开头的确定宾格形态变化语法词缀 -bө 接缀于以鼻辅音 ŋ、n、m 结尾的名词类词词根或词干后面，以辅音 w 为首的确定宾格形态变化语法词缀 -wө 则用于除鼻辅音之外的辅音或由元音结尾的名词类词词根或词干后面。例如：

өhеŋ-bө   əhɯlgitʃtʃi   unaadʒu   imohaŋka.
奶子把   加热完   女儿与   喝让吧
把奶加热后给女儿喝吧。

өmetʃtʃө-wө   dʒɯɯ   doolo   ədʒi   nəərə.
冰块儿把   屋子   里   别   放
别把冰块儿放屋子里。

6. -bɯ～-wɯ 的使用原理及其实例

以阴性短元音 ɯ 为核心构成的确定宾格形态变化语法词缀 -bɯ～-wɯ，要严格按照六元一体音变结构类型的元音和谐原理，接缀于由阴性短元音 ɯ 或长元音 ɯɯ 构成的或以此为中心组合而成的名词类词词根及词干后面。其中，以辅音 b 开头的确定宾格形态变化语法词缀 -bɯ 接缀于以鼻辅音 ŋ、n、m 结尾的名词类词词根或词干后面，以辅音 w 为首的确定宾格形态变化语法词缀 -wɯ 则用于除鼻辅音之外的辅音或以元音结尾的名词类词词根或词干后面。例如：

huriga(ŋ)ni   tɯligɯ-wɯ   awu   əsɯrdəsə   jəm?
院子的   外面把   谁   打扫了   呀
谁打扫了院子的外面？

tari   moodihi   ɯrɯŋkɯŋ-bɯ   minidɯ   gam   bɯɯhө.
那   木料从   短的把   我的与   拿   给
从那木料中把短的拿给我。

总而言之，依据以上分析与讨论，可以充分认识到确定宾格形态变化现象的复杂性，以及复杂多变的形态变化语法词缀在使用方面表现出的系统性、严格性、规律性。可以说，其中涵括的每一个形态变化语法词缀，均有其特定使用关系和要求，使用时必须严格遵循这些规则和条件。鄂温克语口语中，确定宾格形态变化语法词缀有很高的使用率。

第四节　不定宾格

我们掌握的资料说明，在过去的相关研究成果里，也有将不定宾格形态变化语法现象叫作不确定宾格的现象。我们认为，鄂温克语名词类词的格形态变化语法系统内，不定宾格和不确定宾格的说法没有什么区别，事实上都是表示不确定概念的形态变化语法现象。所谓不定宾格的形态变化语法现象，是相对于确定宾格的形态变化语法现象而言的产物。也就是说，不定宾格形态变化语法现象表达的是某一动作行为的非确定性或者说非确切的支配对象。而且，不定宾格形态变化语法现象的表现手段，也和上面刚刚谈到的确定宾格形态变化语法词缀一样，有着比较复杂的构成原理及使用规则。过去的相关研究表明，不定宾格的语法概念要用 -a、-ə、-o、-ɵ、-u、-ʉ 及 -ja、-jə、-jo、-jɵ、-ju、-jʉ 两套 12 个形态变化语法词缀来表示。从宏观的角度来讲，这些形态变化语法词缀接缀于名词类词的后面，同样表示某一动作行为的支配对象，或表示跟某一动作行为密切相关的人或事物。但是，从微观角度来分析，就如前面所说，不定宾格与确定宾格的形态变化现象表示的语法概念存在严格意义上的区别。因为，形态变化语法词缀 -a、-ə、-o、-ɵ、-u、-ʉ 及 -ja、-jə、-jo、-jɵ、-ju、-jʉ 表示的是某一动作或行为的不确知的支配对象，或跟某一动作行为相关的不确知的人或事物。换句话说，不定宾格形态变化语法现象主要表示，动作行为直接支配的泛指对象，是某一动作行为不确定的支配者或他物。从而，常常用于回答句子的"是谁"或"是什么"以及"属于谁"或"属于什么"等问题的不确切、不确定、不清楚的对象。由此，学术界根据它们在句中具体表现出的语法意义和功能，将 -a、-ə、-o、-ɵ、-u、-ʉ，以及 -ja、-jə、-jo、-jɵ、-ju、-jʉ 定为不定宾格或不确定宾格形态变化语法现象。在这里，我们采用了不定宾格的说法。这些不定宾格形态变化语法词缀在使用方面同样有着严格要求和规则。其中，单一短元音构成的语法词缀 -a、-ə、-o、-ɵ、-u、-ʉ，用于以鼻辅音 ŋ、n 结尾的名词类词词根或词干后面；以舌面中浊擦辅音 j 开头的语法词缀 -ja、-jə、-jo、-jɵ、-ju、-jʉ，则接缀于除鼻辅音 ŋ、 n 之外的辅音或由元音结尾的名词类词词根及词干后面。它们同样还要严格按照六元一体音变结构类型的元音和谐规律，分别用于由不同元音构成的名词类词词根或词干后面。下文以元音和谐规律为依据，具体阐述不定宾格形态变化语法词缀的使用情况及其表示的语法意义。

1. -a～-ja 的使用原理及其实例

由阳性短元音 a 或以此为核心构成的不定宾格形态变化语法词缀 -a～-ja，严格按照六元一体音变结构类型的元音和谐原理，接缀于由阳性短元音 a 和长元音 aa 构成的或以此为中心组合而成的名词类词词根或词干后面。其中，-a 接缀于以鼻辅音 ŋ、n、m 结尾的名词类词词根或词干后面，-ja 则用于除鼻辅音之外的辅音或由元音结尾的名词类词词根或词干后面。例如：

ahiŋ-a ʥuligu uriləndihi əəritʃtʃi əmehe.
哥　　把　前　　村从　　叫完　来
把哥哥什么的从前村叫回来吧。

tari-ja hisəəl oor əriŋdu aʥaʥi ʥiŋʥiha.
他 把　课　　上　时间在 好好地　说吧
把他们上课的时候好好说一说。

2. -o～-jo 的使用原理及其实例

由阳性短元音 o 或以此为核心构成的不定宾格形态变化语法词缀 -o～-jo，遵循六元一体音变结构类型的元音和谐原理，接缀于由阳性短元音 o 和长元音 oo 构成的或以此为中心组合而成的名词类词词根或词干后面。其中，-o 接缀于以鼻辅音 ŋ、n、m 结尾的名词类词词根或词干后面，-jo 则用于除鼻辅音之外的辅音或由元音结尾的名词类词词根或词干后面。例如：

imanda tokkotʃtʃi ʥuuni **orooŋ-o** sut imanda ooʃiso.
雪　　　下完　　房子的　上面把　都　雪　　成了
下雪后把房顶什么的上面都弄上了雪。

ʃi tari satʃtʃisa **moo-jo** iŋiitʃtʃi nənʉhə.
你 那 砍了的 柴火 把 背完 回去
你把那已经砍好的柴火什么的背回去吧。

3. -u～-ju 的使用原理及其实例

由阳性短元音 u 或以此为核心构成的不定宾格形态变化语法词缀 -u～-ju，遵循六元一体音变结构类型的元音和谐原理，接缀于由阳性短元音 u 和长元音 uu 构成的或以此为中心组合而成的名词类词词根或词干后面。其中，-u 接缀于以鼻辅音 ŋ、n、m 结尾的名词类词词根或词干后面，-ju 则用于除鼻辅音之外的辅音或由元音结尾的名词类词词根或词干后面。例如：

gurul-ju ədʉ neəm əʃiɲ oodo.
面粉 把 这里 放 不 行
不能把面粉什么的放这里。

ʃi minidʉ hotʃtʃodihi **ukkuŋ-u** gam bʉʉhə.
你 我的与 商店从 绳子 把 买 给吧
你从商店把绳子什么的给我买来吧。

4. -ə～-jə 的使用原理及其实例

由阳性短元音 ə 或以此为核心构成的不定宾格形态变化语法词缀 -ə～-jə，遵循六元一体音变结构类型的元音和谐原理，接缀于由阳性短元音 ə 和长元音 əə 构成的或以此为中心组合而成的名词类词词根或词干后面。其中，-ə 接缀于以鼻辅音 ŋ、n、m 结尾的名词类词词根或词干后面，-jə 则用于除鼻辅音之外的辅音或由元音结尾的名词类词词根或词干后面。例如：

ərisəl tətini doolohi **nadan-a** minidʉ gam bʉʉhə.
这些 衣服的 里面 七 把 我的与 买 给吧
请你从这些衣服里给我买七件（什么的）吧。

təggətʃʃi-jə tətikkiwi bəjʃi maasaŋ əhʉddi ooroŋ.
衣服　　　把　　穿的话　　身子你　　马上　　暖和　　成
穿上衣服后你身子马上会暖和起来。

在这里还应该提到的是，由中性短元音 i、e 及长元音 ii、ee 构成的名词类词词根或词干后面，一般都要接缀不定宾格形态变化语法词缀 -ə 或 -jə。而且，它们的接缀原理和条件与由阴性短元音 ə 和长元音 əə 构成的或以此为中心组合而成的名词类词词根或词干后面的接缀要求和条件完全一致。例如：

giranda hihitʃʃi **iitti-jə** jəəhewi hokko manasa.
骨头　　啃完　　牙把　　什么的　都　　使完了
啃骨头啃得把牙什么的都给弄坏了。

amiŋbi **ʃidʑiŋ-ə** ədʉ nəəkkiwi oodoŋ gʉnəŋ。
父亲我　细线　把　这里　放的话　可以　说
我父亲说把细线什么的放在这里就可以。

5. -ɵ～-jɵ 的使用原理及其实例

由阳性短元音 ɵ 或以此为核心构成的不定宾格形态变化语法词缀 -ɵ～-jɵ，遵循六元一体音变结构类型的元音和谐原理，接缀于由阳性短元音 ɵ 和长元音 ɵɵ 构成的或以此为中心组合而成的名词类词词根或词干后面。其中，-ɵ 接缀于以鼻辅音 ŋ、n、m 结尾的名词类词词根或词干后面，-jɵ 则用于除鼻辅音之外的辅音或由元音结尾的名词类词词根或词干后面。例如：

ɵwɵɵŋ-ɵ ninihindʉ bʉʉkkiwi oodoŋ gi？
饼　　　把　狗　与　给的话　　可以　吗
可以把饼什么的给狗吗？

ɵlɵɵhɵ-jɵ bəjdʉ ʉniim ədʑi bʉʉrɵ.
假的　　把　人与　卖　别　给

别把假的什么的卖给人呐。

6. -ʉ～-jʉ 的使用原理及其实例

由阳性短元音 ʉ 或以此为核心构成的不定宾格形态变化语法词缀 -ʉ～-jʉ，遵循六元一体音变结构类型的元音和谐原理，接缀于由阳性短元音 ʉ 和长元音 ʉʉ 构成的或以此为中心组合而成的名词类词词根或词干后面。其中，-ʉ 接缀于以鼻辅音 ŋ、n、m 结尾的名词类词词根或词干后面，-jʉ 则用于除鼻辅音之外的辅音或由元音结尾的名词类词词根或词干后面。例如：

nisʉhʉŋ　ʉrʉl　**ʉr-jʉ**　tʉttʉɵem　əʃiŋ　oodo.
小的　　孩子　山把　　爬　　　不　　行
小孩子不能爬山什么的。

ʉrʉŋkʉŋ-ʉ　nəhʉŋdʉ　bʉʉm　gʉŋkɵŋ　ʤoonoʤime.
短　　　　　把弟弟与　　给　　　是　　　想在我
我在想把短的什么的给弟弟。

根据实地调查，现代鄂温克语里不定宾格形态变化语法词缀 -a、-ə、-o、-ɵ、-u、-ʉ 的使用率变得越来越低，取而代之的是 -ja、-jə、-jo、-jɵ、-ju、-jʉ 等语法词缀。这就是说，以鼻辅音 n、ŋ 结尾的名词类词词根或词干后面，使用形态变化语法词缀 -a、-ə、-o、-ɵ、-u、-ʉ 的实例不断减少，反过来使用 -ja、-jə、-jo、-jɵ、-ju、-jʉ 的现象日趋增多。特别是使用人口较多的鄂温克族自治旗的鄂温克语口语里，表示不定宾格语法概念时使用 -ja、-jə、-jo、-jɵ、-ju、-jʉ 的现象比较多。例如，将上面例句中出现的名词 ahiŋ-a "把哥哥什么的"、ukkuŋ-u "把绳子什么的"、ɵwɵɵŋ o "把饼什么的"、ʃiʤiŋ-ə "把细线什么的"，方位名词 oroɵŋ-o "把上面什么的"，数词 nadan-a "把七什么的"，形容词 ʉrʉŋkʉŋ-ʉ "把短的什么的"等，均说成 ahiŋ-ja、ukkuŋ-ju、ɵwɵɵŋ-jɵ、ʃiʤiŋ-jə、oroɵŋ-jo、nadan-ja、ʉrʉŋkʉŋ-jʉ 等。而且，在这些名词类词词根或词干后面接缀 -ja、-jə、-jo、-jɵ、-ju、-jʉ 时，词尾鼻辅音都要被保留下来。这类现象的出现，可能跟鄂温克语名词类词词尾元音的弱化现象有关。因为，受词尾元音不断弱化的影响，使那些由单一元音构成的不定宾格形态变化语法词缀 -a、-ə、-o、-ɵ、-u、-ʉ 出现于词尾时变得越来越模糊，甚至人们在日常交流中难以辨别它们的存在及其表现出的语法意义，所以只能用形态变化语法词缀 -ja、-jə、-jo、-jɵ、-ju、-jʉ 取而代之了。当然，这只是一种分析或推测，或许还有其他某种原因，这需要进一步深入系统的探讨。

第五节　反身宾格

鄂温克语名词类词里，除了上面讨论的确定宾格和不定宾格形态变化语法现象之外，还有反身宾格形态变化语法现象，用形态变化语法词缀 -wi 和 -bi 来表示。根据我们的分析，反身宾格形态变化语法词缀 -wi～-bi 接缀于名词类词词根或词干后面，主要表示某一动作、行为的反指支配对象。它们在具体语句中，表现出的语法概念相当于汉语的"把自己的××"。

1. -wi 的使用原理及其实例

反身宾格形态变化语法词缀 -wi，主要接缀于除鼻辅音之外的辅音结尾的名词类词词根或词干后面，或接缀于除元音结尾的名词类词词根或词干后面，进而阐述反身宾格形态变化现象的语法概念。例如：

tatʃtʃilni　honiŋ　**heena-wi**　hokko　ʥitʃtʃə.
他们的　　羊　　草料把自己的　都　　吃了
他们的羊把自己的草料都给吃光了。

2. -bi 的使用原理及其实例

反身宾格形态变化语法词缀 -bi，基本上均接缀于由鼻辅音 ŋ、n、m 等结尾的名词类词词根或词干后面，以此表示反身宾格形态变化现象的语法概念。例如：

mini　ahiŋ　**moriŋ-bi**　ʥawasa.
我的　哥哥　马　　把　　抓了
我哥把自己的马给抓住了。

鄂温克语的名词类词里，反身宾格形态变化语法词缀有一定出现率和使用率。可以说，这一形态变化语法现象所表现出的是鄂温克语富有个性化的宾格形态变化语法现象，以及极其细微而系统的语法表现形式。反身宾格形态变化语法词缀 -wi 和 -bi 没有元音和谐现象，所以在使用方面不受元音和谐原理的影响和制约，自由地用于由不同元音构成的名词类词词根或词干后面。

第六节　与格

鄂温克语格形态变化现象中，人们经常会见到用于表达与格形态变化语法概念的 -du、-dʉ 两个词缀。很显然，它们属于由二元一体音变结构类型的元音和谐原理组合而成的实例。把这两个词缀接缀于名词类词词根或词干后面时，要表示动作行为的受事者，或者说指出动作行为的对象、目的等。由此，形态变化语法词缀 -du 和 -dʉ 被认定为与格(给与格)或目的格形态变化语法现象的特定表现形式及手段。在具体的语句内，它们所表现出的语法概念相当于汉语的"给"、"与"、"到"等。

1. -du 的使用原理及其实例

根据二元一体音变结构类型的元音和谐原理，由阳性短元音 u 构成的与格形态变化语法词缀 -du，接缀于由阳性短元音 a、o、u 及长元音 aa、oo、uu 构成的，或者以阳性元音为主构成的名词类词词根或词干后面，以此表示与格形态变化现象的语法概念。例如：

sʉ　amakkaŋ　**honiŋ-du**　heena　iraam　əməhəldəne.
你们　快点　　羊　给　　草料　送　来 吧你们
你们赶快给羊送草料来吧。

talar　əʃi　hokko　**tatiku-du**　ninisə.
他们　现在　都　　学校　到　　去了
他们现在都到学校去了。

2. -dʉ 的使用原理及其实例

同样，为了表示动作行为的受事者或阐述动作行为的对象、目的等语法概念，依据二元一体音变结构类型的元音和谐原理，将由阴性短元音 ʉ 构成的与格形态变化语法词缀 -dʉ，接缀于由阴性短元音 ə、ɵ、ʉ 及长元音 əə、ɵɵ、ʉʉ 构成的，或者以阴性元音为主构成的名词类词词根或词干后面。例如：

əri heenwa **honiŋ-du** bʉʉm ʥikkənəŋ.
这　草料　　羊与　　给　　吃
这草料要给羊吃。

bi əri inig **tatiku-du** ninime.
我 今 天　学校到　　去
我今天去学校。

əniŋ-dʉ əmʉŋ nandahaŋ doo doolom bʉʉgɵre.
妈 给　一　美好的　歌　唱　给
我给妈妈唱一首美好的歌吧。

可以看得出来，上述三个例句中，第一句和第三句的名词 honiŋ "羊"和 əniŋ "妈妈"后面，根据二元一体音变结构类型的元音和谐原理分别接缀了形态变化语法词缀 -du 和 -dʉ，进而表示了与格(给与格)形态变化现象的语法概念。而在第二句的名词 tatiku "学校"后面接缀的形态变化语法词缀 -du 表现出的则是目的格语法概念。另外，格形态变化语法词缀 -du 和 -dʉ 在句子里也经常充当位格角色，指出某人或某物所处的位置，或某一动作行为发生的地点、处所等。例如：

nugaŋ əʃi muni **ʥʉʉ-dʉ** təgəʥirəŋ.
他　　现在 我们的　家 在　 住正在
他现在正住我们家。

ʃi tari **or-du** hʉlǝǝtǝŋ nandahaŋ amraha.
你 那 床在 躺着 好好地 休息
请你躺在那张床上好好休息。

我们在前面分析代词构词现象时就明确提出，代词词根 ǝ-"这"和 ta-"那"等后面接缀格形态变化语法词缀 -du 和 -dʉ，构成表示场所、地点、位置的指示代词 ǝdʉ(ǝ-dʉ)"这里"和 tadu(ta-du)"那里"等现象。毫无疑问，ǝ- 和 ta- 后面接缀的形态变化语法词缀 -du 与 -dʉ，就是源于与格（与位格）形态变化语法词缀，或者说它们就是与格（与位格）形态变化语法词缀的另一方面的使用实例。因为，接缀有形态变化语法词缀 -du 与 -dʉ 的代词 ǝdʉ(ǝ-dʉ)和 tadu (ta-du)，在实际语句里阐述的就是"这里"、"那里"，及其"与这"、"与那"等与位格语法概念。

第七节 位格

鄂温克语格形态变化现象里，还有专门用于表示某一动作行为发生的地点或场所，以及阐述某人或某物所处的位置等概念的形态变化语法词缀。而且，要用 -la、-lǝ、-lo、-lɵ，以及 -dala、-dǝlǝ、-dolo、-dɵlɵ 两套四元一体音变结构类型的形态变化语法词缀，表示位格形态变化现象的语法概念。不难看出，这两套四元一体音变结构类型的形态变化语法词缀，同样也有元音和谐现象。不过，它们是按照四元一体音变结构类型的元音和谐原理组合而成。依据它们的形态变化结构特征来看，形态变化语法词缀 -la、-lǝ、-lo、-lɵ 是由辅音 l 与短元音 a、ǝ、o、ɵ 组合而成；而形态变化语法词缀 -dala、-dǝlǝ、-dolo、-dɵlɵ 则是在原来的位格形态变化语法词缀 -la、-lǝ、-lo、-lɵ 前接缀由辅音 d 与短元音 a、ǝ、o、ɵ 构成的 -da、-dǝ、-do、-dɵ 等词缀成分而产生。位格形态变化语法词缀 -la、-lǝ、-lo、-lɵ，以及 -dala、-dǝlǝ、-dolo、-dɵlɵ 虽然均可接缀于以辅音或元音结尾的名词类词词根或词干后面，但 -dala、-dǝlǝ、-dolo、-dɵlɵ 所表现出的位格语法概念往往包含有一种强调性语气，与此相反 -la、-lǝ、-lo、-lɵ 所表现出的是一种常态化的和非强调性的语气。它们在语句内，表示的语法概念相当于汉语的"在"或"里"。以下，依据位格形态变化语法词缀四元一体音变结构类型的元音和谐现象，举例说明它们在句中使用情况和所发挥的语法概念。

1. -la～-dala 的使用原理及其实例

由阳性短元音 a 构成的位格形态变化语法词缀 -la～-dala，主要接缀于由阳性短元音 a 及长元音 aa 构成的或以此为主构成的名词类词词根或词干后面。其中，-la 用于一般语句，-dala 则用于强调语句。例如：

ada-la beehal aja bitig biʃiŋ gʉnɵŋ.
姐姐在　许多　好的　书　　有　　说
据说姐姐那里有好多好看的书。

mini gələdʑisə moriŋ **adoŋ-dala** bisə.
我的　找着的　马　　马群 在　　有了
我寻找的马原来在马群里。

2. -lə～-dələ 的使用原理及其实例

由阴性短元音 ə 构成的位格形态变化语法词缀 -lə～-dələ，主要接缀于由阴性短元音 ə 及长元音 əə 构成的或以此为主构成的名词类词词根或词干后面。其中，-lə 用于一般语句，-dələ 则用于强调语句。例如：

tajja mənəəŋ dattaŋ **inig-lə** mʉni dʑʉʉdʉ əməm akki imoraŋ.
那　　家伙　经常　白天 在 我们的　家与　来　酒　喝
那家伙经常在白天来我们家喝酒。

ələr-dələ baraaŋ honiŋ ʉhʉr biʃiŋ.
这里　　　　多　　　羊　　牛　　有
这户人家里有许多的羊和牛。

与此同时，位格形态变化语法词缀 -lə～-dələ 还可以接缀于由中性短元音 i、e 及长元音 ii、ee 构成的名词类词词根或词干后面，表示位格形态变化现象的语法概念。比如，inig-lə "在白天"，delle-dələ "在傍晚"。

3. -lo～-dolo 的使用原理及其实例

由阳性短元音 o 构成的位格形态变化语法词缀 -lo～-dolo，主要接缀于由阳性短元音 o 及长元音 oo 构成的或以此为主构成的名词类词词根或词干后面。其中，-lo 用于一般语句，-dolo 则用于强调语句。例如：

hotʃtʃo-lo ikkiŋ aneni ʤeemə ʉniʤireŋ.
商场　里　新的　年的　货物　卖正在
商场里正在卖新年的年货。

ʤʉligʉ **hoŋkor-dolo** baraaŋ ʤəgərəŋ ʉttʉliʤireŋ.
前边　山丘　里　多　狍子　跑在
在前边的山丘里跑着许多狍子。

另外，调研资料还显示，位格形态变化语法词缀 -lo～-dolo，可以用于由阳性短元音 u 及长元音 uu 构成的名词类词词根或词干后面，阐述位格形态变化现象的语法概念。例如：

uugga-dolo mʉʉ nəəm əʃiŋ oodo.
初乳　里　水　放　不　行
在初乳里不能加水。

əri **humu-lo** əmʉŋ moriŋ naaŋ aaʃiŋ.
这　洼地里　一　马　也　没有
在这洼地里连一匹马也没有。

根据以上分析和说明，我们已经清楚地认识到，位格形态变化语法词缀 -lo～-dolo 不仅用于由阳性短元音 o 及长元音 oo 构成的或以此为主构成的名词类词词根或词干后面，同时也能接缀于由阳性短元音 u 及长元音 uu 构成的或以此为核心构成的名词类词词根或词干后面，进而表示位格形态变化现象的语法概念。

4. -lө～-dөlө 的使用原理及其实例

研究资料表明，由阴性短元音 ө 构成的位格形态变化语法词缀 -lө～-dөlө，要接缀于由阴性短元音 ө 及长元音 өө 构成的或以此为主构成的名词类词词根或词干后面，进而表示位格形态变化现象的语法概念。其中，-lө 用于一般语句，-dөlө 则用于强调语句。例如：

imiŋ dooni **hөwө-lө** əmʉŋ moriŋ biʃiŋ.
伊敏 河的 岸边在 一 马 在
伊敏河的岸边有一匹马。

gagani **өggө-dөlө** əmʉŋ nandahaŋ unaadʑi əməsə.
哥哥 游牧包在 一 美丽 姑娘 来了
在哥哥的家里来了一位美丽的姑娘。

位格形态变化语法词缀 -lө～-dөlө，也能接缀于由阴性短元音 ʉ 及长元音 ʉʉ 构成的或者是以此为核心构成的名词类词词根或词干后面，同样可以表示位格形态变化现象的语法概念。例如：

ʉr-lө moo inig inigthi hondo oodʑiroŋ.
山里 树 天 天比 少 成正在
山里的树木正在一天比一天减少。

dʑuu-dөlө əʃi ənihəŋ əmʉkkəŋ aaʃiŋdʑiraŋ.
屋子里 现在 姨姨 一个 睡觉正在

屋里现在只有姨姨一人睡觉。

上述实例说明，位格形态变化语法词缀 -lə～-dələ 不仅可以用于以阴性短元音 ə 及长元音 əə 为主构成的名词类词词根或词干后面，同时也能够用于以阴性短元音 ʉ 及长元音 ʉʉ 为主构成的名词类词词根或词干后面，而且都无区别地表示位格形态变化现象的语法概念。

在这里还有必要提出的是，位格形态变化语法词缀 -la、-lə、-lo、-lө 以及 -dala、-dələ、-dolo、-dөlө 常常用于指示代词词根 ə-"这"、ta-"那"及方位名词词干 ʉgi-"上"、əggi-"下"、ʤəəŋ-"东"、baraŋ-"西"、doo-"里"、tʉli-"外"、oldoŋ-"旁边"、orooŋ-"上"、saagi-"那边"、əəgi-"这边"等后面，构成含有位格语法内涵而又能表示具体地点、场所、位置、方位的代词或名词。例如，有 ələ(ə-lə)"这里"、tala(ta-la)"那里"及 ʉgilə(ʉgi-lə)～ʉgidələ(ʉgi-dələ)"上面"～"在上面"、əggilə (əggi-lə)～əggidələ(əggi-dələ)"下面"～"在下面"、ʤəəŋlə(ʤəəŋ-lə)～ʤəəŋdələ (ʤəəŋ-dələ)"东面"～"在东面"、baraŋdala(baraŋ-dala)"西边"～"在西边"、doolo(doo-lo)～doodolo(doo-dolo)"里边"～"在里边"、tʉlilө(tʉli-lө>tʉllө>tʉllə)～tʉlidөlө(tʉli-dөlө>tʉldөlө>tʉldələ)"外边"～"在外边"、oldoŋlo (oldoŋ-lo)～oldoŋdolo(oldoŋ-dolo)"旁边"～"在旁边"、orooŋlo(orooŋ-lo)～orooŋdolo (orooŋ-dolo)"上面"～"在上面"、saagila(saagi-la)～saagidala(saagi-dala)"那边"～"在那边"、əəgilə(əəgi-lə)～əəgidələ(əəgi-dələ)"这边"～"在这边"等。而且，这些接缀位格形态变化语法词缀的指示代词或方位名词在鄂温克语里有相当高的使用率。

另外，有关位格形态变化语法词缀 -dala、-dələ、-dolo、-dөlө 的组成部分 -da、-də、-do、-dө 的来源问题，有以下两个方面的解释：其一，它们本身就属于早期鄂温克语位格形态变化语法现象的标志性产物。例如，amida(ami-da)"后面"、ʤʉlidə(ʤʉli-də)"前面"、orooŋdo(orooŋ-do)"上面"、tʉlidө(tʉli-dө)"外面"等的形态变化语法词缀 -da、-də、-do、-dө 是一个很好的证明。不过，这些形态变化语法词缀被认定为是派生专指场所或地点的指示代词的形态变化构词成分。其二，-da、-də、-do、-dө 来源于表示与格形态变化语法词缀 -du、-dʉ。也就是说，-dala、-dələ、-dolo、-dөlө 的原始结构形式应该是 -dula、-dʉlə、-dulo、-dʉlө，后来受后续音节元音的影响及元音和谐规律的制约，形态变化语

法词缀 -du、-dʉ 中的元音 u、ʉ 被同化为 a、o 和 ə、ɵ 等。结果，-dula、-dʉlə、-dulo、-dʉlɵ 演变成了 -dala、-dələ、-dolo、-dɵlɵ。现代鄂温克语里，有人依然将位格形态变化语法词缀 -dala、-dələ、-dolo、-dɵlɵ 等发音为 -dula、-dʉlə、-dulo、-dʉlɵ 等的情况，而且还有一定使用率。不论怎么说，这只是两种假设，尚需进一步深入研究。

第八节 不定位格

鄂温克语格形态变化语法词缀系统里有 -li～-duli、-dʉli 等形态变化语法词缀。把它们接缀于名词类词词根或词干后面，主要表示某人或某事物所处的不太准确的位置或场所，甚至可以表示某人或某事物的大概活动范围等。它们在语句中，往往要表现出相当于汉语的"好像在××位置"、"似乎在××地方"等模糊而笼统的不定位概念。根据这一语法表述特征，学术界将它们定论为不定位格形态变化语法词缀。其中，-li 由于以中性元音 i 为主构成，所以可以用于任何名词类词词根或词干后面。与此相反，-duli、-dʉli 由于有二元一体音变结构类型的元音和谐现象，因此 -duli 一般都接缀于由阳性元音为主构成的名词类词词根或词干后面，-dʉli 基本上用于由阴性元音或中性元音构成的名词类词词根或词干后面。

1. -li 的使用原理及其实例

如上所述，由短中性元音构成的不定位格形态变化语法词缀 -li 不受元音和谐规律的限制，自由地用于任何动词词根或词干后面，并且表示比-duli、-dʉli 更加模糊不清而不确定的位置、地点、场所等。例如：

bi sagwi ʉr-li tihiwʉsʉ ba.
我 表自己 山在 掉被了 吧
我的手表好像丢在山里了吧。

2. -duli、-dʉli 的使用原理及其实例

按照二元一体音变结构类型的元音和谐原理，以阳性短元音 u 与阴性短元

音 ʉ 为中心构成的不定位格形态变化语法词缀 -duli 及 -dʉli，分别接缀于以阳性元音和阴性元音为主构成的名词类词词根或词干后面。不过，形态变化语法词缀 -duli、-dʉli 所指定的位置、地点、场所虽然也很模糊，但达不到 -li 所表示的模糊不清的程度。例如：

mini moriŋbi **adooŋ-duli** bidʒir nəgəəŋ.
我 马 马群 在 在 一样
我的马好像在马群里。

sʉni ninihinsʉŋ dʒʉligʉ **ʉrirəŋ-dʉli** bidʒirəŋ gʉnəŋ.
你们 狗 南 村 在 在 说
据说你们家的狗好像在南村。

在我们看来，不定位格形态变化语法词缀 -duli、-dʉli 是在与格语法词缀 -du、-dʉ 后面接缀不定位格形态变化语法词缀 -li 而构成的产物。或许正是这一结构关系，或者说这一构成原理，决定了不定位格形态变化语法词缀 -li 与 -duli、-dʉli 之间的使用及其语法意义方面的微妙差别。这种差别就体现在 -li 所指定的位置、地点、场所比 -duli、-dʉli 更加模糊和不确定，而 -duli、-dʉli 表示的位置、地点、场所的模糊概念达不到 -li 的程度。

第九节 工具格

鄂温克语里，用 -dʒi 这一形态变化语法词缀表示工具格所包含的语法概念。从某种角度来讲，-dʒi 是一个功能和作用较多的格形态变化语法词缀。不过，-dʒi 接缀于名词类词词根或词干后面，主要表示某人或某物对于另一个人或事物的利用或使用关系。根据形态变化语法词缀 -dʒi 最具代表性的使用特征及其语法功能，将其称为工具格或造格形态变化语法现象。在这里，我们就以工具格取而代之。工具格形态变化语法现象阐述的语法意义，可以用汉语的"用"、"让"等替代。此外，由中性元音 i 构成的工具格形态变化语法词缀没有元音和谐现象，所以可以自由地接缀于由任何元音构成的名词类词词根或词干后面。例如：

tari-ʤi əri ʤaʃihaŋba talardu iraahaŋgare.
他 让 这 信把 他们给 送让他吧
让他把这封信送给他们吧。

tajja mənəəŋ bəjwə **nandahaŋ-ʤi** ələəhəʃirəŋ.
那 家伙 人把 漂亮 用 欺骗
那家伙把人骗得很巧妙。

səl-ʤi ooso ʃiggoolwo mandi ərʉ gʉŋʤirəŋ.
铁 用 做的 爬犁把 非常 不好 说
说是用铁制作的爬犁用起来非常不方便。

另外，格形态变化语法词缀 -ʤi 接缀于名词类词词根或词干后面时，还可以表示人或事物间发生的共同性质的某一动作行为，从而表现出相当于汉语的"和"、"同"等语法概念。例如：

bi **əmmə-ʤi** məəni ʤʉʉdʉwəl nənʉmʉŋ.
我 母亲和 自己的 家给咱们 回去我们
我和母亲回我们自己的家。

我们的分析研究还表明，格形态变化语法词缀 -ʤi 接缀于名词类词词根或词干后面时，能够表示人或事物间直接发生的某种关系，所表现出的语法意义相当于汉语的"对"、"跟"、"与"等。例如：

ʃi **tari-ʤi** ittʉ tannagaŋ aja jəm?
你 他对 怎么 那样 好 呀
你对他怎么那么好呀？

əri bajtawu **əmmə-ʤi** əʤi ʤiŋʤira.
这 事情把 母亲跟 别 说你

希望你不要跟母亲说此事。

以上两个例句里，格形态变化语法词缀 -dʒi 表现出的语法意义同与格形态变化语法词缀 -du、-dʉ 表达的语法概念基本相一致。依据这一事实，有人也提出形态变化语法词缀 -dʒi 不只是有工具格或造格语法功能和作用，同时也有阐述与格语法内涵的功能与作用。总而言之，形态变化语法词缀 -dʒi 具有极其丰富的语法含义，以及有相当复杂的使用关系。区分它在语句里具体表示的不同格形态变化语法概念，要看语句所阐述的话语概念及该词缀实际发挥的语法作用等。

第十节　从格

鄂温克语里，要用形态变化语法词缀 -dihi 作为从格形态变化现象的标志性结构特征，或者说是它的代表性表现形式和手段。调研资料表明，接缀于名词类词词根或词干后面的形态变化语法词缀 -dihi，主要表示动作行为的起始地点、场所、时间等语法概念。-dihi 所包含的语法意义，可以用汉语的"从"来解释。或许正是这一理由，形态变化语法词缀 -dihi 被认定为从格形态变化语法现象。例如：

aʃitʃtʃaŋ **saŋaal-dihi** jʉʉtʃtʃi dattaŋ əthəhi tathahi iʃirən.
老鼠　　洞　从　　爬出来　经常　这面　那面　看
老鼠从洞里爬出来后总是东张西望。

nəhʉŋbi **tajja-dihi** tihitʃtʃi bəldiirwi hoŋtʃotso.
弟弟我　那　从　　摔完　　腿自己　折了
我弟弟从那上面摔下来折断了腿骨。

以上两个例句里，名词 saŋaal "洞"与指示代词 tajja "那"后面接缀的从格形态变化语法词缀-dihi，表示了作为动作行为的主体或实施者 aʃitʃtʃaŋ "老鼠"是"从"哪里爬出来的，以及 nəhʉŋbi "弟弟"是"从"哪里掉下来的等起始"地点"或"场所"，从而充分发挥了从格形态变化现象的语法概念。另外，接缀于名词类词词根或词干后面的从格形态变化语法词缀 -dihi，也可以阐述动作行为所经过的场所或地点。例如：

tari   mini   ʤʉlidə-dihi   ʉttʉlitʃtʃi   jʉʉsʉ.
他   我的   前面 从   跑完   过
他从我前面跑过去了。

很显然，该句子里，接缀于方位名词 ʤʉlidə "前面" 后面的从格形态变化语法词缀 -dihi，表示了动作行为经过的场所。在这里还有必要提到的是，鄂温克语口语除了用形态变化语法词缀 -dihi 表示从格语法概念之外，还有用 -ləhi、-lahi、-lohi、-ləhi 等形态变化语法词缀阐述从格语法概念的现象。因为这套形态变化语法词缀有四元一体音变结构类型的元音和谐现象，所以要严格按照要求和条件，分别用于由不同元音构成的名词类词词根或词干后面。例如：

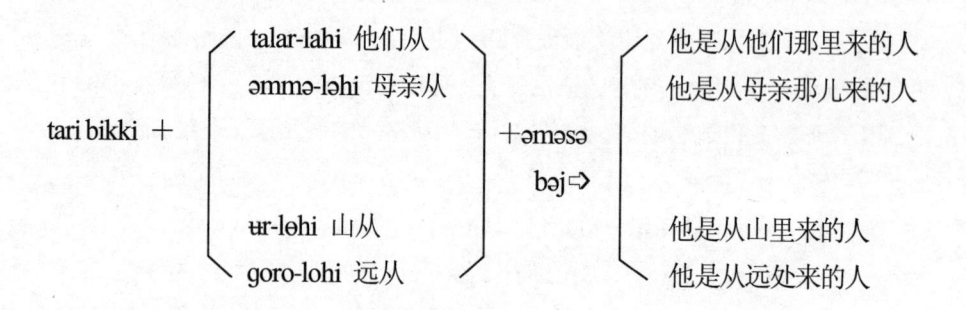

tari bikki + { talar-lahi 他们从 / əmmə-ləhi 母亲从 / ʉr-ləhi 山从 / goro-lohi 远从 } +əməsə bəj⇒ { 他是从他们那里来的人 / 他是从母亲那儿来的人 / 他是从山里来的人 / 他是从远处来的人 }

可以看出，上例中名词 əmmə "母亲"、ʉr "山" 和代词 talar "他们"，以及形容词 goro "远的" 等名词类词词根和词干，接缀形态变化语法词缀 -lahi、-ləhi、-ləhi、-lohi 之后，构成 talar-lahi(talar-lahi) "从他们那里"、əmmələhi(əmmə-ləhi) "从母亲那儿"、ʉr-ləhi (ʉr-ləhi) "从山里"、gorlohi(gor-lohi) "从远处" 等有其从格形态变化现象及其语法概念的词语。然而，从四元一体音变结构类型的从格形态变化语法词缀的结构特征及其使用关系来看，它们似乎是在位格形态变化语法词缀 -lə、-la、-lo、-lə 后面，接缀从格形态变化语法词缀的语音形式 -hi 而构成。由此可以进一步认识到，从格形态变化语法词缀里 -hi 这一语音形式所处的重要位置。此外，根据现已掌握的调研资料，鄂温克语口语里表示从格形态变化现象的语法概念时，使用 -dihi 的实例比较多，而 -lahi、-ləhi、-lohi、-løhi的使用率相对要低。

第十一节 方面格

依据我们的分析，鄂温克语口语里方面格形态变化语法现象的表现形式也比较单一。他们往往用在名词类词词根或词干后面接缀形态变化语法词缀 -giidʒ 的形式及手段，表示动作行为发起的方面。-giidʒ 所表现出的语法意义相当于汉语的"方面"、"面"等。正因为如此，我们将形态变化现象 -giidʒ 定为方面格语法词缀。另外，形态变化语法词缀 -giidʒ，主要以中性长元音 ii 为核心构成，所以同样不受元音和谐现象的影响与制约。例如：

talar ʃi **hultʃiŋ-giidʒ** əməsə ulur ʃindʒə.
他们 是 苇场 方面 来的 人们 是
他们是从苇场方面来的人们。

dʒuu-giidʒ əri adi honoordu awuwal əmərən ʃindʒə.
家 方面 这 几 天 在 谁 来 是
这几天家乡方面不知谁来呀？

我们在分析资料时还发现，方面格形态变化语法词缀 -giidʒ 接缀于名词类词词根或词干后面时，也能够表示经由格形态变化现象所表示的语法概念的实际情况。例如：

dooni **nəəhi-giidʒ** əmwe bəj ʉʉʃigi əmədʒirən.
河的 岸 经由 一 人 这边 来正在
有一个人经由河岸正在往这边走来。

尽管如此，方面格形态变化语法词缀 -giidʒ 在绝大多数情况下阐述的是方面格形态变化现象的语法概念。相反，作为经由格形态变化语法词缀使用的情况比较少见。在我们调研时，根据现场调研和掌握的资料，也有人提出，形态变化语

法词缀 -giidʒ 在某些句子里,也可以表示从格形态变化现象的语法概念。例如:

əri gisaŋdu mʉni **som-giidʒ** adi bəj iirəŋ?
这 会议在 我们的 乡 从 几 人 参加
从我们乡有几人参加这次的会议?

乍看起来,上述说法和解释有它的道理。不过,如果我们把该句里的名词 som "乡" 后面接缀的形态变化语法词缀 -giidʒ 看成方面格形态变化语法现象的话,也可以将该句子翻译成"我们乡方面有几人参加这次的会议?"那么,这种解释及理解似乎也没有什么过错。从说话人在语句中实际表述的语义结构来分析,还是从方面格角度解释 som 后面接缀的 -giidʒ 所表现出的语法概念比较妥当。也就是说,在该句子里,形态变化语法词缀 -giidʒ 表示的是方面格语法概念,进而表达了"我们乡政府方面有几个人参加这次会议?"的语句概念。这就告诉我们,方面格形态变化语法词缀 -giidʒ 在句子里表示的语法概念,有时虽然十分接近于从格形态变化现象所包含的语法意义,但细分析的话还是能够看出其中存在的细微而不可混淆的语法含义上的区别关系。

第十二节 方向格

由四元一体元音和谐原理组合而成的形态变化语法词缀 -thahi、-thəhi、-thohi、-theəhi 接缀于名词类词词根或词干后面时,主要表示动作行为进行的方向、趋向等,其表现出的语法意义类同于汉语的"向"、"朝"、"往"。因此,人们习惯上将 -thahi、-thəhi、-thohi、-theəhi 称为方向格形态变化语法词缀。毫无疑问,它们完全是按照短元音 a、ə、o、θ 与长元音 aa、əə、oo、θθ 之四元一体音变结构类型的元音和谐原理组合而成。所以,在语句中,使用这套形态变化语法词缀时,一定要严格遵循其元音和谐原理。

1. -thahi 的使用原理及其实例

以阳性短元音 a 为主构成的方向格形态变化语法词缀 -thahi,主要接缀于以阳性短元音 a 和长元音 aa 为主构成的名词类词词根或词干后面。例如:

nisʉhʉŋ ʉkkəhəŋ **aba-thahi** əmʉŋ əmʉŋʥi aggaʃim ninirəŋ.
小的　　儿子　　爸爸向　一个　一个　　走　　去
小儿子向爸爸一步步走去。

2. -thəhi 的使用原理及其实例

以阴性短元音 ə 为主构成的方向格形态变化语法词缀 -thəhi，要接缀于以阴性短元音 ə 和长元音 əə 为主构成的或由中性元音构成的名词类词词根或词干后面。例如：

tajja sotto mənəəŋ mʉni **ʥʉʉ-thəhi** əməʥirəŋ.
那　　酒　　鬼　　我们的　家朝　　来正在
那个酒鬼正在朝我们家走来。

əri honnoriŋ ninihin **ʃini-thəhi** ʉttʉlim niniʥirəŋ.
这　黑　　　狗　　　你往　　　　跑　　去
这条黑狗往你的方向跑去。

与此同时，方向格形态变化语法词缀 -thəhi 还可以接缀于由中性短元音 i、e 及长元音 ii、ee 构成的名词类词词根或词干后面，进而表示方向格形态变化现象的语法概念。例如：

mini nisʉhʉŋ ʉtwi honnoriŋ **ninihin-thəhi** əməʥirəŋ.
我的　小　　儿子　　黑　　狗　　方向　　来
我小儿子正在向黑狗方向走来。

3. -thohi 的使用原理及其实例

毋庸置疑，以阳性短元音 o 为核心构成的方向格形态变化语法词缀 -thohi，一般都接缀于以阳性短元音 o 及长元音 oo 为主构成的名词类词词根或词干后面。例如：

baraaŋ ʤəgərəŋ ʤuligu **hoŋkor-thohi** uttlim niniʤirəŋ.
多　　　狍子　　　前边　　山丘往　　　跑　　去正在
狍群正在往南山丘跑去。

不过，方向格形态变化语法词缀 -thohi，也能用于以阳性短元音 u 及长元音 uu 为主构成的名词类词词根或词干后面。例如：

muni moriŋmuni **humu-thohi** uttulisə.
我们的　　马　　　洼地　　向　　跑了
我们的马朝洼地方向跑了。

4. -thəhi 的使用原理及其实例

由阴性短元音 ə 构成的方向格形态变化语法词缀 -thəhi，要接缀于以阴性短元音 ə 及长元音 əə 为主构成的名词类词词根或词干后面。例如：

səl təggəəŋ **həəgə-thəhi** məərəm əmərəŋ.
铁　　车　　　桥　　朝　　　长鸣　　来
火车朝着桥的方向长鸣而来。

与此同时，方向格形态变化语法词缀 -thəhi，也可以用于以阴性短元音 ʉ 及长元音 ʉʉ 为主构成的名词类词词根或词干后面。例如：

adi moriŋ uguso bəj ʤuligu **ʉr-thəhi** tiiŋkəm ninirəŋ.
几　马　　骑的　　人　南　山朝　　　飞驰　　而去
有几个骑士朝南山飞驰而去。

以上谈到的方向格形态变化语法词缀 -thahi、-thəhi、-thohi、-thəhi 除了在名词词根或词干后面使用之外，同样可以接缀于方位名词、代词、形容词、数词等名词类词词根或词干后面。比如，tarithahi(tari-thahi) "向他……"、nəttəthəhi(nəttə-thəhi) "向低的……"、toŋthohi(toŋ-thəhi) "向五……"、

ugiguthəhi(ugigu-thəhi)"向上面……"等。不过，相比之下，这些形态变化语法词缀在名词词根或词干后面的使用率较高，特别是在方位名词后面有很高的使用率。

第十三节 比 格

我们掌握的调研资料表明，该语言的比格形态变化现象用语法词缀 -thi 来表示。换句话说，比格形态变化语法现象的表现形式只有 -thi。在鄂温克语口语里，将形态变化语法词缀 -thi 接缀于名词类词词根或词干后面，表示人或事物间产生的比喻、比较、比拟性质的语法关系，相当于汉语的"比"。人们依据形态变化语法词缀 -thi 表现出的语法功能和作用，把它称为比格形态变化语法现象。由于形态变化语法词缀没有元音和谐现象，所以使用时不受元音和谐规律的限制。例如：

uhurni uldu honi(ŋ)ni **uldu-thi** antaŋʃi huŋ.
牛的　　肉　羊的　　肉　比　　香　呀
牛肉比羊肉香。

nagasuni bəjniŋ **nagatta-thi** goddo.
舅舅的　 身子　 舅母　比　 高
舅舅的身高比舅母高。

比格形态变化语法词缀 -thi 除了在名词词根或词干后面使用之外，在方位名词、代词、数词、形容词等名词类词词根或词干后面也广为使用。比如，ʤulidəthi(ʤulidə-thi)"比南"、tarithi(tari-thi)"比他"、ʤahoŋthi(ʤahoŋ-thi)"比八"、ulariŋthi(ulariŋ-thi)"比红的"等。另外，鄂温克语口语里，也有把比格形态变化语法词缀 -thi 发音成 -tihi 的现象。比如，将 ʤulidəthi(ʤulidə-thi)说成 ʤulidətihi(ʤulidə-tihi)。不过，根据我们的调查，还是以 ʤulidəthi (ʤulidə-thi) 结构形式用得多。

第十四节　限定格

根据调研,鄂温克语限定格形态变化现象属于按照四元一体音变结构类型的元音和谐规律,以及词缀首辅音交替规则组合而成的复杂结构系统。也就是说,限定格形态变化现象的语法概念,要用 -haŋ、-həŋ、-hoŋ、-hөŋ～-kaŋ、-kəŋ、-koŋ、-kөŋ 两套形态变化语法词缀来表示。它们接缀于名词类词词根或词干后面时,主要表示某一动作行为的限定关系。它们所包含的语法意义,完全可以同汉语的"限定"、"只限"、"只有"、"只是"等相提并论。在此,依据它们表现出的具体语法意义,确定为限定格形态变化语法现象。而且,遵循词缀首辅音交替规则及使用条件和要求,把其中的 -kaŋ、-kəŋ、-koŋ、-kөŋ 接缀于以鼻辅音 ŋ、n、m 结尾的名词类词词根或词干后面,将 -haŋ、-həŋ、-hoŋ、-hөŋ 用于除鼻辅音之外的辅音或由元音结尾的名词类词词根或词干后面。以下,紧密结合四元一体音变结构类型的元音和谐规律及辅音交替规则所遵循的使用规律,阐述限定格形态变化语法词缀在各自不同的环境和条件下用于句子的基本情况。

1. -haŋ～-kaŋ 的使用原理及其实例

在以阳性短元音 a 为主构成的限定格形态变化语法词缀 -haŋ～-kaŋ 的使用方面:一是按照四元一体音变结构类型的元音和谐规律用于以阳性短元音 a 和长元音 aa 为主构成的名词类词词根或词干后面;二是依据词缀首辅音交替规则,将 -haŋ 用于除鼻辅音之外的辅音或由元音结尾的名词类词词根或词干后面,同时把 -kaŋ 接缀于由鼻辅音 ŋ、n、m 结尾的名词类词词根或词干后面。例如:

əri　bajtawa　**gatʃada-haŋ**　saakkiwi　ootʃtʃi　nəərəŋ.
这　事　把　村长　限定　知道的话　可以　成
此事限定在村长知道的范围就可以。

tari　ʃiniwə　**ʥaaŋ-kaŋ**　inig　doolo　өggə　ʥuɯwi　oom　ətəhə　gɯnəŋ.
他　你的把　十　只限　天　里　游牧　包把　做完　你　说
他只限你十天内把游牧包做完。

2. -həŋ~-kəŋ 的使用原理及其实例

限定格形态变化语法词缀 -həŋ 与 -kəŋ，是以阴性短元音 ə 为主构成。在具体使用时，首先依据元音和谐规律用于以阳性短元音 ə 和长元音 əə 为主构成的名词类词词根或词干后面。其次，还要按照词缀首辅音交替规则，把 -həŋ 用于除鼻辅音之外的辅音或由元音结尾的名词类词词根或词干后面，将 -kəŋ 接缀于由鼻辅音 ŋ、n、m 结尾的名词类词词根或词干后面。例如：

həltəhə-həŋ ənnəgəŋ boroŋor amaʥi doolo iiniggim ətərəŋ.
鲫鱼　　　只有　　如此　浑浊　湖　里　　生存　　会
只有鲫鱼才会在如此浑浊的湖水里生存。

tajja **mənəəŋ-kəŋ** inig inig sottotʃʃioohiŋ akki imoraŋ.
那　家伙　　　　只是　天　天　醉成　　　酒　喝
只是那家伙天天喝醉酒。

另外，限定格形态变化语法词缀 -həŋ 与 -kəŋ，也可以用于以中性短元音 i、e 及长元音 ii、ee 为主构成名词类词词根或词干后面。例如：

əri hotʃʃo əri **inig-həŋ** hinda hudaʥi jəəmə ᴜnirəŋ.
这　商场　这　天只限　　减　价　　商品　卖
该商场只限今天（一天）减价甩卖货物。

nisᴜhᴜŋ honnoriŋ **ninihin-kaŋ** ɵggedᴜ iim oodoŋ.
小　　　黑　狗　　只限　　　　游牧包　进　允许
只限小黑狗允许进游牧包。

3. -hoŋ~-koŋ 的使用原理及其实例

由阳性短元音 o 构成的限定格形态变化语法词缀 -hoŋ~-koŋ，一般都接缀于以阳性短元音 o 及长元音 oo 为主构成的名词类词词根或词干后面。并且，它们还要遵循词缀首辅音 h 或 k 的使用要求，将 -haŋ 用于除鼻辅音之外的辅音或由元音结尾的名词类词词根或词干后面，把 -kaŋ 用于以鼻辅音 ŋ、n、m 结尾的名词类词词根或词干后面。例如：

əri moo ʤʉʉdʉ toŋ-koŋ bəj təgərən.
这 木头 屋里 五 限定 人 住
在这木头屋里只限住五人。

ʤʉligʉ hoŋkor-hoŋ oroondu ʉlittə ootʃʃi inittə biʃiŋ.
前面 山丘 只是 上面 山丁子 和 稠里子 有
只有在前面的山丘上有山丁子和稠里子。

我们的调研资料还表明，限定格形态变化语法词缀 -hoŋ～-koŋ，除了在以阳性短元音 o 及长元音 oo 为主构成的名词类词词根或词干后面使用之外，还可以接缀于以阳性短元音 u 及长元音 uu 为主构成的名词类词词根或词干后面。例如：

nonomsolohoŋ ukkuŋ-koŋ ədʉ eʃem ətərən.
长略微一点 绳子 只有 这里 到 能
只有稍长一点的绳子才能够拉长到这里。

tari biradu boŋgoŋ suuruldu-hoŋ biʃiŋ gʉnən.
那 河里 大 狗鱼 只有 有 说
据说那条河里只有大狗鱼。

4. -hөŋ～-kөŋ 的使用原理及其实例
以阴性元音 ө 为主构成的限定格形态变化语法词缀 -hөŋ～-kөŋ，主要用于以阴性短元音 ө 及长元音 өө 为核心构成的名词类词词根或词干后面。其中-haŋ 接缀于除鼻辅音之外的辅音或由元音结尾的名词类词词根或词干后面；-kaŋ 用于由鼻辅音 ŋ、n、m 结尾的名词类词词根或词干后面。例如：

əri inig əri əriŋni **hөөmө-heŋ** mʉgʉŋ aaʃiŋ ʥim oodoŋ.
这　天　这　顿　　饭　　只限　钱　无　吃　行
只限这顿饭免费用餐。

mini ʉkkəhəŋbi sataŋʃi **өwөө-keŋ** gam gʉnөŋ.
我的　儿子　　糖　　饼　只是　　买　说
我儿子只是想买糖饼。

限定格形态变化语法词缀 -heŋ～-keŋ，除了在以阴性短元音 ʉ 及长元音 ʉʉ 为主的名词类词词根或词干后面被使用之外，也用于由阴性短元音 ʉ 及长元音 ʉʉ 构成的名词类词词根或词干后面。例如：

tari ʃirədʉ **ʥʉʉr-heŋ** bəj hөөmө ʥim oodoŋ.
那　桌子在　两个　限定　人　饭　吃　可以
那张桌子上只限定两人用餐。

alaar **ʉnʉgʉŋ-keŋ** tari ʉhʉrni hurigaŋdu iirəŋ.
花白　乳牛　只是　那　牛　圈　进
只限那头花白乳牛进那个牛圈。

通过以上分析讨论和举例说明，我们可以比较清楚地了解鄂温克语限定格形态变化语法现象的构成原理，以及错综复杂的使用关系。而且调研资料还表明，形态变化语法词缀 -haŋ、-həŋ、-hoŋ、-heŋ 及 -kaŋ、-kəŋ、-koŋ、-keŋ 等均有一定使用率。但是，比较而言，-haŋ、-həŋ、-hoŋ、-heŋ 的使用率要高于 -kaŋ、-kəŋ、-koŋ、-keŋ，甚至还有把 -kaŋ、-kəŋ、-koŋ、-keŋ 直接发音成 -haŋ、-həŋ、-hoŋ、-heŋ 的情况。特别是现在的年轻人，将以辅音 k 开头的形态变化语法词缀，发音成由 h 开头的形态变化语法词缀的现象比较多。比如，他们会把上述例句里出现的 ʉnʉgʉŋkeŋ（ʉnʉgʉŋ-keŋ）发音成 ʉnʉgʉŋheŋ（ʉnʉgʉŋ-heŋ）等。

第十五节　共同格

我们掌握的调研资料显示，该语言里出现的共同格形态变化语法词缀 -te，接缀于名词类词词根或词干后面，主要表示两个或两个以上的人或事物共同进行的某一动作行为。它所表现出的语法意义，相当于汉语的"共同"、"一起"、"一同"、"同时"等。所以，我们就将该形态变化语法现象称为共同格。而且我们还发现，-te 基本上用于并列出现的两个或两个以上的名词类词的后面。很显然，形态变化语法词缀 -te 是以中性短元音 e 为主构成，所以在使用上不受元音和谐规律的影响和制约。例如：

unta　**əkki-te**　hokko　olokkoŋ　ooso.
靴子　裤子　一起　都　　　湿　　成
靴子和裤子全湿了。

amiŋ　əniŋ　**ahiŋ-te**　mini　tatikudu　iir　gʉggʉbʉŋdʉ　iisə.
父　　母　　哥　共同　我的　学校在　入　活动与　　参加了
爸爸、妈妈、哥哥共同参加了我的入学典礼。

除了上面举例说明的名词之外，在方位名词、代词、数词、形容词等后面，也同样可以使用共同格形态变化语法词缀，进而表示其共同的动作行为或共同的性质特征等。比如，əggilə ʉgilə-te(əggilə ʉgilə-te)"上下共同"、əri tarite(əri tari-te)"这那一起"、toŋ niŋʉŋte (toŋ niŋʉŋ-te)"五六一起"、honnoriŋ giltariŋte (honnoriŋ giltariŋ-te)"黑白一同"等，有很多实例。

另外，我们在调研资料中还发现，共同格形态变化现象包含的语法概念，有时还能够用前面谈到的工具格形态变化语法词缀 -dʒi 来表示。而且，-dʒi 同样用于以并列形式出现的名词类词后面，从而表示"和……共同……"、"跟……一起……"等共同格性质的语法意义。比如，amiŋ əniŋ-dʒi"父亲和母亲共同"、həhə ninihin-dʒi"猫和狗一起"等。但是，用形态变化语法词缀 -dʒi 来表示共同格语法概念的现象不是很多。

第十六节　有格

　　该语言里，以中性短元音 i 为主构成的形态变化语法词缀 -ʃi，接缀于名词类词词根或词干后面时，着重阐述某人或某事物的存在，从而表示相当于汉语"有"之意的语法概念。这也是将形态变化语法词缀 -ʃi 认定为有格形态变化语法现象的主要原因。例如：

talardu　adi　adi　aja　**moriŋ-ʃi**　ʃinʤə.
他们在　几　几　好　马　有　是
他们确实有好几匹好马。

ədʉ　ənnəgəŋ　dʉrʉŋ　ədd ʉ ɡppe　**udʉŋ-ʃi**　jəm　gi.
这里　这样　样子　大　雨　有　是　呀
这里有这么大的雨水呀。

　　有格形态变化语法词缀 -ʃi，同样可以接缀于方位名词、代词、数词、形容词等名词类词词根或词干后面，表示有格形态变化现象的语法概念。比如，ʤʉlidəʃi(ʤʉlidə-ʃi)"有南"、əriʃi(əri-ʃi)"有这个"、ʤaaŋʃi(ʤaaŋ-ʃi)"有十"、tʉggʉŋʃi(tʉggʉŋ-ʃi)"有快的"等。与此同时，鄂温克语口语里，有格形态变化语法词缀 -ʃi，接缀于以鼻辅音结尾的名词类词词根或词干后面时，要产生 -tʃ 音变。比如，有人就将 ʤaaŋʃi(ʤaaŋ-ʃi)、tʉggʉŋʃi(tʉggʉŋ-ʃi) 等说成 ʤaaŋtʃi(ʤaaŋ-tʃi)、tʉggʉŋtʃi(tʉggʉŋ-tʃi)等。

第十七节　所有格

　　我们掌握的调研资料中，还有以中性长元音 ee 为核心构成的 -teen 这一形态变化语法词缀。依据口语中使用的具体情况，该形态变化语法词缀具有所有格语法功能和作用。也就是说，形态变化语法词缀 -teen 接缀于名词类词词根或词干时，主要表示某一动作行为的所属关系。而且，它所表现出的语法意义，可以用汉语的"所有"、"全"、"都"、"连同……都"等替代。由于 -teen 不具有元音和谐现象，所以使用时不受元音和谐规律的限制。例如：

unaadʒ gaganiwi hantasuŋ **əkki-teen** hokko ʃikkim bʉʉsə.
女儿　　哥哥自己　上衣　　裤子　所有　都　　洗　　给
女儿把她哥哥的所有衣裤都给洗了。

nugaŋ əri **tari-teen** əmʉhəjə ooso gʉnəŋ.
他　　这　那全部　一人　　做　说
他说这个和那个全是自己一人做的。

除以上列举说明的名词和代词的实例之外，所有格语法词缀 -teen 在数词和形容词等名词类词词根或词干后面也可以使用。比如，meŋgaŋteen(meŋgaŋ-teen)"连同一千个都……"、ajateen(aja-teen)"好的都"或者说"连同好的都……"等。

通过对鄂温克语口语名词类词格形态变化语法现象的分析讨论，我们已经全面掌握了它们的基本结构特征、构成原理、使用关系，以及所包含的语法内涵及其使用功能和作用等。那么，根据以上研究，明确论述了名词类词格形态变化语法现象的：（1）主格(零词缀)、领格(-ni)、确定宾格(-ba、-bə、-bo、-bə、-bu、-bʉ～-wa、-wə、-wo、-wə、-wu、-wʉ)、不定宾格(-a、-ə、-o、-ə、-u、-ʉ～-ja、-jə、-jo、-jə、-ju、-jʉ)、反身宾格(-bi～-wi)、与格(-du～-dʉ)、位格(-la、-lə、-lo、-lə～-dala、-dələ、-dolo、-dələ)、不定位格(-li～-duli、-dʉli)、工具格(-dʒi)、从格(-dihi)、方面格(-giidʒ)、方向格(-thahi、-thəhi、-thohi、-thəhi)、比格(-thi)、限定格(-haŋ、-həŋ、-hoŋ、-həŋ～-kaŋ、-kəŋ、-koŋ、-kəŋ)、共同格(-te)、有格(-ʃi)、所有格(-teen)17 种格形态变化语法现象。（2）根据结构类型的不同，可以把格形态变化现象的语法词缀为分无形语法词缀和有形语法词缀两种结构类型，其中无形语法词缀也叫零形式结构类型的格形态变化语法现象。而且，只有主格形态变化语法现象属于此类语法表现形式，也就是零形式形态变化语法现象。其他格形态变化语法现象，都用特定形态变化语法词缀来表示。所以，它们均属于有形语法词缀结构类型。（3）在有形结构类型的形态变化语法词缀内部，还可以依据结构性变化特征，进一步分出可变性和不变性两种类型。其中，所谓的可变性结构类型的形态变化语法词缀，是指遵循二元一体音变结构类型、四元一体音变结构类型、六元一体音变结构类型的元音和谐规律及其词缀首辅音交替规则，产生的不同程度的音变现象，主要涉及确定宾格、不定宾格、与格、位格、不定位格、方向格、限定格等的形态变化语法词缀。与此相反，像领格、工具格、从格、方面格、比格、共同格、有格、所有格等是由单一结构类型的形态变化语法词缀构成的不变性形态变化语法现象。另外，还有确定宾格、不定宾格、反身宾格、方向格、限定格形态变化语法词缀中出现的，按照词缀首辅音交替规则产生的辅音交替现象。在这里，不论是受元音和谐规律影响，还是受词缀首辅音交替规则制约，在形态变化语法词缀里出现的音变现象，我们都叫作可变性形态变化语法词缀。反过来说，在可变性形态变化语法词缀里，有元音和谐结构类型的可变性形态变化语法词缀，以及有词缀首辅音交替结构类型的可变性形态变化语法词缀。（4）如前所述，可变性结构类型的形态变化语法词缀系统内，根据不同条件、不同结构、不同类型、不同数量的变化特征，还需分类出六元一体音变结构类型的两组形态变化语法词缀（涉及确定宾格及不定宾格）、四元一体音变结构类型的两组形态变化语法词缀（包括位格及限定格）、四元一体音变结构类型的一组形态变化语法词缀（方向格）、二元一体音变结构类型的一组形态变化语法词缀（关系到反身宾格、与格、不定位格）等结构类型。正因为有如上总结的极其复杂的音变关系和结构类型，我们在名词类词词根或词干后面使用格形态变化语法词缀时，必须严格遵循各自的使用要求、使用条件、使用原理。另外，-du～-dʉ、-ʤi、-giiʤ 等形态变化语法词缀除了主要表示与格、工具格、方面格语法概念之外，还具有表示目的格、位格、关系格、共同格等语法功能和特征。

总之，鄂温克语格形态变化现象是一个相当复杂的语法范畴，是处理和解决名词类词在语句中的不同语法关系的主要手段和方法，是名词类词在句子中发挥不同作用的重要前提和依靠，也是阐明名词类词在句子中的不同成分和地位的重要条件和依据。从另一个角度来讲，名词类词在句子中，与其他句子成分产生各种复杂多变的语法关系时，往往都要通过不同格形态变化语法词缀来实现。

如前所述，格形态变化语法词缀广泛用于名词类词词根或词干后面。比较而言，它们在名词和代词词根或词干后面有很高的使用率，而在方位名词、数词、形容词等后面的使用率没有那么高。而且，在数词或形容词等后面使用格形态变化法词缀时，前面的数词或形容词经常被名词化。

在这里还有必要交代的是，鄂温克语代词里的可变性单数第一人称词干 mi-"我"和复数第一人称词干 mʉ-"我们"，只有在接缀领格形态变化语法词缀 -ni 的前提下，才能够在其后面接缀其他格形态变化语法词缀。比如，mi- 和 mʉ- 后面接缀与格形态变化语法词缀 -dʉ 的基本原理应该是 minidʉ {mi-ni(领格)-dʉ(与格)} "与我的"和 mʉnidʉ {mʉ-ni(领格)-dʉ(与格)} "与我们的"。有人认为，在 mini "我的"或 mʉni "我们的"后面接缀其他格形态变化语法词缀时，领格形态变化语法词缀 -ni 的短元音 i 要产生脱落现象，从而把 mini 和 mʉni 发音为 min 和 mʉn。这种现象不能说不存在，甚至在有些特定语音环境里 min 和 mʉn 的发音还出现 miŋ 和 mʉŋ 的音变情况。不过，在绝大多数情况下，人们还是习惯于发音为 mini 和 mʉni。事实上，鄂温克语口语里，将不同内容的格形态变化语法词缀用连缀形式接缀于某一个名词类词词根或词干后面的现象也有不少。比如，əniŋlədihi {əniŋ-lə(位格)-dihi(从格)} "从母亲那里"、adathahigiidʒ {ada-thahi(方向格)-giidʒ(方面格)} "向姐姐方面"、dʒʉʉdʉhəŋ {dʒʉʉ-dʉ(与格)-həŋ(限定格)} "限定在家里"，等等。

鄂温克语口语里除了在单数结构类型的名词类词词根或词干后面接缀格形态变化语法词缀之外，在接缀有复数形态变化语法词缀的名词类词词根或词干后面同样可以接缀不同格形态变化语法词缀。比如，əniŋsəllə {əniŋ-səl(复数语法词缀)-lə(位格)} "在母亲们那里"、adasalthahi {ada-sal(复数语法词缀)-thahi(方向格)} "向姐姐们"等。还有，在接缀有格形态变化语法词缀的名词类词后面，经常见到接缀人称领属形态变化语法词缀的现象。比如，əniŋləwi {əniŋ-lə(位格)-wi(单数第一人称领属语法词缀)} "从我的母亲那里"、adasaldu∫i {ada-sal(复数语法词缀)-du(与格)-∫i} "给你姐姐们"等。不论怎么说，鄂温克语名词类词的形态变化语法体系中，格形态变化现象是十分重要且相当复杂的语法结构系统。在这里只是分析性地阐述了我们所掌握的格形态变化语法词缀的使用情况，以及句子中具体发挥的语法作用和功能等。实际上，要继续探讨的内容和问题还很多。

第四章
名词类词领属形态变化语法现象

鄂温克语名词类词的形态变化语法体系中，还有接缀于词根或词干后面，表示人或事物间产生的不同领属关系的形态变化语法词缀系统。这套形态变化语法词缀系统，是我们在这一章里讨论的领属形态变化语法现象。我们现已掌握的调查资料表明系统，该语言的领属形态变化语法现象，均有特定形态变化语法词缀，没有发现属于零形式的领属形态变化语法现象。领属形态变化语法词缀内部，根据它们在句中表现出的不同人称语法概念，可以进行如下不同层面的分类和划分：

一是依据句子中领属形态变化语法现象所指的人称对象和角度的不同，其内部首先要分类出领属形态变化语法现象和反身领属形态变化语法现象两种结构类型；二是要根据领属形态变化语法现象和反身领属形态变化语法现象所表现出的不同数形态变化语法概念，在其各自内部各分类出单数形态变化结构类型和复数形态变化结构类型两种；三是要遵循领属形态变化语法现象表现出的不同人称概念，在单数和复数人称领属形态变化语法现象内部，要各自分类出第一人称、第二人称、第三人称领属形态变化语法结构类型。

以下，我们将名词类词的领属形态变化语法现象分成人称领属和反身领属两大类，对于它们的不同构成形式、不同使用条件、不同人称关系、不同语法内涵等展开全面系统的分析讨论。

第一节　人称领属

如上所说，鄂温克语口语的名词类词领属形态变化语法系统里，有人称领属形态变化语法现象。并且，根据它们语法词缀表现出的不同人称内涵，可以分为单数和复数第一人称、第二人称、第三人称领属形态变化语法现象。同时，这些不同人称领属形态变化语法现象，均有特定形态变化语法词缀（见表 4-1）。

表 4-1

数 形 态 分 类	单数形态变化现象			复数形态变化现象		
人称形态变化语法 现象的分类	第一人称	第二人称	第三人称	第一人称	第二人称	第三人称
人称形态变化语法 词缀	-bi/-wi	-ʃi	-niŋ	-mun/-mʉn	-sun/-sʉn	-niŋ

鄂温克语口语里的这些人称领属形态变化语法词缀，接缀于名词类词词根或词干后面，主要表示人或事物的不同领属关系。也就是说，人称领属形态变化语法词缀，在句中从语法形态学的角度，指称人或事物的不同领有者。下面以具体句子为例，分别阐述人称领属形态变化语法词缀的使用原理及其表现出的语法意义。

1. 单数第一人称领属形态变化语法现象

形态变化语法词缀 -bi 或 -wi 接缀于名词类词词根或词干后面，主要表示单数第一人称"我"跟某人或某一事物间产生的领属关系。其中，单数第一人称形态变化语法词缀 -bi 接缀于以鼻辅音 ŋ、n、m 结尾的名词类词词根或词干后面，-wi 接缀于除鼻辅音之外的辅音结尾或以元音结尾的名词类词词根或词干后面。由于单数第一人称形态变化语法词缀 -bi 与 -wi 均无元音和谐现象，所以使用时不受其影响或约束，可以自由地用于由不同元音构成的名词类词词根或词干。例如：

tari-wi inig taŋiŋ əddə jʉʉm see ələərəŋ.
她　我 天　每　早　起　茶　熬
我的她每天早起熬茶。

ʉkkəhəŋ-bi   ninihinsalʥi   tʉʉggʉwʉ   ʥawawuhaɲtʃa.
儿子   我   狗们 用   狼把   抓被让了
我儿子让他的那些狗去抓狼。

bi   ɵggɵ   ʥʉʉni   ʉgigʉ-wi   ikkiŋʥi   ʥuhasu.
我   游牧   包的   上面我   新用   修理了
我把游牧包的上面重新翻修了。

除了上面举例的代词、名词、方位名词之外，在形容词和数词词根或词干后面，同样能够接缀单数第一人称领属形态变化语法词缀 -bi 或 -wi，进而阐述它们的单数第一人称领属形态变化现象的语法概念。比如，ajawi(aja 好的 -wi)"我的好"、ulariŋbi (ulariŋ 红的 -bi)"我的红"、namaaʥwi(namaaʥ 百 -wi)"我的一百"、əmʉŋbi (əmʉŋ 一 -bi)"我的一"等。

2. 单数第二人称领属形态变化语法现象

形态变化语法词缀 -ʃi 接缀于名词类词词根或词干后面，要阐明领属于单数第二人称"你"的某人或某一事物。毫无疑问，单数第二人称领属形态变化语法词缀 -ʃi 在句子里从名词形态论角度表示的语法概念相当于汉语的"你"。该词缀的使用，同样不受元音和谐规律的制约。例如：

moriŋ-ʃi   doowo   jʉʉtʃtʃi   ʉrdʉ   iisə.
马   你   河把   过完   山里   进了
你的马过河后跑进山里了。

ʃini   ʥəəŋgidə-ʃi   təgəʥir   bəj   awu   jəm?
你   左边 你   坐着的   人   谁   是
你左边坐着的人是谁呀？

除了上面的实例之外，在代词、数词及形容词词根或词干后面，也可以接缀单数第二人称领属形态变化语法词缀 -ʃi。比如，tariʃi(tari 他 -ʃi)"你的他"、

ajaʃi(aja 好 -ʃi)"你的好"、namaadʒʃi(namaadʒ 百 -ʃi)"你的一百"等。有人认为，单数第二人称领属形态变化语法词缀 -ʃi，用于以鼻辅音 ŋ、n、m 结尾的名词类词词根或词干后面时，词缀首辅音 ʃ 要产生 tʃ 音变。比如，有人就把 moriŋʃi(moriŋ 马 -ʃi)"你的马"、ulariŋʃi(ulariŋ 红 -ʃi)"你的红"、əmʉŋʃi (əmʉŋ 一 -ʃi)"你的一"等，发音为 moriŋtʃi(moriŋ-tʃi)、ulariŋtʃi (ulariŋ-tʃi)、əmʉŋtʃi (əmʉŋ-tʃi) 等。不过，根据调研资料，将鼻辅音后面出现的单数第二人称领属形态变化语法词缀发作 -ʃi 音的人还是多数。另外，也有人的发音中出现省略名词类词词尾鼻辅音的现象，比如把 moriŋʃi(moriŋ -ʃi)、ulariŋʃi (ulariŋ-ʃi)、əmʉŋʃi (əmʉŋ-ʃi) 发音成 moriʃi (mori-ʃi)、ulariʃi(ulari-ʃi)、əmʉʃi (əmʉ-ʃi) 等。

3. 单数第三人称领属形态变化语法现象

依据我们的资料，形态变化语法词缀 -niŋ 接缀于名词类词词根或词干后面时，要表示单数第三人称"他"或"她"同某人或某一事物间产生的领属性质的语法关系。以中性短元音为主构成的单数第三人称领属形态变化语法词缀 -niŋ，在表示男性用的单数第三人称代词"他"的同时，也可以指称女性用的单数第三人称代词"她"的概念。在实际语句中，区别形态变化语法词缀 -niŋ 所指称的"他"还是"她"的语法关系时，一般都要看语句表示的实际意义，以及说话人的话语结构内容。例如：

nəhʉŋni **naalla-niŋ** ʉshəndʉ miiwʉsə.
弟弟的　手　　他　刀与　割被了
弟弟的手被刀割破了。

adani ugudʒir **moriŋ-niŋ** miiŋ tʉggʉŋ ʉttʉlir moriŋ.
姐姐的 骑的　马　　　她　最　　快　跑的　马
姐姐骑的是她跑得最快的马。

毫无疑问，单数第三人称领属形态变化语法词缀 -niŋ 除了名词之外，在方位名词、代词、数词、形容词等名词类词词根或词干后面也都被广泛使用。比如，ʉgiləniŋ(ʉgilə 上面 -niŋ)"他的上面"、talaniŋ(tala 那里 -niŋ)"他的那里"、

nandaha(ŋ)niŋ(nandahaŋ 美丽 -niŋ) "她的美丽"、namaadʒniŋ(namaadʒ 百 -niŋ) "他的一百" 等。

4. 复数第一人称领属形态变化语法现象

形态变化语法词缀 -muŋ、-mʉŋ 接缀于名词类词词根或词干后面，主要表示领属于复数第一人称的某人或某一事物。也就是说，复数第一人称领属形态变化语法词缀 -muŋ、-mʉŋ，在句子里表示的语法概念相当于汉语的"我们"。再说，由于该词缀是以阳性短元音 u 与阴性短元音 ʉ 为核心构成，所以使用时严格遵循元音和谐规律，将 -muŋ 与 -mʉŋ 分别接缀于以阳性元音或阴性元音为主构成的名词类词词根或词干。在以中性元音构成的名词类词词根或词干后面则要使用 -mʉŋ 这一形态变化语法词缀。

4.1 -muŋ 的使用原理及其实例

由阳性短元音 u 为主构成的复数第一人称领属形态变化语法词缀 -muŋ，主要接缀于以阳性短元音 a、o、u 及阳性长元音 aa、oo、uu 为核心构成的名词类词词根或词干，进而表示复数第一人称领属形态变化现象的语法概念。例如：

muni   dʒawasa   **suuruldu-muŋ**   bikki   miin   boŋgon   suuruldu   ooroŋ.
我们   抓到的   狗鱼   我们   是   最   大   狗鱼   成
我们抓到的狗鱼是最大的狗鱼。

əri   adi   inig   honiŋni   **hurigaŋ-muŋ**   adira   əddʉg   imandadu   tiriwʉsə.
这   几   天   羊圈   我们   几次   大   雪   覆盖了
这几天我们羊圈被大雪掩埋了好几次。

həðə   bogni   **orootto-muŋ**   sʉt   ʃir(a)lasa.
原野   地草   我们   都   发黄了
原野上我们的草场都发黄了。

4.2 -mʉŋ 的使用原理及其实例

毋庸置疑，以阴性短元音 ʉ 为主构成的复数第一人称领属形态变化语法词缀 -mʉŋ，主要接缀于以阴性短元音 ə、ө、ʉ 及长元音 əə、өө、ʉʉ 为核心构成的名词类词词根或词干，进而同样可以表示复数第一人称领属形态变化现象的语法概念。例如：

tari ikkiŋ ʤawasa **ʤʉʉ-mʉŋ** mandi nandahaŋ.
那　新　盖的　房子　我们　非常　漂亮
我们新盖的那栋房子很漂亮。

əri inig ooso **өŋөөr-mʉŋ** mandi antaŋʃe.
这　天　制作的　酸奶　我们　非常　好吃
我们今天制作的酸奶非常好吃。

təməgəŋ-mʉŋ hokko ʤʉligʉ ʉrdʉ biʃiŋ.
骆驼　我们　都　南　山　有
我们的骆驼都在南山上。

在这里还需要说明的是，由中性短元音 i 或长元音 ii 构成的名词类词后面，同样一般都使用以阴性短元音 ʉ 为主构成的复数第一人称领属形态变化语法词缀 -mʉŋ。例如：

mʉni ʤʉʉni **imitʃtʃi-mʉŋ** hokko bajtalatʃtʃi manawusa gʉnөŋ.
我们　家的　油　我们　都　用　完　说
说是我们家的油都用完了。

如同上述例句，除在名词词根或词干后面接缀复数第一人称领属形态变化语法词缀 -muŋ 和 -mʉŋ 之外，还可以在方位名词、数词、代词等名词类词词根或词干后面，使用形态变化语法词缀 -muŋ 或 -mʉŋ，进而表示复数第一人称领属形态变化语法概念的实例。比如，ʉgiləmʉŋ(ʉgilə 上面 -mʉŋ)"我们上面"、

talamuŋ(tala 那里 -muŋ)"我们那里"、ajamuŋ(aja 好 -muŋ)"我们的好"、toŋmuŋ(toŋ 五 -muŋ)"我们的五"等。另外，也有人将人称领属复数第一人称形态变化语法词缀 -muŋ、-mʉŋ 说成 -muni、-mʉni 的现象。所以，把 ʉgiləmʉŋ "我们上面"、talamuŋ"我们那里"、ajamuŋ"我们的好"、toŋmuŋ"我们的五"等，也说成是 ʉgiləmʉni(ʉgilə-mʉni)、talamuni(tala-muni)、ajamuni(aja-muni)、toŋmuni(toŋ-muni) 等。不过，我们也不能由此说这种说法是完全错误的。因为鄂温克语里的确有这种说法，只是其数量不多而已。所以，在这里，我们使用了 -muŋ 与 -mʉŋ 等最具代表性的实例。

5. 复数第二人称领属形态变化语法现象

显而易见，以短元音 u 和 ʉ 为核心的二元一体音变结构类型的形态变化语法词缀 -suŋ 与 -sʉŋ，按照元音和谐规律接缀于名词类词词根或词干后面，主要表示领属于复数第二人称"你们"的人或事物。其中的 -suŋ 接缀于以阳性元音为主构成的名词类词词根或词干后面，-sʉŋ 则接缀于以阴性元音为主构成的名词类词词根或词干后面。例如：

sʉni honiŋ-sʉni ədʉ biʃiŋ.
你们   羊 你们   这里 在
你们的羊在这里。

sʉni ʉhʉr-sʉni hurigaŋdu biʃiŋ.
你们   牛 你们   牛圈里   在
你们的牛在牛圈里。

5.1 -sʉŋ 的使用原理及其实例

以阳性短元音 u 为核心构成的形态变化语法词缀 -suŋ，依据元音和谐规律用于以阳性短元音 a、o、u 及长元音 aa、oo、uu 为主构成的名词类词词根或词干，表示复数第二人称领属形态变化现象的语法概念。例如：

suni **hahara-suŋ** hokko bəjni huriganduni iisə gʉnɵŋ.
你们的 鸡 你们 都 人的 园子里的 进了 说
说是你们家的鸡都跑进了人家的园子里。

uduru-suŋ nandahaŋʥi ʥinʥisa ʥaariŋ, ooʥir **ogiŋ-suŋ** əʃin ʥohira.
嘴 你们 漂亮 说 也罢 做的 道理 你们 不 对
你们嘴里讲得很漂亮，但你们实际操作的方法不科学。

5.2 suŋ 的使用原理及其实例

以阴性短元音 ʉ 为主构成的形态变化语法词缀 -suŋ, 要遵循元音和谐规律, 接缀于以阴性短元音 ə、ɵ、ʉ 及长元音 əə、ɵɵ、ʉʉ 为核心构成的名词类词词根或词干后面, 同样可以表示复数第二人称领属形态变化现象的语法概念。例如:

suni **ʥʉʉ-suŋ** amaggu amaʥini amidaduni biʃiŋ gi?
你们 家 你们 后 湖 北面 在 吗
他们的家在后面的湖的北面吗？

ɵwɵŋ-suŋ sataŋ esə nəərə imiʧʃiʃi ɵwɵŋ.
饼 你们 糖 没 放 油 饼
你们的饼是没有放糖的油饼。

suni imiŋ dooni **nəəhə-suŋ** mandi nandahaŋ.
我们 伊敏 河 岸 你们 非常 美丽
你们伊敏河岸边非常美丽。

同复数第一人称领属形态变化语法词缀 -mʉŋ 一样, 复数第二人称领属形态变化语法词缀 -suŋ 用于由中性短元音 i 或长元音 ii 构成的名词类词后面。例如:

sʉni ʥʉʉni **imitʃtʃi-sʉŋ** bajtalatʃtʃi manawusa gʉnoŋ.
你们 家的 油 你们 用 完 说
说是你们家的油已经用完了。

我们的资料还显示，复数第二人称领属形态变化语法词缀 -sʉŋ 和 -suŋ，除了像上述例句用于名词词根或词干之外，还同样可以用于方位名词、数词、代词等名词类词词根或词干后面。比如，ʉgidəsʉŋ(ʉgidə 上面 -sʉŋ)"你们的上面"、nandahaŋsuŋ (nandahaŋ 美丽 -suŋ) "你们的美丽"、toŋsuŋ(toŋ 五 -suŋ) "你们的五"等。另外，复数第二人称领属形态变化语法词缀 -suŋ 和 -sʉŋ，被有些人发音为 -suni 和 -sʉni。比如，有人把刚才列举的 ʉgidəsʉŋ、nandahaŋsuŋ、toŋsuŋ 等，发音成 ʉgidəsʉni (ʉgidə-sʉni)、nandahaŋsuni (nandahaŋ-suni)、toŋsuni (toŋ-suni) 等。

6. 复数第三人称领属形态变化语法现象

形态变化语法词缀 -niŋ 接缀于名词类词词根或词干后面，不仅能够表示单数第三人称领属的语法意义，同时也能够表现出复数第三人称领属"他们"或"她们"的语法概念。由于 -niŋ 是以中性短元音 i 为核心构成，因此使用方面不受元音和谐规律的影响，自由用于由不同元音构成的名词类词词根或词干。例如：

əhiŋsəlni sagar **ʉnʉgʉŋsʉl-niŋ** boŋgoŋ hurigaŋdu biʃiŋ.
姐姐们的 挤的 奶牛 们 她们 大的 牛圈 有
姐姐们要挤的那些奶牛都在牛圈里。

talarni **bog-niŋ** inig taŋiŋ imanda imanaŋ.
他们的 地方 他们 天 每 雪 下
在他们那里每天都下雪。

ahiŋsalni honnoriŋ **ninihin-niŋ** mandi bəjwə hihiraŋ.
哥哥们 黑的 狗 他们 特别 人 咬
哥哥他们的黑狗特别爱咬人。

根据我们已经掌握的第一手调查资料，复数第三人称领属形态变化语法词缀 -niŋ 在鄂温克语口语里有相当高的使用率，尤其是在名词和代词词根或词干后面使用得非常多。同时，它们也可以接缀于方位名词、数词和形容词等名词类词词根或词干后面，表示复数第三人称领属的语法意义。比如，talaniŋ (tala 那里 -niŋ)"他们的那里"、toŋniŋ (toŋ 五 -niŋ)"他们的五"、ajaniŋ(aja 好 -niŋ)"他们的好"等。另外，该语言里，还有用形态变化语法词缀 -ʤiŋ 表示复数第三人称领属形态变化语法现象的实例。而且，形态变化语法词缀 -ʤiŋ 所表现出的复数第三人称领属语法内涵中，还隐含工具格形态变化现象的语法含义。比如，bəjʤiŋ(bəj 人 -ʤiŋ)"他们的人"、talaʤiŋ (tala 那里 -ʤiŋ)"他们的那里"、ilaŋʤiŋ(ilaŋ 三 -ʤiŋ)"他们的三"、ajaʤiŋ(aja 好的 -ʤiŋ)"他们的好"等。此外，语法词缀 -ʤiŋ 也和 -niŋ 一样用于指含单数第三人称领属语法关系的语句。从这个意义上来讲，我们应把刚才提到的 bəjʤiŋ、talaʤiŋ、ilaŋʤiŋ、ajaʤiŋ 等例词词干后面的语法词缀，依据它们实际表现出的语法意义译写成"用他的人"、"用他那里"、"用他的三"、"用他的好"等比较合适。

第二节　反身领属

如前所述，鄂温克语名词类词的领属形态变化系统里，除了有人称领属形态变化语法现象之外，还有反身领属形态变化语法现象。但是，反身领属形态变化实例，不像人称领属形态变化那么复杂。也就是说，反身领属形态变化语法词缀不具备区分不同人称的功能，所以也就没有第一人称、第二人称、第三人称的区别性特征。反身领属形态变化语法词缀，只有区分单数和复数的语法功能和特性。并且，也都用特定形态变化语法词缀来表现。再说，鄂温克语的反身领属形态变化语法词缀接缀于名词类词词根或词干后面时，指出的人或事物属于主体自身所有。

1. 单数反身领属形态变化语法词缀

形态变化语法词缀 -niwi 接缀于名词类词词根或词干后面，主要指称隶属于"自己"的，属于单数形态变化语法概念的人或事物。根据 -niwi 表现出的这一语法功能和特点，人们称其为单数反身领属形态变化语法词缀。而且，我们完全可以把 -niwi 在句子中表现出的语法意义，用汉语的"自己"一词来替代。由于该形态变化语法词缀以中性短元音 i 为主构成，所以使用上不受元音和谐规律的影响和限制。例如：

ʃi **hantasuŋ-niwi** totʃtʃiwani gələəm bahasaʃi gi?
你 上衣   自己扣子   把的   找   到了   吗
你把自己上衣扣子找到了吗？

bi əri inig **ɵggɵ-niwi** ʉkkʉwʉni ʥuhasu.
我 这 日 游牧包自己 门把的 修理了
我今天修理了自己游牧包的门。

ahiŋbi **ninihin-niwi** ʉʉgewəni mandi nandahaŋʥi ʥuhasa.
哥哥   狗   自己   窝   非常   漂亮   修理
我哥哥把自己家的狗窝修理得很漂亮。

单数反身领属形态变化语法词缀 -niwi 除了名词之外，在方位名词、代词、数词、形容词等名词类词词根或词干后面同样能够使用。比如，əggiləniwi(əggilə 下面 -niwi)"自己的下面"、tariniwi(tari 她 -niwi)"自己的她"、ilaŋniwi(ilaŋ 三 -niwi)"自己的三"、giltariŋniwi(giltariŋ 白的 -niwi)"自己的白"等。尽管如此，单数反身领属形态变化语法词缀 -niwi，在一般名词和人称代词以及指示代词等后面有着很高的使用率。但在形容词词根或词干后面，接缀单数反身领属形态变化语法词缀 -niwi 时，该形容词出现名词化现象。

2. 复数反身领属形态变化语法词缀

我们的调研资料表明，有四元一体音变结构类型的元音和谐现象的形态变化语法词缀 -niwal、-niwəl、-niwol、-niwɵl 接缀于名词类词词根或词干后面时，主要表示隶属于复数反身人称"咱们"、"各自"、"自己们"的人或事物。由此，人们将这套形态变化语法词缀认定为复数反身领属形态变化现象。毫无疑问，复数反身领属形态变化语法词缀，同样没有区别人称的功能和作用。此外，复数反身领属形态变化语法词缀 -niwal、-niwəl、-niwol、-niwɵl 属于四元一体音变结构类型，所以必须严格按照元音和谐规律要求来使用。

2.1 -niwal 的使用原理及其实例

依据使用规则和要求，以阳性短元音 a 为主构成的复数反身领属形态变化语法词缀 -niwal，按照元音和谐规律用于以阳性短元音 a 和长元音 aa 为主构成的名词类词词根或词干后面。例如：

əri bajtawa **gatʃada-niwal** ʤinʤisa oginʤini oogore.
这   事把   村长   咱们   说的   原理   做吧
此事就按咱们村长说的要求去做吧。

sʉ **naalla-niwal** uʃittawal nandahanʤi gahaldune.
你们 手 自己们   指甲   好好   剪
请你们把各自的指甲都剪干净。

2.2 -niwəl 的使用原理及其实例

复数反身领属形态变化语法词缀 -niwəl 是以阴性短元音 ə 为主构成。该形态变化语法词缀在语句使用时，依据元音和谐规律用于以阴性短元音 ə 和长元音 əə 为核心构成的名词类词词根或词干后面，从而表示复数反身领属形态变化现象的语法概念。例如：

təggəəŋ-**niwəl** hʉddəwəni hokko lajwar ooʃihonʧomʉŋ.
车   咱们   辘辘   都   脏   变成了
咱们将车的辘辘都弄脏了。

tari təməgəŋ-**niwəl** iŋattawani nandahanʤi arukkagare.
那   骆驼   咱们   毛   好好   弄干净
咱们把骆驼的毛收拾干净吧。

与此同时，复数反身领属形态变化语法词缀 -niwəl，也可以用于由中性短元音 i、e 及长元音 ii、ee 构成的名词类词词根或词干后面。例如：

talar　hokko　əri　**inig-niwəl**　gəbbəwəl　oom　ətəsə.
他们　都　这　天　自己们　工作　做　完了
他们都把今天各自的工作做完了。

nisʉhʉŋ　honnoriŋ　**ninihin-niwəl**　nisʉhʉŋ　ʉʉgeniŋ　ilə biʃiŋ?
小　黑　狗　咱们　小　狗窝　哪里 有
咱们小黑狗的小狗窝在哪里？

2.3　-niwol 的使用原理及其实例

由阳性短元音 o 构成的复数反身领属形态变化语法词缀 -niwol，要接缀于以阳性短元音 o 及长元音 oo 为主构成的名词类词词根或词干后面。例如：

əri　moo　ʤʉʉdʉ　**orooŋ-niwol**　bajtalar　jəəməwəni　nəəsə.
这　木　屋里　驯鹿　咱们　使用　东西　放了
在这木屋里放了咱们驯鹿的使用工具。

hoŋkor-niwol　ʉlittə　ootʃʃi　iŋittəni　moodu　hokko　mʉʉ　jəəkkʉsə.
山丘　咱们　山丁子　和　稠里子　树　都　水　浇灌
在咱们山丘的山丁子和稠里子树上都浇灌了水。

我们掌握的调研资料还说明，复数反身领属形态变化语法词缀 -niwol，除了在以阳性短元音 o 及长元音 oo 为主构成的名词类词词根或词干后面使用之外，还可以接缀于以阳性短元音 u 及长元音 uu 为核心构成的名词类词词根或词干后面。例如：

uduru-niwol ərʉdʉni bʉ əttʉ mogom ʉlickimʉne.
嘴　　　　咱们　不好　我们　这一　困难　　　走
因为咱们嘴不好才走到这一困难地步。

2.4 -niwol 的使用原理及其实例

毋庸置疑，以阴性短元音 o 为主构成的复数反身领属形态变化语法词缀 -niwol，主要接缀于以阴性短元音 o 及长元音 oo 为核心构成的名词类词词根或词干后面。例如：

əri inig əri əriŋni **hooəmo-niwol** mʉgʉŋbʉ awu bʉʉrəŋ?
这　天　这　顿　　饭　　　　咱们　　　钱　　谁　给
今天咱们这顿饭钱谁支付呀？

ʉkkəhəŋbi sataŋʃi **owooŋ-niwol** sataŋbala ʥitʃtʃə.
儿子　　　　糖饼　　咱们　　　糖　　　　吃了
我儿子只吃了咱们糖饼的糖。

不过，复数反身领属形态变化语法词缀 -niwol，除了在以阴性短元音 o 及长元音 oo 为主构成的名词类词词根或词干后面使用之外，也可以用于由阴性短元音 ʉ 及长元音 ʉʉ 构成的名词类词词根或词干后面。例如：

tari **sʉʉŋkʉ-niwol** iittəwəni sʉt tihiwʉsə.
她　　箆子　　咱们　　牙齿　　都　弄掉了
她把咱们箆子的牙齿都给弄掉了。

alaar **ʉnʉgʉŋ- niwol** ʉhʉŋbeni ʉhʉŋni ʥabooddu iraaʥiraŋ.
花白　乳牛　　　咱们　　奶子　　奶子　　工厂　　送
咱们花白乳牛的奶子全部送给乳业厂。

从资料中我们还看出，复数反身人称形态变化语法词缀 -niwal、-niwəl、-niwol、-niwɵl 除了在名词词根或词干后面广泛使用之外，同样能够用于方位名词、代词、数词、形容词等名词类词词根或词干后面。比如，əggiləniwəl(əggilə 下面 -niwəl)"咱们的下面"、nugaŋniwal(nugaŋ 他 -niwal)"咱们的他"、ila(ŋ)niwal(ilaŋ 三 -niwal)"咱们的三"、giltari(ŋ)niwal(giltariŋ 白的 -niwal)"咱们的白"、to(ŋ)niwol(toŋ 五 -niwol)"咱们的五"、hɵhɵniwɵl(hɵhɵ 蓝的 -niwɵl)"咱们的蓝"等。另外，在鄂温克语口语里，也有将复数反身领属形态变化语法词缀 -niwal、-niwəl、-niwol、-niwɵl 简化发音成 -wal、-wəl、-wol、-wɵl 等现象。比如，把 əggiləniwəl、ila(ŋ)niwal、giltari(ŋ)niwal、to(ŋ)niwol、hɵhɵniwɵl 等，就可以简化发音为 əggiləwəl、ilaŋwal、giltariŋwal、toŋwol、hɵhɵwɵl 等。不过，在鄂温克语里，表示复数反身领属形态变化现象的语法词缀 -niwal、-niwəl、-niwol、-niwɵl 的使用率，远远高于 -wal、-wəl、-wol、-wɵl 的使用率。

总之，在鄂温克语口语里，领属形态变化现象是名词类词的一个十分重要的语法范畴。其内部虽然分为人称领属和反身领属形态变化语法现象，但人称领属形态变化语法现象具有区别不同人称的语法功能和作用，而反身领属形态变化语法现象却不具有这一语法特性。通过对领属形态变化语法词缀的结构特征、使用原理、语法功能等方面的系统探讨，我们已经清楚地认识到鄂温克语领属形态变化语法现象要涉及三个层面的内容：一是涉及人称领属和反身领属形态变化语法现象的分类；二是涉及单数和复数形态变化语法现象的分类；三是涉及第一人称、第二人称、第三人称形态变语法现象的分类。而且，这三个方面的分析与分类都涉及人称领属形态变化语法现象，反身领属形态变化语法现象只涉及其中第一层面和第二层面的分析与分类内容。

如上所述，鄂温克语名词类词领属形态变化语法现象中表示不同人称概念的形态变化语法词缀，基本上都和与此密切相关的人称代词有关联。特别是在人称领属形态变化语法词缀内部，这种共性现象显得更为突出和鲜明。人称领属形态变化语法词缀和相关人称代词间进行比较的整个情况见表 4-2：

表 4-2

数形态分类 人称形态变化现象的分类	单数			复数		
	第一人称	第二人称	第三人称	第一人称	第二人称	第三人称
人称形态变化语法词缀	-bi	-ʃi	-niŋ	-muŋ/-mʉŋ	-suŋ/-sʉŋ	-niŋ/-ʤiŋ
人称代词	bi	ʃi	nugaŋ	mʉ-	sʉ	nugan

从表 4-2 可以看出，无论是单数人称领属形态变化语法词缀还是复数人称领属形态变化语法词缀，都与相关人称代词有密不可分的内在联系。这种联系从它们的语音结构及语义关系中，都可以得到证实。例如：

"我" ⇨ 单数第一人称代词 bi ⇔ 单数第一人称领属形态变化语法词缀 -bi
"你" ⇨ 单数第二人称代词 ʃi ⇔ 单数第二人称形态变化语法词缀 -ʃi
"他" ⇨ 单数第三人称代词 nugaŋ ⇔ 单数第三人称形态变化语法词缀 -niŋ
"我们" ⇨ 复数第一人称代词词干 mʉ- ⇔ 复数第一人称形态变化语法词缀 -muŋ/-mʉŋ
"你们" ⇨ 复数第二人称代词 sʉ ⇔ 复数第二人称形态变化语法词缀 -suŋ/-sʉŋ
"他们" ⇨ 单数第三人称代词 nugaŋ ⇔ 单数第三人称形态变化语法词缀 -niŋ

从以上罗列的内容，我们完全可以看出它们之间存在的语音结构方面的共有关系，以及语义结构方面产生的极其亲密的内在关系。由此，学术界明确提出，这些人称领属形态变化语法词缀都源于人称代词。也就是说，所谓领属形态变化语法词缀，都属于人称代词语法化的特定表现形式。

第三节　领属形态变化现象和其他形态变化现象之间的接触原理

我们在研究中还发现，鄂温克语人称领属或反身领属形态变化语法词缀同格形态变化语法词缀间存在极其复杂而密切的内部接触原理。调查资料表明，同一个名词类词词根或词干后面，领属形态变化语法词缀和格形态变化语法词缀同时被使用的现象有很多。而且，往往是以格形态变化语法词缀在前，领属形态变化语法词缀在后的格式出现。也就是说，在某一个名词类词词根或词干后面同时接缀格和领属形态变化语法词缀的话，先接缀格形态变化语法词缀，然后才接缀领属形态变化语法词缀。与此相关，领属形态变化语法词缀同样能够接缀于属于复数形态变化结构类型的名词类词词根或词干后面。这就是说，名词类词词根或词干后面，可以同时接缀复数、格、领属形态变化语法词缀。在实际调研中拿到的相关资料里，确实有不少同时接缀这三个形态变化语法词缀的名词类词。那么，它们的接缀程序应该是，在名词类词词根或词干后面，首先接缀复数形态变化语法词缀，其次在接缀有复数形态变化语法词缀的名词类词后面接缀格形态变化语法词缀，最后在接缀有复数和格形态变化语法词缀的名词类词后面再接缀领属形态变化语法词缀。在此前提下，名词类词表现出的语法关系中，自然而然地包含数、格、领属形态变化现象的语法概念。把鄂温克语名词类词词根或词干后面，接缀的不同语法词缀的相互搭配关系，按照具体使用的先后位置，可以归纳出以下三种使用原理和结构类型。

1. 数、格、领属形态变化语法词缀连缀式使用原理及其实例

如前所述，名词类词词根或词干后面会出现复数形态变化语法词缀、格形态变化语法词缀、领属形态变化语法词缀连续接缀的现象。名词类词连缀这三个形态变化语法词缀的基本原理及程序是：名词类词词根或词干 ＋ 复数形态变化语法词缀 ＋ 格形态变化语法词缀 ＋ 领属形态变化语法词缀。例如：

tatʃtʃil sʉni **təggəən-səl-wə-sʉŋ** ʤʉʉr inig bajtalaraŋ gʉnəŋ.
他们　 你们　 车　们把你们　两　　天　用　说
他们说把你们的那些车要借用两天。

bəjsəl **ahiŋ-sal-dihi-muŋ** mandi nəələrəŋ.
人们　 哥哥　们　从　我们　非常　害怕
人们都非常害怕我们的哥哥们。

abawi gəttisə dooni ɵmɵtʃtʃɵ-səl-ʥi-niŋ ʥʉʉ ʥawasa.
父亲我   冰   河的   冰块   们 用它们 房子   搭建
我父亲用冰河里的那些冰块搭建了房子。

以上三个句子里，名词 təggəəŋ "车"、ahiŋ "哥哥"、ɵmŋtʃtʃɵ "冰块" 后面，首先遵循元音和谐规律分别接缀了复数形态变化语法词缀 -səl、-sal、-səl；其次分别接缀了确定宾格、从格、工具格形态变化语法词缀 -wə "把"、-dihi "从"、-ʥi "用"；最后才接缀了单数第二人称领属形态变化语法词缀 -ʃi "你"、复数第一人称领属形态变化语法词缀 -muŋ "我们"、复数第三人称领属形态变化语法词缀 -niŋ "它们" 等。在此基础上，构成了 təggəəŋsəlwəsʉŋ(təggəəŋ 车 + -səl + -wə + -sʉŋ) "把你们的那些车"、ahiŋ saldihimuŋ (ahiŋ 哥 + -sal + -dihi + -muŋ) "从我们哥哥们那里"、ɵmɵtʃtʃɵsəlʥiniŋ(ɵmɵtʃtʃɵ 冰 + -səl + -ʥi + -niŋ) "用它们那些冰块的" 等具有数、格、领属形态变化语法现象及其概念的名词。除了名词之外的名词类词后面同样可以连缀数、格、领属形态变化语法词缀。比如，ərisəlnimuŋ(əri 这 + -səl + -ni + -muŋ) "我们这些们的"、digiŋsəlgiiʥsʉŋ(digiŋ 四 + -səl + -giiʥ + -sʉŋ) "你们许多（四个的）方面"、nonomsolteniŋ(nonom 长的 + -sol + -te + -niŋ) "同他们那些长的一起" 等。而且，像这种含有三层语法关系的名词类词在鄂温克语口语里经常会遇到。

2. 数、格形态变化语法词缀连缀式使用原理及其实例

如前分析，在他们的名词类词形态变化语法词缀的连缀式使用原理中，也有在名词类词词根或词干后面先接缀复数形态变化语法词缀，再接缀格形态变化语法词缀的现象。这种情况下，在接缀有复数和格形态变化语法词缀的名词后面，虽然不接缀领属形态变化语法词缀，但领属形态变化现象的语法概念要通过句子中的其他名词类词或形动词等后面使用的领属形态变化语法词缀来表现。例如：

ninihin-səl-dʉ ʥittər jəəmə bʉʉsɵ-sʉŋ gi ?
狗   们 与   食   物   给了你们   吗
你们给那些狗喂食了吗？

mʉni **adoŋdu-muŋ** əhiŋ-səl-ni **moriŋ-sol-wo** əsə iigʉrə.
我们的马群里 我们　姐姐们 的　马　　们 把　没　纳入
我们的马群里没有放入姐姐们的马。

上述两个句子里，出现的 ninihin-səl-dʉ(ninihin 狗 + -səl + -dʉ) "给那些狗"，以及 əhiŋsəlni(əhiŋ 姐 + -səl + -ni) "姐姐们的" 和 moriŋsolwo(moriŋ 马 + -sol + -wo) "把马们" 等是在名词 ninihin "狗"、əhiŋ "姐姐" 和 moriŋ "马" 的后面，根据元音和谐规律首先接缀了复数形态变化语法词缀 -səl 和 -sol，紧接着又分别接缀了与格领、领格、确定宾格形态变化语法词缀 -dʉ、-ni、-wo 等，进而构成连缀双重形态变化语法词缀的名词类词。与此同时，在第一句的过去时形动词 bʉʉsə "给了" 及第二句的接缀有与格形态变化语法词缀的名词 adoŋdu 后面的领属形态变化语法词缀 -sʉŋ、-muŋ 阐述了领属形态变化现象的语法概念。毫无疑问，在代词、数词、形容词等后面也能够连缀复数和格形态变化语法词缀。比如，tarisalthi(tari 他 + -sal + -thi) "比他们"、toŋsolwo(toŋ 五 + -sol + -wo) "把许多五"、bʉggʉsʉlthəhi (bʉggʉ 肥胖的 + -sʉl + -thəhi) "向许多肥胖的" 等。这种情况下，同样利用其他名词类词等后面的领属形态变化语法词缀表达其语法概念。

3. 数、领属形态变化语法词缀连缀式使用原理及其实例

在名词类词后面连缀相关形态变化语法词缀的实例里，也有不少将数与领属形态变化语法词缀先后连续接缀的情况。而且其接缀原理如同前面的阐述，遵循元音和谐规律，按照在名词类词词根或词干后面，先接缀数形态变化语法词缀，再接缀领属形态变化语法词缀的程序进行。例如：

mʉni **ahiŋ-sal-muŋ** əri iniŋ sʉt ʉrdʉ jʉʉsə.
我们的 哥　们 我们 这　天　都　山　上了
我们的哥哥们今天都上山了。

məəni **mori(ŋ)-sol-niwi** əməgəlwə ʤʉʉdʉ iigʉsʉ.
自己的 马　　们 自己　鞍子 把　屋里 拿进了

我把自己的马（们的）鞍子拿到屋里了。

不难看出，这两个句子里出现的 ahiŋsalmuŋ(ahiŋ 哥哥 + -sal + -muŋ) "我们的哥哥们"、mori(ŋ)solniwi(moriŋ 马 + -sol + -niwi) "自己马(们)的"，属于在名词 ahiŋ "哥哥" 与 moriŋ "马" 后面，按照元音和谐规律，先分别接缀复数形态变化语法词缀 -sal 与 -sol，然后再分别接缀复数第一人称领属形态变化语法词缀 -muŋ 及单数反身领属形态变化语法词缀 -niwi 的结构类型构成的实例。另外，同样可以在代词、数词、形容词等后面连缀复数和领属形态变化语法词缀。比如，ərisəlmʉŋ(əri 这 + -səl + -mʉŋ) "我们这些"、nadansalsuŋ (nadan 七 + -sal + -suŋ) "你们许多的七"、θlɵɵhɵsəlniŋ (θlɵɵhɵ 假的 + -səl + -niŋ) "他们许多假的" 等。总的说来，在鄂温克语口语里，名词类词后面同时接缀数和领属形态变化语法词缀的现象也有不少。

第五章
名词类词级形态变化语法现象

　　根据第一手调研资料，鄂温克语名词类词形态变化语法现象里，还有表示事物性质、功能、特征、形状等的不同等级关系的一整套形态变化语法词缀。学术界专家学者从名词形态论的角度，在充分考虑它们的语法功能和作用的前提下，将其称为级形态变化语法现象。我们完全可以说，级形态变化语法现象及其结构系统，在名词类词的语法体系中占有不可忽视的特殊地位，它使该语言名词类词的形态变化语法现象以及表现形式变得更加细腻、更加清晰、更加全面，同时，其等级变得更加分明、层级变得更加系统。不过，级形态变化语法现象也不是均用形态变化语法词缀来表现。其中，有的级形态变化语法现象用零词缀形式展现，有的以重叠使用名词类词词首音节形式出现，还有的以名词类词前使用程度副词的方式来表示。这一切充分说明了级形态变化语法现象的多变性、特殊性、复杂性。与此同时我们还发现，在绝大多数情况下，级形态变化语法词缀用于形容词的词根或词干后面，在其他名词类词里使用的概率不是太高。级形态变化语法词缀的数量十分庞大，是多变性结构类型的形态变化语法词缀系统。很有意思的是，这一数量可观而结构复杂的形态变化语法词缀，同说话者的心态、心理及表述内涵等均有不可忽略的内在联系。在具体分析中，如果弄不明白其中的寓意，就很难准确地理解和使用这一庞大的形态变化语法词缀。从客观上讲，这和鄂温克人特有的逻辑鲜明的思维规则，以及对于事物细致、认真、准确、全面、系统的把握等有必然内在联系。在这里，我们根据级形态变化语法现象表现出的不同层级的语义关系和语法概念，将该语言的名词类词的级形态变化语法词缀，划分为一般级、次低级、低级、最低级、次高级、高级、最高级七个层级的形态变化结构类型。

如上所述，鄂温克语名词类词数量庞大的级形态变化语法现象，以及所表现出的错综复杂而极其细腻的语法内涵，完美而系统地展现在名词类词的形态变化语法结构体系之中。特别是在形容词的形态变化语法现象里，被使用得最多、最频繁、最到位、最科学、最理想。正因如此，在下面的讨论中，主要以形容词为例，把该语言的级形态变化语法现象分成一般级、次低级、低级、最低级、次高级、高级、最高级七个层级进行分析研究。

第一节　一般级

我们的研究表明，形容词有一般级形态变化语法现象。而且，该语法现象要用形容词的原级，也就是人们常说的泛用级来表现。从名词形态论的角度来看，它属于零形态变化语法现象，没有约定俗成的形态变化表现形式，主要以形容词的词干形式出现，不需要接缀任何形态变化语法词缀以及其他形式的特定表现手段或方法。比如，əhʉddi"热的"、tʉggʉŋ"快的"、goro"远的"、aja"好的"等都属于一般级形态变化结构类型的形容词，也是形容词的所谓原级结构类型。一般级所表示的是事物最为常见的、最基础性的和最标志性的特征、功能、性质、形状等。所以，在语句中有相当广泛的使用面，以及相当高的使用率。例如：

aja　bəj　**ərʉ**　bəjdihi　nəələm　əʃiŋ　oodo.
好的　人　坏的　人　　　害怕　不　行
好人不能怕坏人。

irəettə　unta　tititʃtʃi　**ikkiŋ**　təggʉʉ　ʉlireŋ.
旧的　　　鞋　　穿　　　新的　　路　　走
穿旧鞋走新路。

əhʉddi　inig　**goro**　təggʉwə　ʉlim　əʃiŋ　ətərə.
热的　　　天　　远的　　路　　把　走　不　能
热天走不了远路。

可以看出，上述三个例句中出现的形容词 aja"好的"、ərʉ"坏的"、irəəttə"旧的"、ikkiŋ"新的"、əhʉddi"热的"、goro"远的"等均属于没有接缀任何级形态变化语法词缀，以及与其他级形态变化语法现象没有产生任何关系的一般级结构类型的产物。所以，它们在语句里表达的是人或事物最为常见的、最基础性的和最标志性的性质、状况、特征等。依据我们掌握的口语资料，该语言内作为零结构类型的一般级形态变化语法现象有很高的使用率。

不过，在一般级结构类型形容词后面，可以直接接缀复数形态变化语法词缀、格形态变化语法词缀、领属形态变化语法词缀等。请看下面的例句分析。

1. 一般级结构类型的形容词后面接缀复数形态变化语法词缀的实例

əŋŋə-səl　jəəmewə　sʉt　əri　təggəəŋdʉ　təwəhə.
宽的 们　东西　都　这　车　装
把那些宽的东西都装这辆车上面。

2. 一般级结构类型的形容词后面接缀格形态变化语法词缀的实例

nonom-wo　minidʉ　bʉʉhə,　ʉrʉŋkʉŋbə　tadu　bʉʉhə.
长的　把　我　给,　短的　他　给
把长的给我，短的给他。

3. 一般级结构类型的形容词后面接缀领属形态变化语法词缀的实例

sʉni　doolo　**aja-sʉŋ**　aja, **ərʉ-sʉŋ**　ərʉ ʃiɲɕə.
你们　中　好的 你们　好,　坏的 你们　坏　是
你们中好也是你们，坏也是你们。

在以上列举的三个句子中，一般级结构类型的形容词 əŋŋə"宽的"、nonom"长的"、aja"好的"、ərʉ"坏的"后面，分别接缀了复数形态变化语法词缀 -səl、确定宾格形态变化语法词缀 -wo、复数第二人称领属形态变化语法词

缀 -sʉŋ 与 -sɵŋ 等。在此基础上，构成 əŋŋəsəl(əŋŋə-səl)"许多宽的"、nonomwo(nonom-wo) "把宽的"、ajasuŋ(aja-suŋ) "你们的好"、ərʉsʉŋ(ərʉ-sʉŋ) "你们的坏" 等包含复数、格、领属等形态变化语法概念的一般级形容词。

第二节　次低级

　　该语言里，次低级形态变化语法现象，主要表示比一般级略低一级的人或事物的性质、功能、形状、特征等。因此，人们把次低级形态变化语法词缀表现出的语法概念，常常用汉语的"略"字取而代之。比如，"红"是一般级形态变化语法现象的颜色概念的话，"略红"就是属于"红"的次低级形态变化语法现象的表述形式。在鄂温克语里，次低级形态变化语法现象要用：（1）-sala、-sələ、-solo、-sɵlɵ；（2）-hala、-hələ、-holo、-hɵlɵ～-kala、-kələ、-kolo、-kɵlɵ；（3）-haja、-həjə、-hojo、-hɵjɵ～-kaja、-kəjə、-kojo、-kɵjɵ 这三组五套四元一体音变结构类型的元音和谐原理组合而成的形态变化语法词缀来表示。这些数量可观的形态变化语法词缀在构成原理上既有它们的共性，也有它们各自具有的特点与独到之处。比如，它们都有元音和谐现象，而且均属于四元一体音变结构类型的元音和谐原理组合而成的产物。而且，分别以阳性短元音 a 或 o 及阴性短元音 ə 或 ɵ 为核心构成。（2）和（3）中的次低级形态变化语法词缀，还有词缀首辅音 h 与 k 的交替规则。也就是说，在（1）、（2）、（3）的框架内出现的形态变化语法词缀的结构型区别特征，主要体现在短元音 a、ə、o、ɵ 及其词缀首辅音 h 与 k 的变换交替方面。正因如此，使用次低级形态变化语法词缀时要严格遵循元音和谐规律，以及词缀首辅音交替要求和条件。另外，这些形态变化语法词缀除了语音结构方面的区别性特点之外，在所表达的语义结构方面也存在不同程度的极其细腻的区别关系与规则。下面，根据次低级形态变化语法词缀在句子中表现出的细微差异，将它们分成三个部分进行分析和讨论。

1. -sala、-sələ、-solo、-sɵlɵ 的使用原理及其实例

　　很显然，这套次低级形态变化语法词缀是以短元音 a、ə、o、ɵ 为主构成。所以，在使用时一定要严格遵循四元一体音变结构类型的元音和谐原理，分别接缀于一般级形容词后面。接缀于一般级形容词后面的次低级形态变化语法词缀，主要阐述一般意义上的次低级形态变化现象的语法概念。例如：

mini əniŋbi **attaddi-sala** bɵɵs gasa.
我的 母亲我 黑的 略 布料 买了
我母亲买了略黑颜色的布料。

ahiŋbi əmʉŋ **irəəttə-sələ** ʥʉʉ ʉniim gasa.
哥哥 一 旧的 略 房子 买 要
我哥哥买一套略旧的房子。

bi əmʉŋ **boŋgoŋ-solo** honiŋbo ʥawasu.
我 一 大的 略 羊 抓了
我抓了一只略大的羊。

tarini addeniŋ **gɵlɵgɵr-sɵlɵ** bogdu naaŋ ʉlim əʃiŋ ətərə.
她的 奶奶她 光滑的 略 地上 也 走 不 能
她奶奶连略光滑的地上都不能走。

这四个例句中，一般级形态变化结构类型的形容词 attaddi "黑的"、irəəttə "旧的"、boŋgoŋ "大的"、gɵlɵgɵr "快的" 后面，按照四元一体音变结构类型的元音和谐原理分别接缀了次低级形态变化语法词缀 -sala、-sələ、-solo、-sɵlɵ，进而构成了 attaddisala (attaddi-sala) "略黑的"、irəəttəsələ (irəəttə-sələ) "略旧的"、boŋgoŋsolo (boŋgoŋ-solo) "略大的"、gɵlɵgɵrsɵlɵ (gɵlɵgɵr-sɵlɵ) "略光滑的" 等表示次低级形态变化语法概念的形容词。另外，次低级形态变化语法词缀，还可以接缀于以中性短元音 i 及长元音 ii、阳性短元音 u 与长元音 uu、阴性短元音 ʉ 和长元音 ʉʉ 等为主构成的一般级形态变化语法结构类型的形容词后面。例如：

əri inig **inigiddi-sələ** inig ooroŋ gʉnɵŋ.
这 天 冷的 略 天 成 说

据说今天天气会变得略冷。

nələki əriŋ mʉni ədʉ uluuŋgur-solo inig baraaŋ.
春天　季节　我们　这　暖和的　略　天　多
春季我们这里略暖的天数比较多。

bi tʉggʉŋ-sɵlɵ təggəəŋdʉ təgəm gʉnɵhəŋ ʥoonoʥime.
我　快的略　车　乘坐　是　想
我想乘坐略快的车。

根据我们的分析，由中性短元音 i 及长元音 ii 构成的一般级形态变化结构类型的形容词后面，基本上都是接缀次低级形态变化语法词缀 -sələ。而在以阳性短元音 u 与长元音 uu 为核心构成的一般级形态变化语法结构类型的形容词后面，主要接缀次低级形态变化语法词缀 -solo。另外，以阴性短元音 ʉ 和长元音 ʉʉ 等为主构的一般级形态变化语法结构类型的形容词后面，要接缀次低级形态变化语法词缀 -sɵlɵ。

2. -hala、-hələ、-holo、-hɵlɵ ～ -kala、-kələ、-kolo、-kɵlɵ 的使用原理及其实例

这是根据四元一体音变结构类型的元音和谐原理，以及词缀首辅音交替规则组合而成的两套次低级形态变化语法词缀。依据它们的结构特征和使用要求，将这些形态变化语法词缀分别接缀于由不同元音构成的，以及由不同音素结尾一般级结构类型的形容词后面，从而表示次低级形态变化现象的语法概念。不过，在这里涉及的次低级形态变化语法词缀，在元音和谐方面体现出的使用要求，与前面讨论的形态变化语法词缀的使用情况完全一致，没有什么区别或特殊之处。不过应该提到的是，由于词缀首辅音交替现象的出现，不仅增加了形态变化语法词缀的数量，同时也增加了新的使用条件和要求。也就是说，由四元一体音变结构类型的元音和谐原理组合而成的这两套次低级形态变化语法词缀，除了要遵循元音和谐规律之外，还要严格遵守词缀首的辅音交替规则。另外，在此还要郑重指出的是，次低级形态变化语法词缀 -hala、-hələ、-holo、-hɵlɵ 及 -kala、-kələ

-kolo、-kɵlɵ 除了表达次低级形态变化语法概念之外，还要表现出说话者谦虚、和气、亲切或尊敬、敬佩他人的深层次语义内涵和语气。

2.1 -hala、-hələ、-holo、-hɵlɵ 的使用原理及其实例

使用次低级形态变化语法词缀 -hala、-hələ、-holo、-hɵlɵ 时，一是要遵循四元一体音变结构类型的元音和谐原理，二是要严格遵守词缀首辅音交替规则接缀于除鼻辅音之外的辅音或由元音结尾的一般级结构类型的形容词后面，从而表示次低级形态变化现象的语法概念，以及说话者表现出的谦虚、和气、客气、亲切或尊敬、敬佩他人的语义内涵和语气。例如：

əhiŋbi   minidᵾ   **aja-hala**   təggətʃʃi   oom   bᵾᵾsɵ.
姐姐我   我与   好的   略   衣服   缝制   给了
我姐姐给我缝制了略好的衣服。

bi   əri   budʒir   jəəməwə   **goro-holo**   nuudakte.
我   这   脏的   东西 把   远的   略   扔我
请允许我把这脏东西扔得略远吧。

tarini   addeniŋ   dattaŋ   **irəəttə-hələ**   təggətʃʃi   tətirəŋ.
她   奶奶   经常   旧的   略   衣服   穿
他奶奶经常穿略旧的衣服。

dɵwɵgər-hɵlɵ   bogdu   dʒᵾᵾ   dʒawakkiwi   aja.
凸出的   略   地   房子   搭建   好
在略凸出的地方搭建房子比较好。

上述例句内，一般级结构类型的形容词 aja "好的"、goro "远的"、irəəttə "旧的"、dɵwɵgər "凸出的" 等后面，按照四元一体音变结构类型的元音和谐原理，接缀了次低级形态变化语法词缀 -hala、-holo、-hələ、-hɵlɵ，进而构成 ajahala(aja-hala) "略好的"、goroholo (goro-holo) "略远的"、irəəttəhələ (irəəttəhələ)"略旧的"、dɵwɵgerhɵlɵ(dɵwɵger-hɵlɵ)"略凸出的"等, 包含有谦虚、和气、客气、亲切或尊敬、敬佩语义内涵及其次低级形态变化语法概念的形容词。另外, 次低级形态变化语法词缀 -hələ、-holo、-hɵlɵ 等如同前面的分析, 可以分别接缀于以中性短元音 i 及长元音 ii、阳性短元音 u 与长元音 uu、阴性短元音 ʉ 和长元音 ʉʉ 等为主构成的一般级形态变化结构类型的形容词后面。例如:

bi məəni mʉguŋdʑiwi **ikkiŋ-hələ** dʑuu ʉniim gasu.
我 自己   钱   新的 略 房子 买 要了
我用自己的钱购买了一套略新的房子。

əri inig **uluuŋgur-holo** nandahaŋ inig ooso.
这 天   暖的 略   好   天   成
今天是一个略暖和的好天。

nerog bəj **bʉggu-sɵlɵ** gʉdʉgʃi bikkiwi nandahaŋ.
男   人 胖的 略   肚子   是   好
男人有略胖的肚子好看。

总之, 次低级形态变化语法词缀 -hala、-hələ、-holo、-hɵlɵ 中, -hala 用于以阳性短元音 a 与长元音 aa 为主构成的一般级形态变化语法结构类型的形容词后面; -hələ 用于以中性短元音 i 与长元音 ii, 以及阴性短元音 ə 与长元音 əə 为核心构成的一般级形态变化语法结构类型的形容词后面; -holo 要接缀于以阳性短元音 o、u 与长元音 oo、uu 为主构成的一般级形态变化语法结构类型的形容词后面; -hɵlɵ 用于以阴性短元音 ɵ、ʉ 和长元音 ɵɵ、ʉʉ 为核心构成的一般级形态变化语法结构类型的形容词后面。

2.2 -kala、-kələ、-kolo、-kɵlɵ 的使用原理及其实例

次低级形态变化语法词缀 -kala、-kələ、-kolo、-kɵlɵ, 首先是按照四元一体音变结构类型的元音和谐原理接缀于由不同元音构成的一般级结构类型的形

容词后面；其次是要遵循词缀首辅音交替规则接缀于以鼻辅音结尾的一般级结构类型的形容词后面。接缀次低级形态变化语法词缀的形容词，要表示包含谦虚、和气、客气、亲切或尊敬、敬佩的内涵和语气的次低级形态变化语法概念。例如：

əhiŋbi **jandaŋ-kala** ʉldʉ ʥittərwə ajawuraŋ.
姐姐我　瘦的　　略　　肉　　吃　　喜欢
我姐姐喜欢吃略瘦的肉。

nəhʉŋbi **boŋgoŋ-kolo** əriŋdihi əəkkətʃtʃi baraaŋ jəəmə saar bisə.
弟弟我　大的　　　略　　时候　　开始　　多　　东西　知道　是
我弟弟从略大的时候起就懂好多的事情。

tarini abaniŋ **səkkəŋ-kələ** əriŋdʉwi dattaŋ bitig iʃirəŋ.
他　　父亲　　空闲的　略　时候　　经常　书　看
他父亲略空闲时就看书。

həwøgøŋ-kølø bogdu tarigaŋ tarim oodoŋ gʉnøŋ.
松软的　　略　　土地上　田　　种　　行　　说
说是在略松软的土地上可以种田。

毋庸置疑，次低级形态变化语法词缀 -kala、-kələ、-kolo、-kølø 中的 -kələ、-kolo、-kølø 同样能够分别用于以中性短元音 i 及长元音 ii、阳性短元音 u 与长元音 uu、阴性短元音 ʉ 和长元音 ʉʉ 等为主构成的一般级形态变化结构类型的形容词后面。例如：

iʃihiŋ-kələ ʉldʉwʉ ʥikkiwi bəjdʉ aja gʉnøŋ.
生的　　略　　肉　　　吃　　身体　好　说
说是吃略生的肉对身体好。

mini unaadʑi nəhʉŋbi **tuugguŋ-kolo** hөөmө dʑittərwə ajawuraŋ.
我的　女的　弟弟　凉的　略　饭　吃　喜欢
我妹妹喜欢吃略凉的饭。

addewi tʉgni əriŋdʉ **tʉggʉŋ-kөlө** aggaʃikki bəjdʉ aja gʉnөŋ.
奶奶我　冬天的　时候　快的　略　步行的话　身体　好　说
我奶奶说冬季步行时走得略快对身体有好处。

其实，以上句子里使用的次低级形态变化构词词缀 -kala、-kələ、-kolo、-kөlө 在语义关系、语义结构、语义内涵等方面与 -hala、-hələ、-holo、-hөlө 完全一致。它们的不同点就在于使用关系、使用原理、使用特征方面。如前所述，以 k 开头的次高级形态变化语法词缀 -kala、-kələ、-kolo、-kөlө 要接缀于以鼻辅音结尾的一般级结构类型的形容词后面，其他情况下均使用以 h 开头的次高级形态变化语法词缀 -hala、-hələ、-holo、-hөlө 等。

3. -haja、-həjə、-hojo、-hөjө ～ -kaja、-kəjə、-kojo、-kөjө 的使用原理及其实例

作为次低级形态语法词缀的组成部分，也是作为该语法现象一种表现形式， -haja、-həjə、-hojo、-hөjө 及 -kaja、-kəjə、-kojo、-kөjө 同样有其特定的使用条件和要求，从而展示它们特定的存在价值和意义。它们的这些使用优势、使用特点、使用条件主要体现在能够表示说话者对于某人某事产生的遗憾、疏远、反感、不满，乃至嫌弃、蔑视、冷淡的心理动态及语气等方面。由于这套次低级形态变化语法词缀也是由四元一体音变结构类型的元音和谐原理及词缀首辅音交替规则构成，因此使用时要严格遵循其语句中的使用要求和条件。

3.1 -haja、-həjə、-hojo、-hөjө 的使用原理及其实例

次低级形态变化语法词缀 -haja、-həjə、-hojo、-hөjө 依据四元一体音变结构类型的元音和谐原理，接缀于由不同元音构成的一般级形态变化语法结构类型的形容词后面。另外，按照词缀首辅音交替规则的要求，它们基本上用于除鼻辅音之外的辅音或以元音结尾的一般级形态变化语法结构类型的形容词后面。在此基础上，表示包含遗憾、疏远、反感、不满，乃至嫌弃、蔑视、冷淡等内涵及语气的次低级形态变化现象的语法概念。例如：

inig **attaddi-haja** ookki tʉllə jʉɯm əʃiŋ oodo.
天　黑的　略　成的话　外　出　不　行
说是天略黑的时候不能出门。

tari ərʉ jəəməwʉ **goro-hojo** ʥoldokkiwi aja.
那　破　东西　远的　略　扔掉　好
把那破东西扔得略远才好。

məʥə-həjə bəjʥi baraaŋ ʥiŋʥildikkiwi məlʥə bəj oorŋ.
倔强的 略 人 与 多 说话 倔强的 人 成
跟略倔强的人经常说话自然自己也变成倔强的人。

ɵlɵɵhɵ-hɵjɵ jəəməwʉ naaŋ gam əʃiŋ oodo.
假的　略　东西　也　买　不　行
连略假的东西也不能卖。

以上四个例句中，由 h 开头的次低级形态变化语法词缀 -haja、-həjə、-hojo、-hɵjɵ 遵循四元一体音变结构类型的元音和谐原理，分别接缀于以短元音 a、ə、o、ɵ 及长元音 ɵɵ 为主构成的一般级形态变化语法结构类型的形容词 attaddi "黑的"、goro "远的"、məlʥə "倔强的"、ɵlɵɵhɵ "假的" 后面。由此构成 attaddihaja(attaddi-haja) "略黑的"、gorohojo(goro-hojo) "略远的"、məlʥəhəjə(məlʥə-həjə) "略倔强的"、ɵlɵɵhɵhɵjɵ(ɵlɵɵhɵ-hɵjɵ) "略假的" 等具有次低级形态变化语法现象的形容词。同时，它们也表现出了说话者的遗憾、疏远、反感、不满，乃至嫌弃、蔑视、冷淡等深层次的话语内涵及语气。另外，次低级形态变化语法词缀中的 -həjə、-hojo、-hɵjɵ 依据元音和谐相关原理，还可以分别接缀于以中性短元音 i 及长元音 ii、阳性短元音 u 与长元音 uu、阴性短元音 ʉ 和长元音 ʉʉ 等为主构成的一般级形态变化语法结构类型的形容词后面。例如：

tari bəj **inigiddi-həjə** inig ookki ʤʉʉdihi əʃiŋ jʉʉrɵ.
那 人 冷的 略 天 成 屋 不 出
那个人天气略冷就不出屋。

inigniŋʉ delawi tirim bitig iʃiger **muktur-hojo** bəj ooso.
整日 头 低 书 看 罗锅的 略 人 成
整日低头看书已成略罗锅的人了。

bʉtʉ-hɵjɵ ʤʉʉdʉ baraaŋ təgəm əʃiŋ oodo.
气闷的 略 屋子 多 待 不 行
略气闷的屋子里不能多待。

也就是说，次低级形态变化语法词缀 -haja、-həjə、-hojo、-hɵjɵ 里，-haja 用于由阳性元音 a 与 aa 构成的一般级语法结构类型形容词后面；-həjə 接缀于以中性元音 i、e 与 ii、ee 及阴性元音 ə 与 əə 为核心构成的一般级语法结构类型的形容词后面；-holo 用于以阳性元音 o、u 与 oo、uu 为主构成的一般级语法结构类型的形容词后面；-hɵlɵ 用于以阴性元音 ɵ、ʉ 和 ɵɵ、ʉʉ 为中心构成的一般级语法结构类型的形容词后面。

3.2 -kaja、-kəjə、-kojo、-kɵjɵ 的使用原理及其实例
由辅音 k 开头的次低级形态变化语法词缀 -kaja、-kəjə、-kojo、-kɵjɵ 除了按照四元一体音变结构类型的元音和谐原理，分别用于由不同元音构成的一般级形态变化语法结构类型的形容词后面之外，还要遵循词缀首辅音交替规则用于以鼻辅音结尾的一般级形态变化语法结构类型的形容词后面。毋庸置疑，它们在阐述次低级形态变化现象的语法概念的同时，也要表现出说话者的遗憾、疏远、反感、不满，乃至嫌弃、蔑视、冷淡的等深层次心理结构及语气概念。例如：

bi **dabbagaŋ-kaja** ammaʃi bəjwə əʃim ajawura.
我　敞开的　　　略　　嘴　　　人　　不　喜欢
我不喜欢嘴巴略敞开的人。

mənəŋ-kəjə bəjsəlni ʥinʥisawani əʥi jəəmə ooʃiro.
糊涂的　略　　人们　　说的　　　别　事　当
你不要把那些略糊涂的人们说的话当回事。

olokkoŋ-kojo bogdu ʥʉʉ ʥawam əʃiŋ oodo.
潮湿的　略　　地　　房子　搭建　步　行
在略潮湿的地方不能搭建房屋。

tөөgөŋ-kөjө təggʉli baraaŋ ʉlikkiwi bəj mənəŋ ooroŋ.
迷糊的　略　　路　多　　走的　人　糊涂　成
经常走略迷糊的路人就会变糊涂。

与此同时，次低级形态变化语法词缀中的 -kəjə、-kojo、-kөjө 等，同样也能够分别接缀于以中性元音以及阳性元音 u 与 uu、阴性元音 ʉ 与 ʉʉ 等为中心构成的一般级语法结构类型的形容词后面。例如：

əmməwi minidʉ **irihiŋ-kəjə** ʉlittəwə ʥikkiwi iittədʉ ərʉ gʉnөsө.
妈妈　我对　熟的　略　　酸丁子　吃　　牙　　不好　说
妈妈告诉我吃略熟的酸丁子对牙不好。

mini abawi **suluguŋ-kojo** bəj naaŋ ajaʥi əʃiŋ ajawura.
我的　父亲　嘟瑟的　略　　人　也　怎么　不　喜欢
我父亲不喜欢略嘟瑟的人。

ʉrʉŋkʉŋ-kөjө mooʥi ooso huggawa bajtalardu ərʉ.
短的　　略　　木头　做的　套马杆　　使用　　不好
用略短的木杆做的套马杆不好用。

毫无疑问，上述三个例句中接缀有 -kəjə、-kojo、-kɵjɵ 的 irihiŋkəjə(irihiŋ-kəjə)"略熟的"、suluguŋkojo(suluguŋ-kojo)"略嘚瑟的"、ʉrʉŋkʉŋkɵjɵ(ʉrʉŋkʉŋ-kɵjɵ)"略短的"等形容词，不仅包含次低级形态变化现象及其语法概念，同时表现出了说话者的遗憾、疏远、反感、不满，乃至嫌弃、蔑视、冷淡等深层次的话语内涵及语气。

总而言之，鄂温克语级形态变化现象中，次低级形态变化语法词缀不仅在数量上有一定优势，同时在构成原理和使用条件及表现出的语义关系等方面都显示出一定的复杂性。如同前面的分析，这些次低级形态变化语法词缀除了表示次低级形态变化现象的语法概念之外，还要阐述说话人的不同心理结构和语气。因此，我们必须认真对待这些深层次的细微语义差别，这样才能更加准确而得心应手地使用次低级形态变化现象的语法词缀。那么，依据上面的分析及列举说明，我们完全可以清除地认识到，按照四位一体音变结构类型的元音和谐原理：（1）将 -sala、-hala、-haja、-kala 用于以阳性元音 a 与 aa 为主构成的一般级形态变化语法结构类型的形容词后面；（2）把 -sələ、-hələ、-kələ、-kəjə 接缀于以阴性元音 ə 与 əə 及中性元音 i、e 和 ii、ee 为核心构成的一般级形态变化语法结构类型的形容词后面；（3）将 -solo、-holo、-kolo、-kojo 接缀于以阳性短元音 o、u 与长元音 oo、uu 为主构成的一般级形态变化语法结构类型的形容词后面；（4）把 -sɵlɵ、-hɵlɵ、-kɵlɵ、-kɵjɵ 接缀于以阴性短元音 ɵ、ʉ 和长元音 ɵɵ、ʉʉ 为主构成的一般级形态变化语法结构类型的形容词后面；（5）严格遵守词缀首辅音交替规则，将由辅音 h 开头的次低级形态变化语法词缀 -hala、-hələ、-holo、-hɵlɵ 及 -haja、-həjə、-hojo、-hɵjɵ 用于除鼻辅音之外的辅音或由元音结尾的一般级形态变化语法结构类型的形容词后面；（6）把 -kala、-kələ、-kolo、-kɵlɵ 及 -kaja、-kəjə、-kojo、-kɵjɵ 接缀于由鼻辅音结尾的一般级形态变化语法结构类型的形容词后面。再就是依据次低级形态变化语法词缀包含的不同语义内涵，将 -sala、-sələ、-solo、-sɵlɵ 用于一般句，-hala、-hələ、-holo、-hɵlɵ 及 -kala、-kələ、-kolo、-kɵlɵ 用于褒义句，-haja、-həjə、-hojo、-hɵjɵ 及 -kaja、-kəjə、-kojo、-kɵjɵ 用于贬义句。如上所述，鄂温克语次低级形态变化现象虽然有数量可观的语法词缀，但在构成原理、结构特征、使用关系、使用条件、使用意义等方面均有十分严格而明确要求，绝不能将它们相互混淆或混为一谈，要严格遵循各自的使用规律和规则。总之，接缀次低级形态变化语法词缀的形容词，要表示比一般级形态变化语法结构类型的形容词阐述的概念略低一级的性质、功能、形状、特征等。

第三节 低级

鄂温克语名词类词的级形态变化现象中，还有表示比次低级形态变化语法概念略低一级的人或事物性质、功能、形状、特征的手段和形式。我们称其为低级形态变化语法现象，可用汉语的"略微"来表示其语法含义。在我们看来，在汉语里"略微"表示的意思，要比"略"字略低一级。例如，uliriŋsala(uliriŋ-sala) "略红"是次低级形态变化语法现象的表现形式和内容的话，uliriŋsalahaŋ (uliriŋ-sala-haŋ) "略微红"就属于低级形态变化语法现象的标志性结构特征。鄂温克语名词类词的低级形态变化语法现象，不像前面刚刚讨论的次低级形态变化语法词缀那么多、那么复杂，它只有按照四元一体音变结构类型的元音和谐规律组成的 -haŋ、-həŋ、-hoŋ、-hɵŋ 及 -kaŋ、-kəŋ、-koŋ、-kɵŋ 两套形态变化语法词缀。而且，在使用原理、使用条件、使用要求等方面，与次低级形态变化语法词缀 -hala、-hələ、-holo、-hɵlɵ 及 -kala、-kələ、-kolo、-kɵlɵ 完全一致。也就是说，低级形态变化语法词缀 -haŋ、-həŋ、-hoŋ、-hɵŋ 与 -kaŋ、-kəŋ、-koŋ、-kɵŋ 除了有元音和谐式和词缀首辅音交替式音变现象之外，在语义结构方面没有任何区别性特征。

1. -haŋ、-həŋ、-hoŋ、-hɵŋ 的使用原理及其实例

低级形态变化语法词缀 -haŋ、-həŋ、-hoŋ、-hɵŋ 在使用关系和要求方面与次低级形态变化语法词缀 -hala、-hələ、-holo、-hɵlɵ 完全相同，不同点就在于 -haŋ、-həŋ、-hoŋ、-hɵŋ 表示的是比次低级略低一级的低级形态变化现象的语法概念。例如：

mini　unaadʒ　nəhunbi　muni　dʒuuthi　**daga-haŋ**　bogdu　dʒuu　dʒawasa.
我的　　女　　弟弟　　我们　家　　近的　　略微　地　房子　盖了
我妹妹在离我家略微近的地方盖了房子。

bi əŋŋə-həŋ ʥɯɯdɯ təgərwə ajawume.
我 宽的 略微 房子 住 喜欢
我喜欢住略微宽敞的房子。

hotgor-hoŋ bogdu orootto ajaʥi uggugaraŋ.
凹的 略微 地方 草 好 长
略微凹的地方牧草长得好。

gɵlɵgɵr-hɵŋ bog oroondu mandi tɯggɯŋ aggaʃim əʃiŋ oodo.
光滑的 略微 地 上 太 快 走 不 行
在略微光滑的地面上不能走得太快。

可以看出，按照四元一体音变结构类型的元音和谐原理，在 daga"近的"、əŋŋə"宽的"、hotgor"凹的"、gɵlɵgɵr"光滑的"等一般级语法结构类型的形容词后面，分别接缀低级形态变化语法词缀 -haŋ、-həŋ、-hoŋ、-hɵŋ，进而构成 dagahaŋ(daga-haŋ) "略微近的"、əŋŋəhəŋ(əŋŋə-həŋ) "略微宽的"、hotgorhoŋ(hotgor-hoŋ) "略微凹的"、gɵlɵgɵrhɵŋ(gɵlɵgɵr-hɵŋ) "略微光滑的"等具有低级形态变化语法现象的形容词，从而阐述了低级形态变化现象包含的语法概念。此外，-həŋ、-hoŋ、-hɵŋ 等低级形态变化语法词缀，还能够分别接缀于以中性元音 i 与 e 及 ii 和 ee、阳性元音 u 与 uu、阴性元音 ɯ 与 ɯɯ 为主构成的一般级语法结构类型的形容词后面。例如：

inigiddi-həŋ inig ookki mɯni ədɯ tatʃtʃig aaʃiŋ ooroŋ.
冷的 略微 天 成 我们 这里 蚊子 没 成
天略微冷时我们这里就没蚊子了。

luhu-hoŋ ʃige doolo baraaŋ gɵrɵsɵn biʃiŋ.
茂密的 略微 森林 里 多 野兽 有
略微茂密的森林里野兽多。

gʉdgʉr-heŋ   bogdu   ikkiŋ   ʥʉʉwi   ʥawakki   ʥohiroŋ.
凸显的   略微   地方   新   房子   搭建   合适
在略微凸显的地方搭建房子比较合适。

很显然，分别接缀于以中性元音 i、阳性元音 u、阴性元音 ʉ 为核心构成的一般级语法结构类型的形容词 inigiddi "冷的"、luhu "茂密的"、gʉdgʉr "凸显的" 后面，接缀低级形态变化语法词缀 -heŋ、-hoŋ、-heŋ，构成 inigiddiheŋ (inigiddi-heŋ)、luhuhoŋ (luhu-hoŋ)、gʉdgʉrheŋ (gʉdgʉr-heŋ) 等低级形态变化语法结构类型的形容词。在此基础上，表达了"略微冷的"、"略微茂密的"、"略微凸显的"等低级形态变化现象的语法概念。

2. -kaŋ、-kəŋ、-koŋ、-køŋ 的使用原理及其实例

毋庸置疑，低级形态变化语法词缀 -kaŋ、-kəŋ、-koŋ、-køŋ 与次低级形态变化语法词缀 -kala、-kələ、-kolo、-kølø 的使用关系和要求完全一致，它们之间的区别就在于 -kaŋ、-kəŋ、-koŋ、-køŋ 阐述的低级形态变化语法概念。例如：

mini   addewi   jandaŋ-kaŋ   ʉldʉ   ʥittər   doroʃe.
我的   祖母   瘦的   略微   肉   吃   喜欢
我祖母喜欢吃略微瘦的肉。

ʃi   səkkəŋ-kəŋ   əriŋdʉwi   mʉnidʉlø   əmədəwe.
你   空闲的   略微   时候   我们   来
请你略微空闲的时候来我们家串门吧。

bi   əmʉŋ   boŋgoŋ-koŋ   ʥʉʉ   gadam   gʉŋkən   ʥoonoʥime.
我   一   大的   略微   房子   买   是   想
我想买一套略微大的房子。

høwøgøŋ-køŋ   bogdu   ʥʉʉ   ʥawam   əʃie   oodo.
软和的   略微   地方   房子   搭建   不   行

不能在略微软和的地方搭建房屋。

以上四个例句里，以鼻辅音 ŋ 结尾的一般级语法结构类型的形容词 jandaŋ "瘦的"、səkkəŋ"空闲的"、boŋgoŋ"大的"、həwəgəŋ"软和的"后面，接缀低级形态变化语法词缀 -kaŋ、-kəŋ、-koŋ、-kəŋ，而构成jandaŋ-kaŋ (jandaŋ-kaŋ)"略微瘦的"、səkkəŋkəŋ(səkkəŋ-kəŋ)"略微空闲的"、boŋgoŋkoŋ(boŋgoŋ-koŋ)"略微大的"、həwəgəŋkəŋ(həwəgəŋ-kəŋ)"略微软和的"等具有低级形态变化语法概念的形容词。与此同时，-kəŋ、-koŋ、-kəŋ 三个低级形态变化语法词缀，还可以按照四元一体音变结构类型的元音和谐原理，分别接缀于以中性元音 i 与 ii 及 e 与 ee，阳性元音 u 与 uu、阴性元音 ʉ 与 ʉʉ 为核心构成的一般级语法结构类型的形容词后面。例如：

tari bəj əmʉŋ **ikkiŋ-kəŋ** ʥʉʉ ʉniim gasa.
那 人 一 新的 略微 房子 买 要了
那个人买了一套略微新的房子。

minidʉ əmʉŋ somo **tuugguŋ-koŋ** ʉjisə mʉʉ bʉʉhə.
我 一 杯子 凉的 略微 开 水 给
请你给我拿一杯略微凉的开水。

əriwə ʉjirdʉ **ʉruŋkuŋ-kəŋ** ʃirittə bikki ootʃtʃi nəərəŋ.
这把 拴住 短的 略微 细绳 有 行 成
要想拴住这个有略微短的细绳就可以。

综上所述，鄂温克语名词类词的级形态变化现象中，有以形态变化语法词缀 -haŋ、-həŋ、-hoŋ、-həŋ 与 -kaŋ、-kəŋ、-koŋ、-kəŋ 为代表或表现形式的低级形态变化语法现象。它们严格依据四元一体音变结构类型的元音和谐原理，分别接缀由阳性元音、阴性元音、中性元音构成或以此为主构成的一般级结构类型的形容词后面，进而表示比次低级形态变化语法词缀概念略低一级的人或事物的性质、功能、形状、特征等。而且，我们所掌握的调研资料表明，鄂温克语口语里低级形态变化语法现象有一定使用率。比较而言，形态变化语法词缀 -haŋ、-həŋ、-hoŋ、-hɵŋ 的使用率要高于 -kaŋ、-kəŋ、-koŋ、-kɵŋ 的使用率。

第四节　最低级

　　从名词类词级形态变化语法现象的结构类型及其表现形式来看，其中最为丰富、系统、全面的是最低级形态变化语法现象。而且，这一切完全体现在错综复杂的形态变化语法词缀系统中。比如，在最低级形态变化语法现象的表现形式或手段中，就有 -salahaŋ、-sələhəŋ、-solohoŋ、-sɵlɵhɵŋ，-haŋsala、-həŋsələ、-hoŋsolo、-hɵŋsɵlɵ～-kaŋsala、-kəŋsələ、-koŋsolo、-kɵŋsɵlɵ，-halahaŋ、-hələhəŋ、-holohoŋ、-hɵlɵhɵŋ～-kalahaŋ、-kələhəŋ、-kolohoŋ、-kɵlɵhɵŋ，-hajahaŋ、-həjəhəŋ、-hojohoŋ、-hɵjɵhɵŋ～-kajahaŋ、-kəjəhəŋ、-kojohoŋ、-kɵjɵhɵŋ，-haŋkaŋ、-həŋkəŋ、-hoŋkoŋ、-hɵŋkɵŋ～-kaŋkaŋ、-kəŋkəŋ、-koŋkoŋ、-kɵŋkɵŋ，-hahaŋ、-həhəŋ、-hohoŋ、-hɵhɵŋ～-kahaŋ、-kəhəŋ、-kohoŋ、-kɵhɵŋ 11组44套由四元一体音变结构类型的元音和谐原理组合而成的形态变化语法词缀。同时我们也看出，其中也有一些受词缀首辅音交替规则的制约和影响，以词缀首辅音 h 与 k 的交替形式为核心构成的最低级形态变化语法词缀。在这里还应该强调的是，最低级数量庞大的形态变化语法词缀的出现，无疑跟它们在级形态变化语法现象的最低级层级上阐述的人与事物的性质、功能、形状、特征的细腻程度，以及与此密切相关的心理变化、心理因素、心理结构及其表述语气等均有密不可分的内在联系。根据我们的调研及分析，最低级形态变化语法词缀接缀于一般级语法结构类型的形容词后面时，主要表示比次低级形态变化现象阐述的语法概念还要略低一级的事物性质、功能、形状、特征等，而且完全可以用汉语的"略微……一点……"来说明其语法意义。

　　最低级形态变化现象的数量庞大的语法词缀的构成形式，也和前面论述的四元一体音变结构类型的元音和谐原理组合而成的级形态变化语法词缀完全相同，均以短元音 a、ə、o、ɵ 为核心分四组构成。其中，以阳性短元音 a 为核心构成的最低级形态变化语法词缀，要接缀于由阳性元音 a 与 aa 构成或以此为中心的一般级语法结构类型的形容词后面；以阴元音 ə 为主构成的最低级形态变化语法词缀，用于由阴性元音 ə 与 əə，以及中性元音 i、e 与 ii、ee 构成的一般级语法结构类型的形容词后面；以阳性元音 o 为中心构成的最低级形态变化语法词缀，一般都接缀于由阳性短元音 o、u 和长元音 oo、uu 构成的一般级形容词后面；以阴性元音 ө 为主构成的最低级形态变化语法词缀，用于由阴性元音 ө、ʉ 与 өө、ʉʉ 构成的一般级语法结构类型的形容词后面。另外，由辅音 h 开头的最低级形态变化语法词缀，用于除鼻辅音之外的辅音或元音结尾的一般级语法结构类型的形容词后面；以辅音 k 开头的最低级形态变化语法词缀，则接缀于由鼻辅音结尾的一般级语法结构类型的形容词后面。

我们的分析研究还表明，最低级形态变化语法词缀，都是由低级形态变化语法词缀和次低级形态变化语法词缀相接的形式组合而成。比如，最低级形态变化语法词缀 -salahaŋ，就是以在次低级形态变化语法词缀 -sala 后面连接低级形态变化语法词缀 -haŋ 的形式构成。很有意思的是，最低级形态变化语法词缀 -haŋsala 的构成原理与 -salahaŋ 的构成情况恰恰相反，它是以在低级形态变化语法词缀 -haŋ 后面连缀次低级形态变化语法词缀 -sala 的形式构成。还比如，最低级形态变化语法词缀 -haŋkaŋ，显然是由低级形态变化语法词缀 -haŋ 和 -kaŋ 的连缀形式组合而成的实例。在我们看来，最低级形态变化语法词缀的这些构成原理，或者说这些奇妙的组合形式，从另一个角度也在提示人们深度思考其中存在内部规则、结合关系、意义内涵等。

以下我们根据最低级形态变化语法现象表现出的六个方面的细微差异，将它们分成六个部分，结合语句中使用的具体情况，进行全面系统而细致的分析讨论。但是，我们在前面论述次低级和低级形态变化现象的语法词缀时，由于对四元一体音变结构类型的元音和谐原理及词缀首辅音交替规则都作了十分详细而认真的举例说明，所以在下面对最低级形态变化语法词缀展开讨论时，尽量简略相关形态变化语法词缀的举例说明和具体分析。换言之，对于有关形态变化语法词缀的使用现象、使用原理、使用规则，不是用例句形式来说明，而是用例词形式进行简要阐述。比如说，对于那些例句里没有涉及的最低级形态变化语法词缀，在分析部分中要以例词形式进行展示和简要解说。还有，在下面的分析中，对于最低级形态变化语法词缀表示的"略微……一点……"的概念不再赘述，只是对于它们在语用关系方面出现的源于心理或语气的细微差异作深度探讨和全面阐述。

1. -salahaŋ、-sələhəŋ、-solohoŋ、-sələhəŋ 的使用原理及其实例

这套最低级形态变化语法词缀是在次低级形态变化语法词缀 -sala、-sələ、-solo、-sələ 后面，接缀低级形态变化语法词缀 -haŋ、-həŋ、-hoŋ、-həŋ 而构成。形态变化语法词缀 -salahaŋ、-sələhəŋ、-solohoŋ、-sələhəŋ，根据四元一体音变结构类型的元音和谐原理，分别接缀于一般级语法结构类型的形容词后面，主要表示一般意义上的最低级形态变化语法概念。由于它们没有词缀首辅音交替现象，所以不受其制约和影响，自由用于由不同辅音或元音结尾的一般级语法结构类型的形容词后面。例如：

ʃi minidʉ əmʉŋ **aja-salahaŋ**   aaŋar ʤʉʉ naŋim bʉʉhə.
你   我的   一   好的略微……一点   睡   房间   打开   给
请你给我开一间略微好一点的房子。

əbʉ irəəttə-sələhəŋ ʤʉʉ ʉniim baham ətərəŋ gi?
这里   旧的 略微……一点   房   买   得到   能   吗
在这里能买到略微旧一点的房子吗？

əri bajtawa tarini **boŋgoŋ-solohoŋ** oosolo ʃilbadawi.
此   事   把   他的   大的 略微……一点   成了   告诉吧你
把此事等略微大一点的时候再告诉他吧。

tadu **ələəhə-sələhəŋ**   ʉgwʉ naaŋ ʤinʤim əʃiŋ oodo.
他对   假的 略微……一点   话   也   说   不   行
对他连略微假一点的话都不能说。

上述四句里，接缀于一般级语法结构类型的形容词 aja"好的"、irəəttə"旧的"、boŋgoŋ"大的"、ələəhə"假的"等后面接缀了最低级形态变化语法词缀 -salahaŋ、-sələhəŋ、-solohoŋ、-sələhəŋ，从而构成 ajasalahaŋ(aja-salahaŋ)"略微好一点的"、irəəttəsələhəŋ (irəəttə-sələhəŋ)"略微旧一点的"、boŋgoŋsolohoŋ (boŋgoŋ-solohoŋ)"略微大一点的"、ələəhəsələhəŋ(ələəhə-sələhəŋ)"略微假一

点的"等表示最低级形态变化语法现象的实例。除此之外，最低级形态变化语法词缀 -sələhəŋ、-solohoŋ、-sɵlɵhɵŋ 等，还能够按照四元一体音变结构类型的元音和谐原理，分别接缀于以中性元音 i 与 ii 及 e 与 ee、阳性元音 u 与 uu、阴性元音 ʉ 与 ɯɯ 为主构成的一般级语法结构类型的形容词后面。比如，iinihiŋsələhəŋ(iinihiŋ 生的 -sələhəŋ) "略微生一点的"、husuŋsolohoŋ (husuŋ 紫的 -solohoŋ) "略微紫一点的"、tɯggɯŋsɵlɵhɵŋ(tɯggɯŋ 快的 -sɵlɵhɵŋ) "略微快的一点的"等。

2. -haŋsala、-həŋsələ、-hoŋsolo、-hɵŋsɵlɵ ～ kaŋsala、-kəŋsələ、-koŋsolo、-kɵŋsɵlɵ 的使用原理及其实例

研究资料充分说明，最低级形态变化语法词缀 -haŋsala、-həŋsələ、-hoŋsolo、-hɵŋsɵlɵ 及 -kaŋsala、-kəŋsələ、-koŋsolo、-kɵŋsɵlɵ 的构成原理，与我们在前面刚刚分析的最低级形态变化语法词缀的组合形式恰恰相反，它们是以在低级形态变化语法词缀 -haŋ、-həŋ、-hoŋ、-hɵŋ 及 -kaŋ、-kəŋ、-koŋ、-kɵŋ 后面，接缀次低级形态变化语法词缀 -sala、-sələ、-solo、-sɵlɵ 的结构类型组合而成。它们要根据四元一体音变结构类型的元音和谐原理，以及词缀首辅音交替规则，分别接缀于一般级语法结构类型的形容词后面，从而表示最低级形态变化现象的语法概念。与此同时，这两套形态变化语法词缀，在语言交流的深层次上还要表示说话者的某一要求、希望、祈求或祈望等。

2.1 -haŋsala、-həŋsələ、-hoŋsolo、-hɵŋsɵlɵ 的使用原理及其实例

按照四元一体音变结构类型的元音和谐原理构成的最低级形态变化语法词缀 -haŋsala、-həŋsələ、-hoŋsolo、-hɵŋsɵlɵ，要用于除鼻辅音之外的辅音或由元音结尾的一般级语法结构类型的形容词后面，表示比低级还要略低一级的级形态变化现象的语法概念。例如：

bi **aja-haŋsala** ʥɯɯ ɯniim gadam gɯŋkən ʥoonoʥime.
我 好的 略微……一点 房 买 要 是 希望
我希望买略微好一点的房子。

ɔhiŋbi əlhə-həŋsələ bogdu ʤɯɯ ɯniim gagte gɯnekeŋ ʤoonoʤime.
姐姐　安宁的 略微……一点 地　房子　买　　要 是　　　企盼
我姐姐企盼在略微安宁一点的地方买房子。

əri saŋaalwa **sonto-hoŋsolo** maltahaldone.
这　坑把　　深的 略微……一点　挖吧你们
请你们把这个坑挖得略微深一点吧。

tarigaʃeŋsal sʉt **hɵwɵr-hɵŋsɵlɵ** bogdu tarigaŋ tarir doroʃe.
农民们　　　都　松软的 略微……一点 地　田　　种　　喜欢
农民们都喜欢（希望）在略微松软一点的土地上种粮。

在上述四个例句中，由于在一般级结构类型的形容词 aja "好的"、əlhə "安宁的"、sonto "深的"、hɵwɵr "松软的" 后面，接缀最低级形态变化语法词缀 -haŋsala、-həŋsələ、-hoŋsolo、-hɵŋsɵlɵ 而构成 ajahaŋsala(aja-haŋsala) "略微好一点的"、əlhəhəŋsələ (əlhə-həŋsələ) "略微安宁一点的"、sontohoŋsolo(sonto-hoŋsolo) "略微深一点的"、hɵwɵrhɵŋsɵlɵ (hɵwɵr-hɵŋsɵlɵ) "略微松软一点的" 等包含最低级形态变化语法概念的形容词。同时，也阐述了说话者对于 "买略微好一点的房子"、"在略微安宁一点的地方买房子"、"坑略微挖深一点"、"在略微松软一点的土地种粮" 等表现出的美好心愿。另外，最低级形态变化语法词缀 -həŋsələ、-hoŋsolo、-hɵŋsɵlɵ 等，还可以分别接缀以中性元音 i 与 ii 及 e 与 ee、阳性元音 u 与 uu、阴性元音 ʉ 与 ʉʉ 为核心构成的一般级语法结构类型的形容词后面。比如，ihir(ihir 细小的 -həŋsələ) "略微细小一点的"、luhuhoŋsolo (luhu 浓密的 -hoŋsolo) "略微浓密一点的"、bʉggʉhɵŋsɵlɵ (bʉggʉ 肥胖的 -hɵŋsɵlɵ) "略微肥胖一点的" 等。

2.2 -kaŋsala、-kəŋsələ、-koŋsolo、-kɵŋsɵlɵ 的使用原理及其实例

由辅音 k 开头的这套最低级形态变化语法词缀 -kaŋsala、-kəŋsələ、-koŋsolo、-kɵŋsɵlɵ，同样遵循四元一体音变结构类型的元音和谐原理及词缀首辅音使用规则，分别接缀于由不同元音和谐构成的和由鼻辅音结尾的一般级语法结构类型的

形容词后面。在此基础上,表示比低级还要略低一级的级形态变化语法概念。例如:

əmmə bi əri inig **jaariŋ-kaŋsala** təggətʃtʃi titime.
妈妈   我   这   天   粉的 略微……一点   衣服   穿
妈妈,我今天想穿略微粉(颜色)一点的衣服。

adde sʉ **səkkəŋ-kəŋsələ** əriŋdʉwi mʉnidʉli əmədəwi.
奶奶   您   空闲的 略微……一点   时间   我家   来
奶奶,请您略微空闲一点的时候来我家串门。

bi **nonom-koŋsolo**   umul umulame.
我   长的 略微……一点   腰带   系
我想系略微长一点的腰带。

ahiŋbi **mөrөgөŋ-kөŋsөlө** jəəmə baham gʉnөhөŋ hʉsʉhilөrөŋ.
哥哥   精确的 略微……一点   结论   得到   是   努力
哥哥为得到略微精确一点的结论而努力。

这四句里,由鼻辅音 ŋ 结尾的一般级语法结构类型的形容词 jaariŋ"粉的"、səkkəŋ"空闲的"、nonom"长的"、mөrөgөŋ"精确的"后面,分别接缀了最低级形态变化语法词缀 -kaŋsala、-kəŋsələ、-koŋsolo、-kөŋsөlө,从而构成 jaariŋkaŋsala(jaariŋ-kaŋsala)"略微粉一点的"、səkkəŋkəŋsələn(səkkəŋ-kəŋsələ)"略微空闲一点的"、nonomkoŋsolo(nonom-koŋsolo)"略微长一点的"、mөrөgөŋkөŋsөlө(mөrөgөŋ-kөŋsөlө)"略微精确一点的"等表示最低级形态变化语法概念的形容词。当然,也表现出说话人对于"穿略微粉(颜色)一点的衣服"、"略微空闲一点的时候"、"略微长一点的腰带"、"略微精确一点的结论"等提出的美好要求、希望、愿望等。再说,最低级形态变化语法词缀 -kaŋsala、-kəŋsələ、-koŋsolo、-kөŋsөlө,还经常分别用于以中性元音 i 与 ii 及 e 与 ee、阳性元音 u 与 uu、阴性元音 ʉ 与 ʉʉ 为主构成,同时由鼻辅音结尾的一般级语法结构类型的形容词后面。比如，ikkiŋ(ikkiŋ 新的 -kəŋsələ)"略微新一点的"、husuŋkoŋsolo(husuŋ 紫的 -koŋsolo)"略微紫一点的"、tɯggɯŋkəŋsələ (tɯggɯŋ 快的 -kəŋsələ)"略微快一点的"等。

3. -halahaŋ、-hələhəŋ、-holohoŋ、-hөlөhөŋ ～ -kalahaŋ、-kələhəŋ、-kolohoŋ、-kөlөhөŋ 的使用原理及其实例

从构成原理上分析，作为最低级形态变化现象的语法词缀 -halahaŋ、-hələhəŋ、-holohoŋ、-hөlөhөŋ 及 -kalahaŋ、-kələhəŋ、-kolohoŋ、-kөlөhөŋ 是在次低级形态变化语法词缀 -hala、-hələ、-holo、-hөlө 与 -kala、-kələ、-kolo、-kөlө 后面，接缀低级形态变化语法词缀 -haŋ、-həŋ、-hoŋ、-hөŋ 的原理组合而成。很显然，它们在使用方面，受四元一体音变结构类型的元音和谐原理，以及词缀首辅音交替规则双重条件的直接影响。那么，这些形态变化语法词缀，接缀于一般级语法结构类型的形容词后面时，除了表示最低级形态变化现象的语法概念之外，还要表现出说话者的谦虚、和气、亲切、友好，以及重视、尊敬的心理及语气。下面讨论由辅音 h 开头的形态变化语法词缀 -halahaŋ、-hələhəŋ、-holohoŋ、-hөlөhөŋ 在一般级形容词后面使用情况。

3.1 -halahaŋ、-hələhəŋ、-holohoŋ、-hөlөhөŋ 的使用原理及其实例

毫无疑问，由辅音 h 开头的最低级形态变化语法词缀 -halahaŋ、-hələhəŋ、-holohoŋ、-hөlөhөŋ 依据四元一体音变结构类型的元音和谐原理，分别接缀于除鼻辅音之外的辅音或由元音结尾的一般级语法结构类型的形容词后面，进而阐述比低级还要略低一级的级形态变化现象的语法概念。例如：

əri bikkiwi **sadde-halahaŋ** bəjni təgər bog ooroŋ.
这 是 老的 略微…… 一点 人 坐的 地 成
这是略微老一点的人坐的位置。

bi addeduwi **dəjə-hələhəŋ** hөөmө oom bɯɯsө.
我 奶奶 软的 略微……一点 饭 做 给
我给奶奶做了略微软一点的饭。

bəj **goro-holohoŋ** təggɯwʉ ʉlikkiwi baraaŋ jəəmə saaraŋ.
人　高的 略微……一点 路　　走　　多　　东西　知道
人走略微远一点的路就会知道得多。

tadu **hɵhɵ-hɵlɵhɵŋ** bɵɵsɵʤi ooso saŋtʃi mandi ʤohiwuroŋ.
他　蓝的 略微……一点 布　　缝制 夏袍 非常　合适
给他用略微蓝一点的布料缝制夏天的长袍非常合适。

最低级形态变化语法词缀 -halahaŋ、-hələhəŋ、-holohoŋ、-hɵlɵhɵŋ 在上述四个例句里，接缀于一般级语法结构类型的形容词 sadde "老的"、dəjə "软的"、goro "远的"、hɵhɵ "蓝的" 后面，构成 saddehalahaŋ(sadde-halahaŋ) "略微老一点的"、dəjəhələhəŋ (dəjə-hələhəŋ) "略微软一点的"、goroholohoŋ (goro-holohoŋ) "略微远一点的"、hɵhɵhɵlɵhɵŋ(hɵhɵ-hɵlɵhɵŋ) "略微蓝一点的" 等表示最低级形态变化语法概念的实例。同时，阐述了说话人对于 "略微老一点的人"、"略微软一点的饭"、"人走略微远一点的路"、"略微蓝一点的布料" 表现出的谦虚、和气、亲切及尊敬的心理及语气。还应该提到的是，-hələhəŋ、-holohoŋ、-hɵlɵhɵŋ 三个最低级形态变化语法词缀，可以分别接缀于以中性元音 i 与 ii 及 e 与 ee、阳性元音 u 与 uu、阴性元音 ʉ 与 ʉʉ 为主构成，同时以除鼻辅音之外的辅音或由元音结尾的一般级语法结构类型的形容词后面。比如，inigiddihələhəŋ (inigiddi 冷的 -hələhəŋ) "略微冷一点的"、luhuholohoŋ (luhu 浓密的 -holohoŋ) "略微浓密一点的"、ʉggʉddihɵlɵhɵŋ(ʉggʉddi 重的 -hɵlɵhɵŋ) "略微重一点的" 等。

3.2 -kalahaŋ、-kələhəŋ、-kolohoŋ、-kɵlɵhɵŋ 的使用原理及其实例

由于最低级形态变化语法词缀 -kalahaŋ、-kələhəŋ、-kolohoŋ、-kɵlɵhɵŋ 是由辅音 k 开头，所以除了使用时要严格遵守四元一体音变结构类型的元音和谐原理之外，还必须按照词缀辅音交替规则接缀于由鼻辅音结尾的一般级语法结构类型的形容词后面。例如：

tari unaaʤ minithi **nandahaŋ-kalahaŋ** təggətʃtʃi titisə.
那　姑娘　我　比　漂亮的　略微……一些　衣服　穿了
那姑娘穿了比我略微漂亮一点的衣服。

əri bajtawa **səggələŋ-kələhəŋ** bəj təliŋ oom ətərən.
这　事　聪明的　略微……一点　人　才　做　会
这事儿只有略微聪明一点的人才会办成。

mʉni əleni ʤalu bəjsəl **boŋgoŋ-kolohoŋ** bəjwʉ sʉt hʉndʉthərən.
我们　这里的　年轻　人们　大的　略微……一点　人把　都　尊敬
我们这里的年轻人们都尊敬略微大一点的人。

hɵwɵgɵŋ-kɵlɵhɵŋ bogdu orootto aʤaʤi baldiraŋ.
松软的　略微……一点　地方　牧草　好　长
略微松软一点的土地上牧草长得好。

显而易见，例句中由鼻辅音 ŋ 结尾的一般级语法结构类型的形容词 nandahaŋ "漂亮的"、səggələŋ "聪明的"、boŋgoŋ "大的"、hɵwɵgɵŋ "松软的"后面，先后接缀最低级形态变化语法词缀 -kalahaŋ、-kələhəŋ、-kolohoŋ、-kɵlɵhɵŋ，构成 nandahaŋkalahaŋ(nandahaŋ-kalahaŋ) "略微漂亮一点的"、səggələŋkələhəŋ(səggələŋ-kələhəŋ) "略微聪明一点的"、boŋgoŋkolohoŋ(boŋgoŋ-kolohoŋ) "略微大一点的"、hɵwɵgɵŋkɵlɵhɵŋ (hɵwɵgɵŋ-kɵlɵhɵŋ) "略微松软一点的" 等具有最低级形态变化语法概念的形容词，同时表达了谦虚、和气、亲切与尊敬等深层次语义内涵。另外，最低级形态变化语法词缀 -kələhəŋ、-kolohoŋ、-kɵlɵhɵŋ，还能分别接缀于以中性元音 i 与 ii 及 e 与 ee、阳性元音 u 与 uu、阴性元音 ʉ 与 ʉʉ 为主构成，并由鼻辅音结尾的一般级语法结构类型的形容词后面。比如，irihiŋkələhəŋ (irihiŋ 熟的 -kələhəŋ) "略微熟一点的"、nonomkolohoŋ(nonom 长的 -kolohoŋ) "略微长一点的"、ʉrʉŋkʉŋkɵlɵhɵŋ (ʉrʉŋkʉŋ 短的 -kɵlɵhɵŋ) "略微短一点的"等。

4. -hajahaŋ、-həjəhəŋ、-hojohoŋ、-hejəhəŋ～-kajahaŋ、-kəjəhəŋ、-kojohoŋ、-kəjəhəŋ 的使用原理及其实例

最低级形态变化语法词缀 -hajahaŋ、-həjəhəŋ、-hojohoŋ、-hejəhəŋ 及 -kajahaŋ、-kəjəhəŋ、-kojohoŋ、-kəjəhəŋ 同样具有四元一体音变结构类型的元音和谐现象及词缀首辅音交替规则。而且,它们是在次低级形态变化语法词缀 -haja、-həjə、-hojo、-hejə 与 -kaja、-kəjə、-kojo、-kəjə 后面,接缀低级形态变化语法词缀 -haŋ、-həŋ、-hoŋ、-həŋ 而构成。这两套形态变化语法词缀严格遵循元音和谐规律以及词缀首辅音交替要求和条件,分别接缀于一般级形容词后面,从而表示最低级形态变化现象的语法概念。值得提出的是,它们还含有遗憾、疏远、反感、不满,乃至嫌弃、蔑视、冷淡等语义内涵。

4.1 -hajahaŋ、-həjəhəŋ、-hojohoŋ、-hejəhəŋ 的使用原理及其实例

这套由辅音 h 开头的最低级形态变化语法词缀 -hajahaŋ、-həjəhəŋ、-hojohoŋ、-hejəhəŋ,同样按照四元一体音变结构类型的元音和谐原理,分别接缀于除鼻辅音之外的辅音或由元音结尾的一般级语法结构类型的形容词后面,从而表示比低级还要略低一级的级形态变化现象的语法概念。例如:

unaadʒ nəhʉŋbi **attaddi-hajahaŋ** inig ookki dʒʉʉdihi əʃiŋ jʉʉrө.
女   弟弟   黑的 略微……一点 天   成   家   不 出
我妹妹略微黑一点的天就不出门了。

bəj **ərʉ-həjəhəŋ** bəjdʒi ʉlildim əʃiŋ oodo.
人 坏的 略微……一点 人   交往   不 行
人跟略微坏一点的人也不能交往。

tajja ərʉ mənəəŋ **goro-hojohoŋ** bogdu ʉligiŋ.
那   坏 家伙 远的 略微……一点 地方 走吧
让那个坏家伙去离这里略微远一点的地方吧。

ɵlɵɵhɵ-hɵjəhəŋ ᴜg ʥiɲʥir bəjʥi awuhat ᵾlildir doroŋ aaʃiŋ.
假的 略微……一点 话 说的 人 谁也 交往 不 愿意
谁也不愿意接触说略微假一点话的人。

不难看出，这四句中出现的一般级语法结构类型的形容词 attaddi"黑的"、əɾᴜ "坏的"、goro "远的"、ɵlɵɵhɵ "假的"等后面，按照元音和谐原理分别接缀了形态变化语法词缀 -hajahaŋ、-həjəhəŋ、-hojohoŋ、-hɵjəhəŋ，从而构成具有最低级形态变化语法概念的形容词 attaddihajahaŋ(attaddi-hajahaŋ) "略微黑一点的"、əɾᴜhəjəhəŋ(əɾᴜ-həjəhəŋ) "略微坏一点的"、gorohojohoŋ (goro-hojohoŋ) "略微远一点的"、ɵlɵɵhɵhɵjəhəŋ(ɵlɵɵhɵ-hɵjəhəŋ) "略微假一点的"等。同时，也阐述了说话者对于"略微黑一点的天"、"略微坏一点的人"、"略微远一点的地方"、"略微假一点的话"等表现出的疏远、反感、不满，乃至嫌弃、蔑视、冷淡等语义概念。最低级形态变化语法词缀中的 -həjəhəŋ、-holohoŋ、-hɵləhəŋ 也可以分别用于由中性元音 i 与 ii 及 e 与 ee、阳性元音 u 与 uu、阴性元音 ᴜ 与 ᴜᴜ 为主构成的，同时以非鼻辅音或元音结尾的一般级语法结构类型的形容词后面。比如，inigiddihəjəhəŋ (inigiddi 寒冷的 -həjəhəŋ) "略微寒冷一点的"、mukturhojohoŋ(muktur 罗锅的 -hojohoŋ)、"略微罗锅一点的"、bᴜhhᴜghəjəhəŋ(bᴜhhᴜg 阴森的 -hɵjəhəŋ) "略微阴森一点的"等。

4.2 -kajahaŋ、-kəjəhəŋ、-kojohoŋ、-kɵjəhəŋ 的使用原理及其实例

那么，包含说话者表现出的疏远、反感、不满，乃至嫌弃、蔑视、冷淡等语义内涵的最低级形态变化语法词缀 -kajahaŋ、-kəjəhəŋ、-kojohoŋ、-kɵjəhəŋ，同样严格遵循四元一体音变结构类型的元音和谐原理及其词缀首辅音 k 的使用条件，分别接缀于一般级形容词后面。例如：

jadaŋ-kajahaŋ   bogdu ohoŋ tarisa ʥaariŋ əʃiŋ bahara.
贫瘠的 略微……一点 地方 什么 种 也 不 得到
在略微贫瘠一点的土地上种什么也没有收成。

əri bajtawa **mənəŋ-kəjəhəŋ** bəjdʉ ədʑi ʥiŋʥira.
这　事　傻的　略微……一点　人　别　说
这件事不好和略微傻一点的人讲。

bi **honnoriŋ-kojohoŋ** təggətʃtʃiwə əʃim titirə.
我　黑的　略微……一点　　衣服　　不　穿
我不穿略微黑一点的衣服。

bi **tɵɵgɵŋ-kɵjɵhɵŋ** ʃige doolo əʃim iirə.
我　迷惑的　略微……一点　森林　里　不　进
我不进略微迷惑一点的森林里。

　　以上的四个例句中，由鼻辅音 ŋ 结尾的一般级结构类型的形容词 jadaŋ "贫瘠的"、mənəŋ "傻的"、honnoriŋ "黑的"、tɵɵgɵŋ "迷惑的" 后面，按照四元一体音变结构类型的元音和谐原理，分别接缀最低级形态变化语法词缀 -kajahaŋ、-kəjəhəŋ、-kojohoŋ、-kɵjɵhɵŋ，从而构成表示最低级形态变化语法概念的形容词 jadaŋkajahaŋ(jadaŋ-kajahaŋ) "略微贫瘠一点的"、mənəŋkəjəhəŋ (mənəŋ-kəjəhəŋ) "略微傻一点的"、honnoriŋkojohoŋ(honnoriŋ-kojohoŋ) "略微黑一点的"、tɵɵgɵŋkɵjɵhɵŋ(tɵɵgɵŋ-kɵjɵhɵŋ) "略微迷惑一点的" 等。同时，也表现出了说话人对于 "略微贫瘠一点的土地"、"略微傻一点的人"、"略微黑一点的衣服"、"略微迷惑一点的森林" 等产生的疏远、反感、不满，乃至嫌弃、蔑视、冷淡等心理感应及语气。此外，最低级形态变化语法词缀 -kəjəhəŋ、-kojohoŋ、-kɵjɵhɵŋ 还能分别接缀于由鼻辅音结尾的，以中性元音 i 和 e 以及 ii 与 ee、阳性元音 u 与 uu、阴性元音 ʉ 与 ʉʉ 为主构成一般级语法结构类型的形容词后面。比如，iʃihiŋkəjəhəŋ(iʃihiŋ 生的 -kəjəhəŋ) "略微生一点的"、suluguŋkojohoŋ(suluguŋ 嘚瑟的 -hojohoŋ) "略微嘚瑟一点的"、ʉgʉsʉŋkɵjɵhɵŋ(ʉgʉsʉŋ 臊的 -kɵjɵhɵŋ) "略微臊一点的" 等。显而易见，这几个具有最低级形态变化现象的例词，同样含有反感、不满、蔑视、冷淡等语义内涵。

5. -haŋkaŋ、-həŋkəŋ、-hoŋkoŋ、-həŋkəŋ ～ -kaŋkaŋ、-kəŋkəŋ、-koŋkoŋ、-kəŋkəŋ 的使用原理及其实例

根据形态变化语法词缀构成原理分析，我们发现这两套最低级形态变化语法词缀是在低级形态变化语法词缀 -haŋ、-həŋ、-hoŋ、-həŋ 及 -kaŋ、-kəŋ、-koŋ、-kəŋ 后面，再接缀低级形态变化语法词缀 -kaŋ、-kəŋ、-koŋ、-kəŋ 而构成。换言之，它们是低级形态变化语法词缀 -haŋ、-həŋ、-hoŋ、-həŋ 以重叠使用形式构成的产物。在前面的讨论中我们明确指出，以辅音 h 与 k 开头的两组形态变化语法词缀中，以辅音 k 开头的一组形态变化语法词缀的词缀首辅音是从原有的 h 演化而来。因为在该语言中，鼻辅音后面出现的辅音 h 基本上都要产生 k 音变。也就是说，以鼻辅音结尾的名词类词后面，接缀以辅音 h 开头的形态变化语法词缀时，词缀首辅音 h 要发生 k 音变。从这个原理上讲，低级形态变化语法词缀 -kaŋ、-kəŋ、-koŋ、-kəŋ 是 -haŋ、-həŋ、-hoŋ、-həŋ 的变体形式，而且它们的音变现象主要体现在词缀首辅音上。引起这种音变的主要因素或条件，就是名词类词词尾出现的鼻辅音。我们在这里再次阐述这个音变原理，是为了更科学地把握最低级形态变化语法词缀 -haŋkaŋ、-həŋkəŋ、-hoŋkoŋ、-həŋkəŋ 及 -kaŋkaŋ、-kəŋkəŋ、-koŋkoŋ、-kəŋkəŋ 的低级形态变化语法词缀重叠式使用的结构类型。在具体句子中，他们同样依据四元一体音变结构类型的元音和谐原理及词缀首辅音交替规则，分别接缀于一般级语法结构类型的形容词后面，从而表示最低级形态变化现象的语法概念。同时，很重要的是，它们还要表现出说话者的命令、指示、强调等语义内涵及语气。很显然，这也是这两套最低级形态变化语法词缀产生的前提条件和重要原因。

5.1 -haŋkaŋ、-həŋkəŋ、-hoŋkoŋ、-həŋkəŋ 的使用原理及其实例

遵循一般性使用原理，最低级形态变化语法词缀 -haŋkaŋ、-həŋkəŋ、-hoŋkoŋ、-həŋkəŋ 分别接缀于由不同元音和谐构成的，而且是以除鼻辅音之外的辅音或元音结尾的一般级语法结构类型的形容词后面，从而表示最低级形态变现象的语法概念。例如：

əri inig ʃi **aja-haŋkaŋ** təggətʃʃi titih.
这 天 你 好的 略微……一点 衣服 穿
今天你穿略微好一点的衣服。

ʃi minidʉ əmʉʉ **əŋŋə-həŋkəŋ** hattasuŋ bʉʉhə.
你 我与   一   宽的 略微……一点 木板   给
给我拿一个略微宽一点的木板。

əri ʉləttəŋbə **sonto-hoŋkoŋ** saŋaal doolo nuudahalduŋ
这   垃圾   深的 略微……一点   坑   里   扔
把这个垃圾扔进略微深一点的坑里。

sʉ ʉtdʉwəl **həhə-həŋkəŋ** bəəsʤi nanda sʉʉŋ oom bʉhʉldʉŋ.
你们 儿子   蓝的 略微……一点 布料   皮   袍   缝制   给
你们给儿子用略微蓝一点的布料缝制皮袍吧。

这四个句子中，最低级形态变化语法词缀 -haŋkaŋ、-həŋkəŋ、-hoŋkoŋ、-həŋkəŋ 分别用于 aja "好的"、əŋŋə "宽的"、sonto "深的"、həhə "蓝的" 等一般级结构类型的形容词后面，构成表示最低级形态变化语法概念的形容词 ajahaŋkaŋ(aja-haŋkaŋ) "略微好一点的"、əŋŋəhəŋkəŋ(əŋŋə-həŋkəŋ) "略微宽一点的"、sontohoŋkoŋ(sonto-hoŋkoŋ) "略微深一点的"、həhəhəŋkəŋ(həhə-həŋkəŋ) "略微蓝一点的" 等。同时，阐述了说话者对于 "穿略微好一点的衣服"、"拿略微宽一点的木板"、"扔进略微深一点的坑"、"用略微蓝一点的布料" 等话语中包含的命令、指示、强调等语义内涵。另外，最低级形态变化语法现象中的 -həŋkəŋ、-hoŋkoŋ、-həŋkəŋ 三个语法词缀，同样分别用于以中性元音 i 与 e 及 ii 和 ee、阳性元音 u 与 uu、阴性元音 ʉ 与 ʉʉ 为主构成的一般级语法结构类型的形容词后面。比如，inigiddihəŋkəŋ(inigiddi 冷的 -həŋkəŋ) "略微冷一点的"、luhuhoŋkoŋ(luhu 浓密的 -hoŋkoŋ) "略微浓密一点的" 以及 yʉdgʉrhəŋkəŋ(yʉdgʉr 凸的 -həŋkəŋ) "略微凸一点的" 等。

5.2 -kaŋkaŋ、-kəŋkəŋ、-koŋkoŋ、-kəŋkəŋ 的使用原理及其实例

以辅音 k 开头的最低级形态变化语法词缀 -kaŋkaŋ、-kəŋkəŋ、-koŋkoŋ、-kəŋkəŋ 要用于以鼻辅音结尾的一般级语法结构类型的形容词后面，进而表示最

低级形态变化现象的语法概念。例如：

əri ʤɯɯwə **giltariŋ-kaŋkaŋ** ʃoheʤi ʃohedah.
这　房子　白的　略微……一点　白灰　粉刷
这房子要用略微白一点的白灰粉刷。

tari bajtawa **səggələŋ-kəŋkəŋ** bəjʤi oohoŋko.
那　事　明白的　略微……一点　人　办理
那件事要让略微明白一点的人去办。

mini bajtalar hugguwo **nonom-koŋkoŋ** mooʤi ooh.
我的　使用的　套马杆　长的　略微……一点　木料　做
我用的套马杆必须用略微长一点的木料做。

həwəgəŋ-kəŋkəŋ bogdu ʤɯɯ əʤi ʤawar.
松软的　略微……一点　地方　房屋　不要　搭建
不要在略微松软一点的地上搭建房屋。

毫无疑问，上面的例句内，接缀于由鼻辅音结尾的一般级语法结构类型的形容词 giltariŋ "白的"、səggələŋ "明白的"、nonom "长的"、həwəgəŋ "松软的" 后面，按照四元一体音变结构类型的元音和谐原理，分别接缀形态变化语法词缀 -kaŋkaŋ、-kəŋkəŋ、-koŋkoŋ、-kəŋkəŋ，构成表示最低形态变化语法概念的形容词 giltariŋkaŋkaŋ(giltariŋ-kaŋkaŋ) "略微白一点的"、səggələŋkəŋkəŋ(səggələŋ-kəŋkəŋ) "略微明白一点的"、nonomkoŋkoŋ(nonom-koŋkoŋ) "略微长一点的"、həwəgəŋkəŋkəŋ(həwəgəŋ-kəŋkəŋ) "略微松软一点的" 等。再说，像 -kəŋkəŋ、-koŋkoŋ、-kəŋkəŋ 等，还依据使用原理，用于在上述例句里没有涉及的中性元音 i 与 e 及 ii 与 ee，以及由阳性元音 u 与 uu 或阴性元音 ɯ 与 ɯɯ 为主构成的一般级语法结构类型的形容词后面。比如，iʃihiŋkəŋkəŋ(iʃihiŋ 生的 -kəŋkəŋ) "略微生一点的"、tuugguŋkoŋkoŋ(tuugguŋ 凉的 -koŋəŋkoŋ) "略微凉一点的"、tʉggʉŋkɵŋkɵŋ(tʉggʉŋ 快的-kɵŋkɵŋ) "略微快一点的"等。在这里还应指出，接缀有最低级形态变化语法词缀的形容词，也都包含说话者的命令、指示、强调等语义内涵。

6. -hahaŋ、-həhəŋ、-hohoŋ、-hɵhɵŋ ～ -kahaŋ、-kəhəŋ、-kohoŋ、-kɵhɵŋ 的使用原理及其实例

我们掌握的调研资料充分表明，最低级形态变化现象的这两套语法词缀的结构原理，与上文刚刚讨论的形态变化语法词缀 -haŋkaŋ、-həŋkəŋ、-hoŋkoŋ、-hɵŋkɵŋ 及 -kaŋkaŋ、-kəŋkəŋ、-koŋkoŋ、-kɵŋkɵŋ 的构成因素和条件完全一致，都属于低级形态变化语法词缀的重叠式结构类型。它们之间的区别性特征，就在于前置低级形态变化语法词缀 -haŋ、-həŋ、-hoŋ、-hɵŋ 的词缀末尾鼻辅音 ŋ 被省略而成为 -ha、-hə、-ho、-hɵ 的发音形式。与此同时，由于前置低级形态变化语法词缀 -haŋ、-həŋ、-hoŋ、-hɵŋ 演化为 -ha、-hə、-ho、-hɵ 的缘故，后置低级形态变化语法词缀的词缀首辅音也失去了 k 音变的前提条件，结果以原有的 -haŋ、-həŋ、-hoŋ、-hɵŋ 语音结构形式出现。简言之，形态变化语法词缀 -haŋkaŋ、-həŋkəŋ、-hoŋkoŋ、-hɵŋkɵŋ～-kaŋkaŋ、-kəŋkəŋ、-koŋkoŋ、-kɵŋkɵŋ 演化为 -hahaŋ、-həhəŋ、-hohoŋ、-hɵhɵŋ～-kahaŋ、-kəhəŋ、-kohoŋ、-kɵhɵŋ，主要与前置低级形态变化语法词缀的鼻辅音 ŋ 的省略有关。那么，前置形态变化语法词缀末的鼻辅音 ŋ 为什么要被省略呢？这就跟说话者要表达的语义内容有关。对此，我们的研究显示，级形态变化语法词缀 -hahaŋ、-həhəŋ、-hohoŋ、-hɵhɵŋ～-kahaŋ、-kəhəŋ、-kohoŋ、-kɵhɵŋ，同样根据四元一体音变结构类型的元音和谐原理及词缀首辅音交替规则，分别接缀于由不同元音构成和不同辅音结尾的一般级语法结构类型的形容词后面，在表示最低级形态变化现象的语法概念的同时，更为重要的是明确阐述说话者表达的嘱咐、嘱托、教诲及索求等语义概念。

6.1 -hahaŋ、-həhəŋ、-hohoŋ、-hɵhɵŋ 的使用原理及其实例

如前所述，形态变化语法词缀 -hahaŋ、-həhəŋ、-hohoŋ、-hɵhɵŋ，按照四元一体音变结构类型的元音和谐原理，接缀于由非鼻辅音及元音结尾的一般级语法结构类型的形容词后面，从而阐述最低级形态变化现象的语法概念。例如：

第五章　名词类词级形态变化语法现象　　183

aja　　bəj　oom　gʉnɵkki　**aja-hahaŋ**　bitigwə　iʃihə.
好　　人　做　　想　　　好的 略微……一点　书　　　看
要想做好人就应该看略微好一点的书。

bəjʥi　hɵɵrəldirdʉwi　**dəjə-həhəŋ**　ʉgʥi　hɵɵrəldihɵ.
人　　聊天　　　　温柔的 略微……一点　语　　说话
跟人聊天要说略微温柔一点的语言。

dolobdʉwi　**hondo-hohoŋ**　hɵɵmə　ʥikkiwi　bəjdʉʃi　aja.
晚上　　　少的 略微……一点　饭　　吃　　　身体你　好
晚上吃略微少一点的饭对你身体有好处。

əri　moowo　**hɵwər-hɵhəŋ**　bogdu　tariha.
这　树　　松软的 略微……一点　土地　　种
这种树要种在略微松软一点的土地上。

上述四个例句中，接缀有级形态变化语法词缀 -hahaŋ、-həhəŋ、-hohoŋ、-hɵhəŋ 的形容词 ajahahaŋ(aja-hahaŋ) "略微好一点的"、dəjəhəhəŋ(dəjə-həhəŋ) "略微温柔一点的"、hondohohoŋ (hondo-hohoŋ) "略微少一点的"、hɵwərhɵhəŋ (hɵwər-hɵhəŋ) "略微松软一点的" 等，均无疑地表现出了最低级形态变化现象的语法概念，同时表示了说话者的话语中包含的嘱咐、嘱托、教诲、请求及要求等语义内涵。还有，像 -həhəŋ、-hohoŋ、-hɵhəŋ 等最低级形态变化语法词缀，同样可以分别接缀于以中性元音 i 与 ii 及 e 与 ee、阳性元音 u 与 uu、阴性元音 ʉ 与 ʉʉ 为主构成且以除鼻辅音之外的辅音或由元音结尾的一般级语法结构类型的形容词后面。比如，inigiddihəhəŋ(inigiddi 冷的 -həhəŋ) "略微冷一点的"、luhuhohoŋ (luhu 浓密的 -hohoŋ) "略微浓密一点的"、ʉggʉddihɵhəŋ(ʉggʉddi 重的 -hɵhəŋ) "略微重一点的" 等。

6.2 -kahaŋ、-kəhəŋ、-kohoŋ、-kɵhɵŋ 的使用原理及其实例

以辅音 k 为首的最低级形态变化语法词缀 -kahaŋ、-kəhəŋ、-kohoŋ、-kɵhɵŋ，在句中同样依据四元一体音变结构类型的元音和谐原理，接缀于以鼻辅音结尾的一般级语法结构类型的形容词后面，进而阐述最低级形态变化现象的语法概念。例如：

ʃi nandahaŋ tatitʃtʃi **nandahaŋ-kahaŋ** sujtaŋdu iidəwe.
你 好好 学习 好的 略微……一点 学校 进
你要好好学习进略微好一点的学校。

sʉ iniŋ **nəəriŋ-kəhəŋ** oosoloniŋ ʉkkəldəne.
你们 天 明亮的 略微……一点 成了后 走你们
你们在天略微亮一点的时候出发吧！

ʃini mʉgʉŋʃi eʃekki əmʉŋ **boŋgoŋ-kohoŋ** ʤʉʉ gahaldune.
你的 钱 够的话 一 大的 略微……一点 房子 购买
如果你们的经济条件允许的话，可以购买一套略微大一点的房子。

dɵbbɵlʤiŋ-kɵhɵŋ mooʤi moo ʤʉʉ ʤawahaldune.
方的 略微……一点 木料用 木 房 搭建吧
要用略微方一点的木料搭建木房。

可以看出，这四个句子中，最低级形态变化语法词缀 -kahaŋ、-kəhəŋ、-kohoŋ、-kɵhɵŋ，分别接缀于以鼻辅音结尾的一般级语法结构类型的形容词 nandahaŋ "好的"、nəəriŋ "明亮的"、boŋgoŋ "大的"、dɵbbɵlʤiŋ "方的" 的后面，进而构成表示最低级形态变化语法概念的形容词 nandahaŋkahaŋ(nandahaŋ-kahaŋ) "略微好一点的"、nəəriŋkəhəŋ (nəəriŋ-kəhəŋ) "略微明亮一点的"、boŋgoŋkohoŋ (boŋgoŋ-kohoŋ) "略微大一点的"、dɵbbɵlʤiŋkɵhɵŋ(dɵbbɵlʤiŋ -kɵhɵŋ) "略微方一点的" 等。与此同时，说话者还通过这些形态变化语法词缀，阐明了在 "争取进略微好一点的学校"、"天略微亮一点的时候出发"、"购买略微大一点的房子"、

"用略微方一点的木料"等中涵括的嘱咐、嘱托、教诲及索求等语义概念。还有，最低级形态变化语法词缀 -kəhəŋ、-kohoŋ、-kəhəŋ 等还依据元音和谐原理，分别接缀于以中性元音 i 与 e 及 ii 与 ee、阳性元音 u 与 uu、阴性元音 ʉ 与 ʉʉ 为主构成的一般级语法结构类型的形容词后面。比如，iʃihiŋkəhəŋ（iʃihiŋ-kəhəŋ）"略微生一点的"、gulguŋkohoŋ(gulguŋ-kohoŋ) "略微竖一点的"、ʉrʉŋkʉŋkəhəŋ (ʉrʉŋkʉŋ-kəhəŋ) "略微短一点的"等。

　　综上所述，鄂温克语名词类词的级形态变化体系中，最低级形态变化语法现象最为复杂，语法词缀也最为丰富。这一数量庞大的形态变化语法词缀，接缀于一般级语法结构类型的形容词后面，主要表示最低级形态变化现象的语法概念。与此同时，它们还根据说话人的不同话语目的、不同语言环境、不同心理反应和语气所含的区别性语义内涵，其内部分为：(1) 常用型结构类型的形态变化语法词缀 -salahaŋ、-sələhəŋ、-solohoŋ、-sələhəŋ；(2) 用于表达某一要求或祈求及祈望的形态变化语法词缀 -haŋsala、-həŋsələ、-hoŋsolo、-həŋsələ～-kaŋsala、-kəŋsələ、-koŋsolo、-kəŋsələ；(3) 有谦虚、和气、亲切、友好含义，以及重视、尊敬内涵的语句里使用的形态变化语法词缀 -halahaŋ、-hələhəŋ、-holohoŋ、-hələhəŋ～-kalahaŋ、-kələhəŋ、-kolohoŋ、-kələhəŋ；(4) 包含说话者的遗憾、疏远、反感、不满，乃至嫌弃、蔑视、冷淡等语义概念的形态变化语法词缀 -hajahaŋ、-həjəhəŋ、-hojohoŋ、-həjəhəŋ～-kajahaŋ、-kəjəhəŋ、-kojohoŋ、-kəjəhəŋ；(5)表现说话者的命令、指示、强调等意义及语气的形态变化语法词缀 -haŋkaŋ、-həŋkəŋ、-hoŋkoŋ、-həŋkəŋ～-kaŋkaŋ、-kəŋkəŋ、-koŋkoŋ、-kəŋkəŋ；(6) 包含说话者的嘱咐、教诲、请求、要求等内涵的语句里使用的形态变化语法词缀 -hahaŋ、-həhəŋ、-hohoŋ、-həhəŋ～-kahaŋ、-kəhəŋ、-kohoŋ、-kəhəŋ 等。而且，鄂温克语最高级形态变化语法现象，均由四元一体音变结构类型的元音和谐原理构成，除了（1）之外的其他五种形态变化语法词缀还有词缀首辅音交替规则。所以，使用时必须严格遵循这些原理和规则，分别接缀于由不同元音构成、不同辅音和元音结尾的一般级语法结构类型的形容词后面。另外，以短元音 ə、o、ə 为核心构成的最低级形态变化语法词缀，还可以分别用于以中性元音 i 与 ii 及 e 与 ee、阳性元音 u 与 uu、阴性元音 ʉ 与 ʉʉ 为主构成的一般级语法结构类型的形容词后面，从而表示最低级形态变化现象的语法概念。

第五节 次高级

　　鄂温克语名词类词级形态变化现象中，还有与低级相对应的表示高级语法概念的形态变化现象。它们主要表示比一般级高的人或事物的性质、功能、形状、状态、特征等，其中分有次高级、高级、最高级三个层级。我们将在这里讨论的次高级就是隶属于高级形态变化语法现象，并用约定俗成的形态变化语法词缀 -ggaŋ、-ggəŋ、-ggoŋ、-ggɵŋ 及 -kkaŋ、-kkəŋ、-kkoŋ、-kkɵŋ 来表示。毋庸置疑，它们依然是由四元一体音变结构类型的元音和谐原理，以及词缀首辅音交替规则构成的产物。不过，词缀首辅音交替中出现的辅音音素是 k 与 g，而且是以重复形式被使用。我们的分析表明，一般级语法结构类型的形容词后面接缀的次高级形态变化语法词缀，主要阐述比一般级略高一级的事物性质、功能、形状、特征等。它们在语句中，具体表现出的语法概念，完全可以用一般级语法结构类型的形容词的重复使用形式来表示，比如"好好的"、"快快的"、"宽宽的"等等。

1. -ggaŋ、-ggəŋ、-ggoŋ、-ggɵŋ 的使用原理及其实例

　　作为次高级形态变化语法现象的表现形式，由辅音 g 开头的形态变化语法词缀 -ggaŋ、-ggəŋ、-ggoŋ、-ggɵŋ 遵循四元一体音变结构类型的元音和谐原理，分别接缀于以不同元音为核心构成的名词类词后面，进而表示次高级形态变化现象的语法概念。而且，不受任何限定地接缀于由不同元音或辅音结尾的名词类词后面。不过，在以辅音结尾的名词类词后面接缀这套次高级形态变化语法词缀时，词尾辅音要出现脱落现象。值得一提的是，由这套语法词缀构成的次高级形态变化现象表现出的语法概念中包含说话者的强调意义和语气。例如：

tari **jadda(ŋ)-ggaŋ** bəj mandi təŋkəʃi.
那　　瘦　　　瘦的　人　非常　力气
那个瘦瘦的人非常有力气。

əŋuə-ggɵŋ təggʉli ʃiiggəŋ ʉlikkiwi sujtaŋdu eʃeraŋ.
宽　宽的　　路　　　直　　　走　　　　学校　到达

沿着这条宽宽的路直走就到学校了。

ənnəgəŋ molgo(r)-ggoŋ ʉshəŋbə awuhat bajtalam əʃje ətərə.
这样   钝钝的   刀   谁也   用   不   会
谁也不会使用这样钝钝的刀。

hөhө-ggөŋ boga ondi nandahaŋ iʃiwʉrən.
蓝 蓝的   天   多么 美丽   看
蓝蓝的天看起来多美丽呀。

除了上述例句之外，次高级形态变化语法词缀 -ggəŋ、-ggoŋ、-ggөŋ 等还可以按照元音和谐原理，分别用于由中性元音 i 与 e 及 ii 与 ee 或以阳性元音 u 与 uu、阴性元音 ʉ 与 ʉʉ 为主构成的一般级语法结构类型的形容词后面。比如，ikki(ŋ)ggəŋ(ikkiŋ 新的 -ggəŋ)"新新的"、tuuggu(ŋ)ggoŋ(tuugguŋ 凉的 -ggoŋ) "凉凉的"、bʉggʉggөŋ(bʉggʉ 胖的 -ggөŋ)"胖胖的"等。毫无疑问，在这些一般级语法结构类型的形容词 jaddaŋ "瘦的"、əŋŋə "宽的"、molgor "钝的"、hөhө "蓝的" 及 ikkiŋ "新的"、tuugguŋ "凉的"、bʉggʉ "胖的" 等后面，接缀次高级形态变化语法词缀而构成 jaddaŋgaŋ、əŋŋəggəŋ、molgoggoŋ、hөhөggəŋ、ikkiggəŋ、tuugguggoŋ、bʉggʉggөŋ 等表示"瘦瘦的"、"宽宽的"、"钝钝的"、"蓝蓝的"、"新新的"、"凉凉的"、"胖胖的"之意的次高级形态变化现象的形容词。然而，其中像 jaddaŋ、molgor、ikkiŋ、tuugguŋ 等的词尾辅音 r 与 ŋ 均被省略。但是，我们在实地调研时，也有人的发音中出现保留词尾辅音的现象。另外，它们也都表达了说话者强调指出的语义概念和语气。

2. -kkaŋ、-kkəŋ、-kkoŋ、-kkөŋ 的使用原理及其实例

我们的调研资料显示，由辅音 k 开头的形态变化语法词缀 -kkaŋ、-kkəŋ、-kkoŋ、-kkөŋ 同样按照四元一体音变结构类型的元音和谐原理，分别用于由不同元音和谐构成的一般级语法结构类型的形容词后面，进而阐述次高级形态变化现象的语法概念。而且，对于名词类词词尾元音或辅音没有特定条件和要求。不过，接缀于由鼻辅音结尾的名词类词时，鼻辅音被保留，不出现脱落或省略现象。

与此相反，其他词尾出现的辅音几乎均被省略掉。还应该提到的是，接缀 -kkaŋ、-kkəŋ、-kkoŋ、-kkɵŋ 的次高级结构类型的形容词，只是从一般意义的角度被使用，不含有强调概念或语气。例如：

mʉni ʤʉʉthi **daga-kkaŋ** bogdu ʉr biʃiŋ.
我们　家　比　近　近的　　地方　山　有
离我家近近的地方就有山。

tajja **mənəəŋ-kkəŋ** bəj tadu **mənəəŋ-kkəŋ** əməhəjə lirəŋ.
那　傻　　傻的　　人　那里　傻　　傻地　　独自　站
那位傻傻的人傻傻地独自站在那里。

mini ahiŋduwi **nonom-kkoŋ** hugga biʃiŋ.
我的　哥哥　　长　长的　　套马杆　有
我哥哥有长长的套马杆。

gɵlɵgɵ(r)-kkɵŋ bogdu awuhat ʉlim əʃjə ətərə.
光滑　　滑的　　地上　谁也　　走　　不　能
光滑滑的地上谁也走不了。

从以上例句可以看出，在一般级语法结构类型的形容词 daga "近的"、mənəəŋ "傻的"、nonom "长的"、gɵlɵgɵr "光滑的" 后面，依据四元一体音变结构类型的元音和谐原理，分别接缀形态变化语法词缀 -kkaŋ、-kkəŋ、-kkoŋ、-kkɵŋ 而构成 dagakkaŋ(daga-kkaŋ)、mənəəŋkkəŋ(mənəəŋ-kkəŋ)、nonomkkoŋ(nonom-kkoŋ)、gɵlɵgɵkkɵŋ(gɵlɵgɵr-kkɵŋ) 等具有次高级形态变化现象的形容词，进而阐述了"近近的地方"、"傻傻的人"、"傻傻地独自站着"、"长长的套马杆"、"光滑滑的地"等次高级形态变化语法概念。另外，其中的形态变化语法词缀 -kkəŋ、-kkoŋ、-kkɵŋ 也可用于以中性元音 i 与 ii 及 e 与 ee、阳性元音 u 与 uu、阴性元音 ʉ 与 ʉʉ 为主构成的一般级语法结构类型的形容词后面。比如，iinihiŋkkiŋ(iinihiŋ 生的 -kkiŋ) "生生的（血淋淋的）"、tuuggukkoŋ(tuuggu

凉的 -kkoŋ) "凉凉的"、bʉtʉkkəŋ(bʉtʉ 闷的 -kkəŋ) "闷闷的"等。在这些实例中，（1）以元音结尾的 daga "近的"、bʉtʉ "闷的"后面，直接接缀了次高级形态变化语法词缀；（2）以除鼻辅音之外的辅音 r 结尾的 gələgər "光滑的"、tuuggur "凉的"后面，使用这套形态变化语法词缀时，词尾辅音 r 产生脱落现象；（3）以鼻辅音结尾的 mənəəŋ "傻的"、nonom "长的"、iinihiŋ "生的"后面，接缀次高级形态变化语法词缀时，词尾鼻辅音 m、ŋ 等均被保留了下来。然而，也有人认为，在鼻辅音后面使用 -kkaŋ、-kkəŋ、-kkoŋ、-kkəŋ 等时，词尾鼻辅音被保留的同时，形态变化语法词缀中的 kk 式语音结构形式演化为 k 音。也就是，从重叠式结构类型，演化为单一结构类型。比如，ikkiŋkkəŋ(ikkiŋ-kkəŋ) > ikkiŋkəŋ(ikkiŋ-kəŋ) 等。但是，我们的调研资料充分说明，在鼻辅音后面还是保存重叠形式的占绝对优势。接缀这套形态变化语法词缀的形容词，基本上都表示一般意义上的次高级语法意义。

　　鄂温克语口语里，有人还将次高级形态变化语法词缀 -kkaŋ、-kkəŋ、-kkoŋ、-kkəŋ 发音成 -hhaŋ、-hhəŋ、-hhoŋ、-hhəŋ 的现象。比如，abga(r)kkaŋ "健健康康的"、əddʉ(g)kkəŋ "大大的"、əŋŋəkkəŋ "宽宽的"、tondokkoŋ "直直的"、həhəkkəŋ "蓝蓝的"等发音作 abgahhaŋ、əddʉhhəŋ、əŋŋəhhəŋ、tondohhoŋ、həhəhhəŋ 等。不过，相比之下，还是说 -kkaŋ、-kkəŋ、-kkoŋ、-kkəŋ 的人多。这主要是 -hhaŋ、-hhəŋ、-hhoŋ、-hhəŋ 等形态变化语法词缀，似乎还不能够十分清楚地表现出次高级形态变化现象的语法概念和语气有关。我们认为，次高级形态变化现象的语法词缀 -ggaŋ、-ggəŋ、-ggoŋ、-ggəŋ 或 -kkaŋ、-kkəŋ、-kkoŋ、-kkəŋ 十分显著的特点，主要表现在重叠式结构类型使用的舌面后不送气清塞音 g 及舌面后送气清塞音 k 铿锵有力的发音上。如果失去了这一独到的发音特点，或者说淡化了这一表现形式或手段，那么次高级形态变化现象的语法概念也就很难表示得清楚。

　　总之，次高级形态变化现象用形态变化语法词缀 -ggaŋ、-ggəŋ、-ggoŋ、-ggəŋ 与 -kkaŋ、-kkəŋ、-kkoŋ、-kkəŋ 来表现。它们虽然也有四元一体音变结构类型的元音和谐原理，但没有词缀首辅音交替规则。所以，使用时，不受一般级语法结构类型的形容词词尾音素的影响和制约，均可自由用于由不同元音或辅音结尾的形容词后面。不过，使用 -ggaŋ、-ggəŋ、-ggoŋ、-ggəŋ 时，词尾辅音基本上要出现脱落现象；使用 -kkaŋ、-kkəŋ、-kkoŋ、-kkəŋ 时，除了鼻辅音被保留之外，其他辅音也出现脱落现象。从它们的构成原理来看，就如前面的分析中论述的那样，这两套形态变化语法词缀的词缀首辅音 g 与 k 的异同点，同一般级语法结构类型的形容词词尾音没有必然联系，而是和说话者要阐述的语义概念有关。也就是说，由辅音 g 开头的次高级形态变化语法词缀 -ggaŋ、-ggəŋ、-ggoŋ、-ggɵŋ 用于强调句，-kkaŋ、-kkəŋ、-kkoŋ、-kkɵŋ 则用于一般句。另外，次高级形态变化语法词缀表现出的语法概念，也可以用汉语的"很"来取代。比如，将 tuugguggoŋ "凉凉的"、bʉggʉggəŋ "胖胖的"、dagakkaŋ "近近的"、mənəəŋkkəŋ "傻傻的"、nonomkkoŋ "长长的"、gɵlɵgɵkkɵŋ "光滑滑的"等，表现出的语法概念均可以写成"很凉的"、"很胖的"、"很近的"、"很傻的"、"很长的"、"很光滑的"等。

第六节　高级

鄂温克语名词类词的级形态变化语法现象中，高级形态变化现象的语法表现形式与前面分析和讨论的级形态变化语法现象的结构类型完全不同。它不是用约定俗成的形态变化语法词缀来表示，而是要用重复使用一般级语法结构类型的形容词词首音节之形态变化语法现象来表现。而且，被重复的词首音节要出现在原有词的前面，进而阐述相当于汉语"非常"的语法概念。比如，obdoŋ "轻薄的"的高级形态变化语法现象的表现形式应该是 ob obdoŋ "非常轻薄的"。不过，在词首音节的重复使用上有两条规则。第一，重复使用的一般级语法结构类型的形容词词首音节是以元音结尾的话，重复使用的词首音节末要增加双唇音 b；第二，重复使用的词首音节是以双唇音之外的辅音结尾的话，重复使用的词首音节末辅音均替换成双唇音 b。那么，重复使用的词首音节是以双唇音 b 结尾的话，重复使用的词首音节末保留原有辅音 b。这就是说，高级形态变化语法现象的形成，有它自成体系的使用原理和特定规则，而且这一切完全体现在重复使用词首音节末的语音变化方面。

按照上面的分析和阐述，一般级结构类型的形容词表示高级形态变化现象的语法概念时，要用词首音节的重叠式结构类型出现。而且，词首音节的重叠中，双唇音 b 发挥着极其重要的作用。也就是说，由双唇音 b 构成的高级形态变化语法现象的表现形式，要出现在以元音或 b 之外辅音结尾的所有词首音节后面。下面，我们将双唇音 b 的使用分成用于由元音结尾的词首音节末的情况、用于以 b 结尾的词首音节末的情况、用于以 b 之外的辅音结尾的词首音节末的情况三个部分，对于高级形态变化语法现象的结构特征、使用关系、语法内涵等进行具体讨论和分析。

1. 双唇音 b 用于由元音结尾的词首音节末的情况

由元音结尾的一般级语法结构类型的形容词词首音节，以重叠式结构类型表示高级形态变化现象的语法概念时，在其重复使用的词首音节末要增加双唇音 b。例如：

mini　unaadʒ　nəhʉnbi **ab** aja　baniɲʃe.
我的　女的　妹妹　好　好　性格
我妹妹有非常好的性格。

talar **mob** moholiŋ өggө ʤʉʉ ʤawasa.
他们　圆　圆的　游牧　房子　搭建了
他们搭建了非常圆的游牧包。

əri inig ittʉ **nəəb** nəəriŋ inig ooso jəmə.
这　天　怎么　明　明朗的　天　成　呀
今天怎么变成非常明朗的天呀。

上述三个句子中，出现的一般级结构类型的形容词 aja"好的"、moholiŋ"圆的"、nəəriŋ"明朗的"等，为表示高级形态变化现象的语法概念，重复使用了词首音节 a-、mo-、nəə- 等。而且，在具体使用时，分别在 a-、mo-、nəə- 后面增加了双唇音 b，进而构成高级形态变化语法现象的语音形式 ab、mob、nəəb 等。在此基础上，才明确表示了 ab aja"非常好的"、mob moholiŋ"非常圆的"、nəəb nəəriŋ"非常明朗的"等高级形态变化现象的语法概念。

2. 双唇音 b 用于以 b 结尾的词首音节末的情况

鄂温克语的名词类词中，也有一些以双唇音 b 结尾词首音节。这种情况下，表示高级形态变化现象的语法概念时，词首音节末双唇音 b 不产生任何变化，也不会出现脱落和被省略现象，而是按照原样用于重叠式结构类型的词缀首音节。例如：

əri addar bikki **dəb dəbbəldʑiŋ** addar ooroŋ.
这   箱子   是   方   方的   箱子   是
这是非常方的箱子。

tajja bəj **dab dabbaldʑiŋ** ammaʃi.
那   人   扁   扁的   嘴
那个人有非常扁的嘴。

一般级结构类型的形容词 dəbbəldʑiŋ"四方的"与 dabbaldʑiŋ"扁的"的词首音节末均出现了双唇音 b，所以它们在上两句里表示高级形态变化现象的语法概念时，词首音节的重叠中保留了原来的双唇音 b。在此基础上，构成 dəb dəbbəldʑiŋ"非常方的"及 dab dabbaldʑiŋ"非常扁的"等包含有高级形态变化语法含义的形容词形式。

3. 双唇音 b 用于以 b 之外的辅音结尾的词首音节末的情况

我们的研究资料表明，一般级语法结构类型的形容词词首音节如果是以双唇音 b 之外的辅音结尾的话，音节末辅音均被双唇音 b 取而代之。例如：

tari bikki əmʉŋ **jab jandaŋ** moriŋ ooroŋ.
那   是   一   瘦   瘦的   马   成
那是一匹非常瘦的马。

əri ʉr bikkiwi **gob goddo** ʉr ʃiŋdʑə.
这 山 是   高   高的   山 成

这是一座非常高的山。

mini ahiŋni təggəəŋ **tʉb tʉggʉŋ** mʉnithəhi əməʥirəŋ.
我的 哥哥的 车 快 快的 我们 走来
我哥哥的车非常快地向我们飞驰而来。

很显然，这三个句子内出现的 jandaŋ "瘦的"、goddo "高的"、tʉggʉŋ "快的"等，都属于以辅音 n、d、g 结束词首音节的一般级语法结构类型的形容词。所以，它们的词首音节以重叠式结构类型表示高级形态变化语法概念时，词首音节末辅音 n、d、g 被双唇音 b 取而代之，从而构成了 jab jandaŋ "非常瘦的"、gob goddo "非常高的"、tʉb tʉggʉŋ "非常快的"等具有高级形态变化现象的形容词。

4. 高级形态变化语法现象的双唇音 b 产生 w 音变的情况

我们在实地调研中还发现，作为高级形态变化语法现象的表现形式双唇音 b 出现双唇音 w 音变的情况。特别是一般级语法形态变化结构类型形容词的第一音节末是元音，而第二音节首的辅音是鼻辅音 n 或 ŋ 的时候，以重叠式结构类型使用的词首音节末双唇音 b 会常常被发作 w 音。例如：

tari bəj əmʉŋ **now nonom** moo ʥawataŋ ʉʉʃigi əməʥirəŋ.
那 人 一 长 长的 棍子 拿着 这边 来
那个人手里拿着一根非常长的棍子向我们这边走来。

addewi baldirim tihirtihi nəələʧʃi **naw naŋa** imandi oroondu ʉlirəŋ.
奶奶 滑 到 怕 慢 慢地 雪 上面 走
我奶奶怕滑倒非常慢地在雪地上走。

可以看出，这两个句子中，一般级语法结构类型的形容词 nonom "长的"和 naŋa "慢的"的第一音节末的元音是 o 与 a，而第二音节首的又是鼻辅音 n 及 ŋ，因此以重叠式结构类型使用词首音节时，把双唇音 b 发成 w 音。另外，词首音节末是鼻辅音，同时后续音节又以其他辅音开头的情况下，也有将双唇音 b 发作 w 音的现象。比如，有人就会在前面的例句里出现的 jab jandaŋ "非常瘦的" 发音成 jaw jandaŋ。还比如，əb əŋŋə > əw əŋŋə "非常宽的"、sob sonto > sow sonto "非常深的" 等。

5. 高级形态变化语法现象的双唇音 b 产生 m 音变的情况

我们的资料还显示，一般级语法结构类型的形容词在第一音节末是元音，而第二音节首是双唇音 m 的前提下，重叠式结构类型中重复使用的词首音节末双唇音 b 出现被发成 m 音的情况。例如：

əri ʤʉʉ bikki əmʉŋ **nam namaddi** ʤʉʉ ooroŋ.
这 屋子 是 一 暖 暖的 屋子 成
这是一间非常暖和的屋子。

tari bitigwə **nəm nəmi** saasuŋʤi ooso gʉnəŋ
那 书 薄 薄的 纸张 印制 说
据说那本书是用非常薄的纸印制的。

上述两个句子里出现了第一音节末的元音是 a 与 ə，第二音节首的辅音是双唇音 m 的一般级语法结构类型的形容词。而且，在重叠式结构类型中，双唇音 b 被 m 音所取代。再说，如果一般级结构类型的形容词的第一音节末辅音是 m 的条件下，重复使用该词首音节时也会出现保留其原来辅音 m 的实例。比如，ʃom ʃompol (ʃompol 椭圆的) "非常椭圆的"、hom homha(homha 贪婪的) "非常贪婪的" 等。

综上所述，高级形态变化现象虽然没有特定语法词缀，但它的形态变化表现形式也是一个比较复杂的系统。而且，能否精确无误地掌握这一语法手段，主要在于全面系统地认识和了解重复式使用的一般级语法结构类型的形容词词首音节末的音变条件和规律。否则，我们很难弄清高级形态变化语法现象的语音表现形式及结构特征。

鄂温克语里，除了上面谈到的语法现象之外，还可以在一般级语法结构类型的形容词前使用 daŋtʃi "特别" 或 mandi "很"、"非常" 等程度副词的手法，表示高级形态变化语法概念的实例。比如，一般级语法结构类型的形容词 aja"好的"高级形态变化语法现象，就可以用 daŋʧi aja"特别好的"或 mandi aja"很好的"、"非常好的"等结构形式表现出来。而且，现在的鄂温克语口语里，用程度副词表示高级形态变化语法现象的实例有所增多。

第七节 最高级

鄂温克语名词类词有最高级形态变化语法现象。而且，它是在一般级语法结构类型形容词前使用程度副词 miiŋ"最"或 miiŋti"最"等的结构形式来表现。换言之，它是靠程度副词 miiŋ"最"或 miiŋti"最"来表达最高级形态变化现象的语法概念，而不是靠形容词本身的形态变化语法现象，或者是依靠前后接缀的某一形态变化语法词缀来表现。可以说，它所表达的是人或事物最高层级的性质、特征、状态、性能等。例如：

mini uggawi **miiŋ** **nonom** ugga ooroŋ.
我的 套马杆 最 长的 套马杆 成
我的套马杆是最长的套马杆。

tari bikkiwi **miiŋ** **aja** bəj ooroŋ.
他 是 最 好的 人 成
他是最好的人。

əri inig **miiŋti** **goro** təggɯwə ɯlisəniŋ bi ʃinʤə.
这 天 最 远的 路 走 我 是
今天走最远路的人是我。

ʤɯligɯ ɯr bikkiwi **miiŋti** **goddo** ɯr ooroŋ.
南 山 是 最 高的 山 成
南山是最高的山。

显而易见，在上面的四个例句内出现的一般级语法结构类型的形容词 nonom
"长的"、aja "好的"、goro "远的"、goddo "高的"前面，分别使用了程度
副词 miiŋ 与 miiŋti，进而构成 miiŋ nonom、miiŋ aja、miiŋti goro、miiŋti goddo
等具有最高级形态变化语法结构类型的形容词。毫无疑问，它们阐述的是"最长
的"、"最好的"、"最远的"、"最高的"等最高级形态变化现象的语法概念。
不过，程度副词中的 miiŋ 基本上用于常用句或一般句，miiŋti 几乎都用于强调
句。

　　综上所述，根据鄂温克语级形态变化语法结构型特征，以及在语句中陈述的
人或事物间产生的不同性质、功能、特征、形状等具体情况，分类出以上讨论的
七种结构类型的级形态变化语法现象。其中，一般级形态变化语法现象由形容词
的基本结构形式来表现；次低级、低级、最低级和次高级形态变化语法现象，
均用约定俗成的形态变化语法词缀来表示；高级形态变化语法现象用重复式使
用一般级语法结构类型的形容词词首音节形式来构成，或用一般级形容词前使用
有关程度副词的手段来表现；最高级形态变化语法现象则以一般语法结构类型的
形容词前用程度副词的形式构成。而且，在它们之中，形态变化语法现象最为复
杂的是最低级形态变化语法词缀系统；第二是次低级形态变化语法词缀系统；
第三是高级形态变化现象中出现的重复式使用词首音节的形式；第四是低级和
次高级形态变化语法词缀；第五是最高级形态变化语法现象的表现形式；第六是
形态变化结构特征最为简单的一般级形态变化语法现象，它由形容词的原形来充
当，不加减任何语音成分。

　　另外，就像在上面的讨论中所涉及的那样，鄂温克语里无论表示高级形态变
化现象的语法概念，还是表示低级形态变化现象的语法意义，都要以一般级结构
类型形容词表示的语法意义为准绳，出现上下不同层级、不同含义、不同表现形
式的变化。也就是说，从次高级到最高级的三个不同等级的形态变化语法现象，
就是以一般级结构类型的形态变化现象的语法概念为基础，逐级提升到最高级形
态变化语法现象的表现形式。毫无疑问，从次低级到最低级的语法形态变化原理
也是如此，是从一般级逐步降级为最低级形态变化语法现象的表现形式。不过很
有意思的是，在表示同一个层级的语法概念时，如同次低级和最低级形态变化语
法词缀系统里出现的实例，根据说话者的心理动态和表述语气的不同，其语法词

缀的使用形式、使用条件、使用目的也出现了微妙差异和区别性特征。这使那些数量可观的级形态变化语法词缀的使用变得有形有色、有据可循，变得更加严格而有规律、有规则。

　　从鄂温克语级形态变化现象的七种不同层级的语法结构系统，我们也可以看出该语言的名词类词级形态变化语法结构中存在的层级性、差异性、区别性、完美性、严密性和系统性。在这一点上，鄂温克语似乎比其他阿尔泰诸语言显得更加优越。据我们所知，在许多语言中，形容词等名词类词的不同层级的语法关系，往往要用程度副词或数量有限的形态变化语法词缀来表示，不像鄂温克语这样完美、细致、严格而系统。我们认为，这或许跟鄂温克人对于要陈述的人或事物的性质、功能、特征、形状等的细致观察、准确掌握、完美表述等均有十分密切的内在联系。

　　在这里还有必要提出的是，接缀有级形态变化语法词缀的形容词后面，还可以接缀名词类词的数、格、领属形态变化语法词缀。比如，接缀有次低级形态变化语法词缀 -sala 的一般级语法结构类型的形容词 aja "好的" 的 ajasala "略好的" 后面，接缀复数形态变化语法词缀 -sal、确定宾格形态变化语法词缀 -wa、单数第二人称领属形态变化语法词缀 -ʃi 等之后，就会变成表示 ajasalasal（ajasala-sal）"那些略好的"、ajasalawa（ajasala-wa）"把略好的"、ajasalaʃi（ajasala-ʃi）"你的略好的" 等具有多种名词类词形态变化语法概念的形容词。

第六章
名词类词词组结构系统

根据我们掌握的资料，鄂温克语有相当数量的由名词类词组合而成的词组系统。而且，这些词组有着十分严谨的结构关系，以及内部约定俗成的使用规则。甚至在结构形式方面，也体现出了它们的丰富性和多样性。毫无疑问，在此基础上产生的词组语义关系同样十分复杂。同时，这些词组可以充当包括主语、谓语、宾语在内的各种句子成分。在这里，我们将这些由两个或两个以上名词类词组合而成的词组统一体，从名词类词词组结构学、词组语义学、词组语用关系学的角度进行系统讨论。依据鄂温克语句子显示出的名词类词组合规则和搭配原理，乃至按照名词类词组合结构特征，可以在它们内部分类出并列式词组、支配式词组、修饰式词组、补充式词组、限定式词组、表述式词组、否定式词组、判断式词组八种结构类型。以下以实例为据，对于名词类词八种词组构成形式、构成特征、构成原理，以及使用情况、使用关系、使用条件和要求等进行系统分析和论述。

第一节　并列式词组

鄂温克语里名词类词的名词、代词、数词、形容词都可以用并列使用形式构成并列式词组。而且，充当并列式词组的名词类词，在语义结构或在表述内容方面，一般都属于相互配套、相互关联、相互亲近、相互对立的实例。所以，它们的构成或组合，往往在并列平等的条件下进行。另外，由两个或两个以上的名词类词组成的并列式词组，有时也会出现使用连词 ootʃʃi "和" 的现象。

1. 由名词与名词组合而成的并列式词组

<u>honiŋ imagaŋ</u>　hokko　hurigaŋdihiwi　jɯɯtʃtʃi　ɯttɯlisə.
绵羊　山羊　都　圈子从自己　出完　跑了
绵羊和山羊都从羊圈里跑了出去。

<u>əmmə amiŋ ootʃtʃi amihaŋ</u>　təggəəndɯ　təgətʃtʃi　hotʃtʃodu　ninisə.
母　父　和　大爷　车里　坐完　商店里　去了
父母和大爷乘车去了商店。

2. 由形容词与形容词组合而成的并列式词组

ədɯ　baraaŋ　<u>barugɯŋ boŋgoŋ</u>　moo　biʃiŋ.
这　多的　粗的　大的　树　有
这一带有许多粗大的树。

<u>nəttə ootʃtʃi bɯggɯ</u>　bəj　moriŋ　ugurduwi　mogoroŋ.
矮的　和　胖的　人　马　骑的时自己　费劲儿
矮胖的人自己骑马时很费劲儿。

3. 由代词与代词组合而成的并列式词组

satʃtʃisa　moo　bikki　<u>ələ tala</u>　neegəl　nuudawusa.
砍了的　木　是　这　那　到处　扔被了
这那到处都乱扔着砍伐的木材。

<u>ʃi ootʃtʃi tari</u>　bikki　əmɯŋ　bogni　bəj　ʃiŋʥə.
你　和　他　是　一　地方的　人　是
你和他是一个地方的人。

由代词与代词组合而成的并列式词组里，绝大部分是由指示代词或人称代词组成的实例。与此相反，由其他代词组成的并列式词组比较少见。

4. 由数词与数词组合而成的并列式词组

tatʃtʃilni   honiŋ   əʃi   nadaŋŋe   dʒahoŋŋe   əʃiŋ   eʃer   biʃiŋ.
他们的   羊   现在   七十   八十   不   到   有
他们现在只有不到七八十只的羊。

əmuŋ   ootʃtʃi   dʒuur   əmuŋ   adal   ɵntɵ.
一   和   二   一   样   不
一和二根本就不是一回事儿。

有必要指出的是，由三个或三个以上的词组成的并列式词组里，连词 ootʃtʃi 等只能出现一次。而且，必须用于三个并列出现的实词或四个并用的名词类词的核心词后面。例如：

amiŋ   ootʃtʃi   əniŋ   əhiŋ   əmuŋu   muni   dʒuudu   əməsə.
爸爸   和   妈妈   姐姐   一起   我们的 家里   来了
爸爸、妈妈和姐姐一起来我们家了。

上面的句子中，为了突出 amiŋ "父亲" 的重要地位，在其后面使用了联合连词 ootʃtʃi "和"。如果在该句子里强调 "父母" 的话，联合连词 ootʃtʃi "和" 自然要挪到 amiŋ əmmə 的后面，出现于 əhiŋ "姐姐" 一词的前面。可以说，这也是鄂温克语并列式词组的一个重要的结构性特征。

除了上面谈到的实例以外，鄂温克语里还有一种以表述语和被表述语的结构类型组合而成的并列式词组。例如：

ilaaŋ   nəhuŋ   tinuɡ   bəədʒiŋdihi   muni   ədu   əməɡɡisə.
伊兰   妹妹   昨天   北京从   我们的 这里 回来了她
伊兰妹妹昨天从北京回到我们这里了。

əggəəl tari heen ʥiʥirəŋ.
犍牛　它　草　吃正在它
犍牛它正在吃草。

上面两个例句的并列式词组 ilaaŋ nəhʉŋ "伊兰妹妹"、əggəəl tari "犍牛它"，表述语 nəhʉŋ "妹妹"和 tari "它"表述了被表述语 ilaaŋ "伊兰"与 əggəəl "犍牛"，从而构成了由表述语和被表述语组合而成的并列关系的词组结构。属于此种类型的并列式词组，绝大多数是由名词或代词组合而成。

第二节　支配式词组

鄂温克语名词类词的词组里有支配式词组。而且，主要由支配语和被支配语构成。根据支配式词组的构成原理，支配语位于被支配语后面，被支配语出现在支配语前面。我们的研究还表明，名词类词都可以充当支配语和被支配语。另外，在支配式词组里，占主导地位的还是支配语。

1. 由名词与形容词组合而成的支配式词组

huggani nonom bikki aja gʉŋkən talar gʉŋʥirəŋ.
套马杆　长的　是　好　是　他们　说
他们说套马杆还是长的好。

tari ʥʉʉn nisʉhʉŋ ooʥihiŋ əsə ʉniim gada.
他　房子　小　由于　没　买　要
他是由于房子小而没有购买。

2. 由代词与形容词组合而成的支配式词组

sʉni əri ane mondasa heensʉŋ taʧʧilthi baraaŋ.
你们　这　年　打的　草你们　他们比　多

你们今年打的草比他们的多。

ittʉ ʥiŋʥisahat ʥaariŋ **əri aja**.
怎么　说了　　　也还　　这　好
无论怎么说还是这个好。

3. 由数词与形容词组合而成的支配式词组

təʥiʥi ʥiŋʥikki ənnəgəŋ ʥʉʉ **ʥʉʉrdʉwi aja**.
真的用　说的话　　这样的　房子　两个　　好
说实话这样的房子有两个好。

mini əshəŋbi bikki **digihedʉwi doroʃi**.
我的　叔叔我　是　　四喜　　　欢
我叔叔喜欢老四。

4. 由形容词与形容词组合而成的支配式词组

talar **ajani ajawani** gam gʉrʉŋdʉwi bʉʉsə.
他们　好的　好把的　　要　国家与自己　给了
他们把好中选好的交给了国家。

上面的这句话也可以译成"他们把最好的选出来交给了国家"。而且，在鄂温克语里，形容词与形容词组成的支配式词组中，以上例句里出现的 ajani ajawani "把好中好的"的结构类型是最为常见的实例。也就是说，某一个形容词在句子里重复式出现的同时，在前一个形容词后面接缀领格 -ni、从格 -dihi、比格 -thi 等形态变化语法词缀，后一个重复出现的形容词后面接缀确定宾格形态变化语法词缀和领格形态变化语法词缀，从而构成有支配和被支配关系的词组结构。

5. 由数词与名词组合而成的支配式词组

mini ʤuuduwi əlbusə bikki **ʤuur honiŋ**.
我的　家里自己　拿回去的　是　　两　　羊
我拿回自己家里的是两只羊。

muni doolo **ʤahoŋ bəj** bikki guru(ŋ)ni gəbbəʃeŋ.
我们的　中间　　八　　人　是　　国家的　公务员
我们之中有八位是国家公务员。

用于支配式词组的数词一般都是基数词或序数词等，而且基本上以主格形态变化结构类型出现。

第三节　修饰式词组

鄂温克语里有相当数量的，由名词类词组合而成的修饰式词组。毋庸置疑，该结构类型的词组是由修饰语和被修饰语构成。其中，修饰语位于被修饰语之前，被修饰语用于修饰语之后。修饰语修饰被修饰语陈述的人或事物的行为、特征、性质以及程度等。而且，名词、代词、形容词充当修饰语的比较多，名词和形容词充当被修饰语的现象也相当普遍。

1. 由代词与名词组合而成的修饰式词组

muni nuulgir guŋʤir ʤuumun tari ʤuu.
我们的　搬的　　说的　　房子　我们　那　房子
我们准备搬进去的房子就是那套房子。

tatʃtʃilni ukkəheŋ əddug sujtaŋdu ʃeggawutʃtʃi iisə.
他们的　　儿子　　大的　学校里　　考被了　进了
他们的儿子考入了大学。

2. 由名词与名词组合而成的修饰式词组

adaniwi iʃiʤir bitig bikki **səwəni bitig**.
姐姐我 看着的 书 是 老师的 书
我姐姐看的书是老师的书。

dooni muu əjəəŋʤir ooddiwi arakkuŋ ootʃtʃi antanʃi.
河的 水 流着的 由于 干净 和 甘甜
河水由于流动而变得干净又甘甜。

从上例句中出现的修饰式词组可以看出，由名词与名词组成的修饰式词组内，充当修饰语的名词词根或词干后面一般都要接缀领格形态变化语法词缀。而且，就像前面所阐述的那样，接缀有领格形态变化语法词缀的修饰语，无一例外地出现在被修饰语的前面。

3. 由形容词与名词组合而成的修饰式词组

ʃimbo gʉnər bəj bikki **aja nerog**.
辛宝 是 人 是 好 汉子
辛宝是一条好汉。

bʉ adine geedu **nandahaŋ kino** iʃim bahasamuŋ.
我们几个 城里 美好的 电影 看 得到了我们
我们几个在城里看了一部好电影。

另外，鄂温克语口语里，人们还会经常遇到名词词根或词干后面，接缀形态变化语法词缀 -ʃi 而构成名词性形容词的修饰语，修饰后面的被修饰语的现象。例如：

mini adani ooso hɵɵmə bikki **nogoʃi hɵɵmə**.
我的 姐姐的 做的 饭 是 菜有的 饭
我姐姐做的是有菜的饭。

morinʃi bəj əmʉkkən ʥʉligʉ ʉrdʉ jʉʉsə.
马有的 人 独自 南 山 登上了
骑士独自一人登上了南山。

通过上面的例句分析，我们可以明确地认识到，修饰式结构类型词组的修饰语一般都以接缀领格形态变化语法词缀的结构类型出现。不过，也有不少以主格形态变化现象充当修饰语的实例。那么，充当被修饰语的名词类词绝大多数情况下，都以主格形态变化语法现象出现。

第四节 补充式词组

名词类词的补充式词组，由补充语和被补充语组合而成。而且，补充语位于被补充语的前面，从而对被补充语陈述的人或事物的行为、状态、性质以及时间等进行补充说明。根据分析，补充语主要由动词、形动词、形容词、数词来充当，而被补充语由名词、代词、形容词、数词等充当。

1. 由名词与数词组合而成的补充式词组

timaaʃin əmʉn gʉnkən mini əmmə ʥinʥim bʉʉsə.
明天 一 是 我的 妈妈 告诉 给了
妈妈告诉我明天是一号。

ahin bəggən ʥʉʉri morin təggəənʥi mʉnidʉlə əməsə.
哥哥 嫂子 俩 马 车用 我们家 来了
哥哥和嫂子俩乘马车到我们家来。

2. 由数词与形容词组合而成的补充式词组

mᴜni iʃirdᴜ ᴜrᴜl haʃil ʥᴜᴜrdᴜwi aja.
我们 看 孩子 还是 两个 好
我们看孩子还是两个的好。

əri ʥəggələm nəətəŋ ᴜniʥir jəəməni toŋheniŋ hodaʃi.
这 并排 放 卖的 物品的 第五 贵
这些摆放的商品里第五个贵。

依据我们现已掌握的调研资料，该语言的由名词类词构成的补充式组成不是太多。而且，多数情况下，由格形态变化语法现象的名词、基数词、序数词及其形容词等构成补充式词组。

第五节 限定式词组

鄂温克语名词类词的限定式词组，主要由限定语和被限定语组合而成。而且，限定语要位于被限定语前面，被限定语出现在限定语后面。再说，限定语主要由名词和代词充当，被限定语以名词、形容词、动词及数词等充当。

1. 由名词与名词组合而成的限定式词组

doo baggila adi adi honiŋʃi ᴜrirən biʃiŋ.
河 对岸 几 几 羊有的 家 有
河对岸有好几家牧羊点。

mᴜni həhəmᴜŋ oreel ʥᴜᴜ ᴜgidədᴜ totʃʃanam jᴜᴜtəŋ hᴜləəʃirəŋ.
我们 猫我们 经常 房 上 跳 去 原样躺着
我们家的猫经常跑到屋顶躺着。

从以上例句可以看出，充当被限定语的名词基本上都属于方位名词。这就是说，以名词与名词组合而成的限定式词组里，主要由方位名词充当被限定语。

2. 由代词与代词组合而成的限定式词组

mini ədʉ ʥʉʉr əggəl ootʃtʃi ʥahoŋ ʉnʉgʉn biʃiŋ.
我的这里　两　犍牛　和　八　乳牛　有
我这里有两头犍牛和八头乳牛。

talarni awu əri dolob kino iʃinəm ninirəŋ.
他们的　谁　这　晚　电影　看　去
今晚他们中谁去看电影？

一般情况下，在由代词与代词组合而成的限定式词组内，充当限定语的代词词干后面，往往要接缀领格形态变化语法词缀 -ni。不过，鄂温克语的有些实例中，也能见到充当限定语的代词以主格形态变化结构类型出现的情况。例如：

sʉ tala nʉʉlgim ninisədihi amaʃigi bi əmʉŋ naaŋ əsʉ ninirə.
你们那里　搬　去了从　后　我　一　也　没　去
自从你们搬迁到那里以后我一次也没去过。

3. 由名词与数词组合而成的限定式词组

hadilaŋni doliŋboni moriŋsolʥi sandahaŋtʃa.
草场　一半把　马们计　糟蹋使了
草场的一半让马群给糟蹋了。

ontoni əmʉŋ bikki sʉt ʃewar ootʃtʃi nəəsə.
靴子的　一　是　都　泥　成　是了
我的一只靴子沾满了泥土。

4. 由代词与数词组合而成的限定式词组

<u>mʉni digiŋmʉŋ</u>　sujtaŋdu　əsə　ninirə.
我们的　　四我们　　学校与　　没　　去
我们中有四人没去学校。

从以上实例，我们能够清楚地了解到，鄂温克语里主要由主格或领格形态变化语法现象的名词类词充当限定语。充当被限定语的名词类词，往往要接缀不同格的形态变化语法词缀，或者要接缀人称形态变化语法词缀等。

总而言之，鄂温克语名词类词的词组构成形式和内容都相当丰富。如果弄不明白它们复杂多变的结构原理和词与词间的组合规则，以及具体表现出的语义结构，乃至相关词组间产生的极其细微的语义变化或区别性特征，就会对名词类词的词组结构特征的系统阐述、词组语义内涵的全面解析、不同词组的使用关系的理论阐述等方面带来许多麻烦，甚至使人难以把握名词类词词组结构的范围或界限。因此，一定要认真对待与词组相关这些实际问题，争取全面、系统、准确地掌握前面讨论的鄂温克语名词类词词组及使用关系。再说，鄂温克语名词类词的词组结构，虽然有它一定程度的稳定性，但由于没有书面文字、方言土语比较复杂、外来语言影响比较大等原因，使该语言的词组结构也存在一定程度的灵活性、变异性、非稳定性。在这种情况下，对于一些词组结构的变化现象，要有客观实在的认识和定位。不论怎么说，在这里分析的五种结构类型的词组是鄂温克语名词类词里比较常见的词组现象。

第七章

名词类词句子成分

鄂温克语句子结构里，名词类词发挥着十分重要的作用，它们可以充当句子的主语、谓语、宾语、状语、定语、插语等成分。相比之下，由名词类词充当句子主语、宾语、定语的现象比较突出，做谓语、补语、插语的实例不是很多。

第一节 主语

鄂温克语里名词类词充当主语时，同样回答句子里的"谁"、"什么"等问题。而且，主语在句子中要陈述动作行为的实施者，是构成句子的主体成分，发挥着极其重要的作用。另外，接缀格形态变化语法词缀的名词、代词、形容词、数词等名词类词常常充当主语。与此同时，也有以词组作主语的现象。

1. 名词主语

我们的调研资料显示，鄂温克语里名词充当主语时，在不接缀任何格形态变化语法词缀的前提下，往往以主格的零形态变化语法现象出现。例如：

taŋgur[①] ʃirəni oroondu bidʒirən.
碗　　　桌子　　上面　　有着
碗在桌子上面。

---

① 句子中某一句子成分下面出现的"＝＝"表示主语，"—"表示谓语，"▬▬"表示宾语，"----"表示补语，"------"表示定语和插语。

morin tatʃtʃigdu hihiwutaŋ saaʃihahi ᴜttᴜlisɵ.
马　　蚊子与　　咬被原样　　那边向　　跑了
马被蚊子叮后向那边跑了。

不过，在鄂温克语里，除了主格形态变化现象的名词类词作句子主语之外，我们还发现接缀从格或领格形态变化语法词缀的名词也可以充当主语。例如：

sɵwɵ-dihi ɵnnɵgɵŋ baraaŋ dashal bᴜᴜsɵ.
老师 从　　这么　　多的　　作业　　给了
老师留了这么多作业。

ɵmmɵ-ni ʥiŋʥisaʃi ʥohiraŋ.
妈妈的　　说的　　　正确
妈妈说的正确。

可以看出，在上面的这两个句子里，充当主语的名词 sɵwɵ "老师" 及 ɵmmɵ "妈妈"，分别接缀了从格形态变化语法词缀 -dihi，以及领格形态变化语法词缀 -ni。

2. 代词主语

鄂温克语名词类词里代词作主语的实例也很多，以人称代词和指示代词作主语的实例最为突出。它们作主语时，一般都以主格形态变化语法现象出现，不过也有接缀领格形态变化语法词缀的人称代词或指示代词作主语的情况。例如：

ʃi adi baatʃtʃi oosoʃi?
你　几　　岁　　成了
你几岁了？

ɵri ʃi ɵrᴜ ninihin kᴜŋ.
这　是　坏的　　狗　　呀
这是一条恶狗！

tatʃtʃil-ni　oodʑirwo　dʑiŋdʑisa　dʑaariŋ　əʃiŋ　udiro.
他们的　　做的把　　说了　　也　　不　停下来
他们说什么也禁止不了他们做事。

这三个句子里，前两个句子分别由人称代词 ʃi "你" 和指示代词 əri "这" 充当了主语。第三个句子中，由接缀领格形态变化语法词缀 -ni 的复数人称代词 tatʃtʃil "他们" 作了主语。另外，代词里的反身代词或疑问代词等也有作句子主语的现象。而且，它们也以主格形态变化语法现象，或者以接缀领格形态变化语法词缀的形式出现。例如：

məəni　dʑiŋdʑisa　ʉgwi　ədʑi　ommoro.
自己　　说的　　话　　不　　忘
自己说的话不能忘。

uwu　mʉni　dʑʉʉdʉ　əməsə.
谁　　我们　　家　　来了
谁来我们家了？

此外，鄂温克语代词里，还有接缀与格或从格形态变化语法词缀的疑问代词充当主语的现象。例如：

adi-du　ninisə　dʑaariŋ　oodoŋ.
何时与　去了　　也　　行
何时去都可以。

awu-dihi　əəkkətʃtʃi　əri　bitigwə　əəriɾəŋ?
谁　　从　　开始　　这　书　　读
谁开始读这本书。

很显然，上两句里充当主语的疑问代词 adi "几个" 与 awu "谁"，先后接缀了与格形态变化语法词缀 -du，以及从格形态变化语法词缀 -dihi。不过比较而言，在鄂温克语里，代词后面接缀与格及从格形态变化语法词缀，甚至接缀领格形态变化语法词缀等结构形式作主语的实例不是很多。

3. 形容词主语

鄂温克语名词类词中形容词也能够充当主语，而且基本上以形容词的主格形态变化语法结构类型出现。例如：

uliriŋ   aaʃiŋ   ooso.
红的   没   成
红的没有了。

boŋgoŋ   bikki   əʃi   naan   ʤʉʉr   biʃiŋ   kʉŋ.
大的   是   现在   还   两   有   是
大的现在还有两个。

从上述例句中的形容词主语完全可以清楚地了解到，充当主语的形容词往往以名词化形式出现。比如，例句中使用的 ulirin "红的" 和 boŋgoŋ "大的" 等，实际陈述的语义概念应该是 "红的××东西" 和 "大的××东西" 等。形容词作主语时，被名词化的现象及其实际词义，要根据谈话者的话语内容来定。

4. 数词主语

名词类词中的数词也会经常以主格形态变化语法现象充当主语。但是，在作主语的数词后面，一般都使用判断助词 bikki "是"、ʃi "是" 等。例如：

ʤʉʉr   bəjni   əmʉŋ   bikki   moriŋdihi   tihisə.
两   人的   一   是   马从   摔下来了
两人中的一位从马背上摔了下来。

toŋ ʃi mʉni ʤʉʉni ʉkkiʉni noomir ʃiŋʤə.
五   是   我们的   家的   门的   号码   是
五是我们家的门牌号码。

这两个句子里，判断助词 bikki"是"和 ʃi"是"分别用于基数词 əmʉŋ"一"及 toŋ"五"的后面，由此进一步强化了基数词 əmʉŋ 和 toŋ 的句子主语地位。不过，也有在作主语的数词后面不用判断助词的实例。特别是当基数词充当主语时，在其后面很少使用判断助词。例如：

niɲʉne sʉt dooni mʉʉdʉ tihisə.
六个一起 都   河的   水里   掉了
六个人一起都掉进了河水里。

5. 词组主语

我们掌握的资料显示，鄂温克语还有由名词类词组合而成的词组充当句子主语的现象。其中，像并列式词组、修饰式词组等作主语的实例较多。例如：

5.1 并列式词组充当主语的实例

həhə giltariŋ bikki mini miiŋ ajawur bodor ooroŋ.
蓝的   白的   是   我的   最   喜欢的   颜色   成
蓝和白是我最喜欢的颜色。

5.2 修饰式词组充当主语的实例

hedə motoorni təggʉ bikki baraaŋ biʃiŋ.
原野   摩托车的   路   是   多   有
原野上摩托车的路迹有很多。

通过以上例句和相关说明，我们可以清楚地了解到鄂温克语名词类词，以及由名词类词构成的有关词组等充当主语的基本情况。其中，名词和代词作主语的现象最为突出，像形容词和数词充当主语时名词化现象比较多。另外，名词类词或词组作主语时，在它们后面使用判断助词 bikki 或 ʃi 的情况比较普遍。这些判断助词表现出的语法概念，相当于汉语的"是"。其中，判断助词 ʃi 可能是源于汉语的 shi "是"。不论怎么说，在现代鄂温克语里，充当主语的形式和内容都比较复杂。但是，比较而言，名词类词以主格形态变化语法结构类型充当句子主语的实例占绝大多数。

第二节　谓语

鄂温克语名词类词里也有充当谓语的现象。而且，主要回答"是什么"之类的问题，以及陈述主语所指含的对象或事物及其数量等。作主语的名词类词一般都以主格形态变化语法现象出现。下面以实例为据讨论充当谓语的名词类词。

1. 名词谓语

mini　əddʉg　ahiŋbi　bikki　səwə.
我的　大的　哥哥我　是　老师
我大哥是老师。

tari　oggo　ʉr　orondu　ugguso　moo　ʃi　ʤadda moo.
那　高的　山　上面　长的　树　是　松　树
那高山上长的树是松树。

2. 代词谓语

əri　ʤooʃen　doolo　bitig　iʃiʤir　bəj　bikki　bi.
这　相片　里　书　看　人　是　我
这张相片里看书的人是我。

ʃi ʃi **awu**.
你 是 谁
你是谁？

3. 形容词谓语

adani ʤʉʉ bikki **arakkuŋ**.
姐姐的 屋 是 干净
姐姐的屋子很干净。

ʃiŋbo gʉɲtʃe bəjni giranda **hata**.
辛宝 说 人的 骨头 硬
辛宝这个人是个硬骨头。

4. 数词谓语

ʤʉʉr nandanduwi bikki **ʤaaŋ digiŋ**.
二 七 是 十 四
二七得十四。

batuʃeŋni ʉrʉl ʃi **ʤʉʉr**.
巴图他们的 孩子 是 二
巴图他们家的孩子是两个。

5. 词组谓语

　　除了上面例句说明的名词类词充当谓语之外，鄂温克语里还有以名词类词组合而成的词组结构作谓语的现象。其中，由并列式词组充当谓语的实例较多。例如：

tari ʤᵾᵾri bikki **əhiŋ nəhʉŋ**.
她们 俩 是 姐姐 妹妹
她们俩是姐妹。

如上所述，鄂温克语里名词类词作谓语的情况确实有一些。而且，名词类词中的名词、代词、形容词、数词都可以充当谓语，并列式词组也有作谓语的现象。依据分析结果，名词类词充当谓语时，基本上都以主格形态变化语法现象出现。与此同时，在作谓语的名词类词或词组前使用判断助词 bikki 或 ʃi 的情况比较突出，但也有省略不用的情况。

第三节 宾语

鄂温克语名词类词做宾语的现象比较多。在我们的调研资料中，绝大多数宾语是由名词、代词、形容词、数词、词组等充当。而且，宾语往往位于句子谓语之前，从而表示动作行为所涉及的对象，同时受动词的支配或制约。不过，也不能排除宾语使用于其他句子成分前的特殊情况。鄂温克语句子宾语主要由接缀确定宾格、不定宾格、反身宾格形态变化语法词缀的名词类词构成，有时也可以用连缀宾格和领格形态变化语法词缀的名词类词充当。

1. 名词宾语

mini ʉkkəhəŋ **honiŋbo** asaʤiraŋ.
我的 儿子 羊把 赶着
我儿子正在赶羊群。

ʃiŋa bəjni **akkiwani** imosa.
西嘎 人家的 酒把的 喝了
西嘎把人家的酒给喝掉了。

这两个句子里名词 honiŋ "羊" 与 akki "酒" 后面，分别接缀了确定宾格形态变化语法词缀 -bo 和 -wa。而且，在接缀确定宾格形态变化语法词缀的 akkiwa "把酒" 后面，还接缀了领格形态变化语法词缀 -ni。在此基础上，honiŋbo "把羊" 和 akkiwani "把酒的" 充当了句子宾语。

2. 代词宾语

mini əhiŋbi **əriwə** gadaŋ gɯnəŋ.
我的　姐姐我　这把　　买　　说
我姐姐说要买这个。

əri inigni hisəldɯ səwəəŋ səwə **nugaŋba** həənnəsə.
今　日的　课上　斯文　老师　他把　　　表扬了
在今天的课堂上斯文老师表扬了他。

在这里，指示代词 əri "这" 与人称代词 nugaŋ "他"，分别接缀了确定宾格形态变化构词词缀 -wə 和 -ba，进而构成 əriwə（əri-wə）"把这" 及 nugaŋba（nugaŋ-ba）"把他" 结构类型的代词宾语。

3. 形容词宾语

ʃi tadu **uliriŋbi** bɯɯhə.
你　他　把红的　　给
请你给他红的吧。

tari bikki honi(ŋ)niwi **bɯgɡɯwəni** waasa.
他　是　羊的自己　　把肥的　　　杀了
他从自己的羊群里杀了一只肥羊。

可以看出，接缀反身宾格形态变化语法词缀 -bi，以及连缀确定宾格形态变化语法词缀 -wө 和领格形态变化语法词缀 -ni 的形容词 uliriŋbi（uliriŋ-bi）"把红的"、bʉggʉwөni（bʉggʉ-wө-ni）"把胖的"先后用于上述两个句子，充当了句子宾语。不过，这两个作宾语的形容词都出现名词化现象。

4. 数词宾语

bi　toŋbo　　oosu.
我　把五　　做了
我做了五个。

tinʉg　mʉni　ninihin　tajja　adi　tʉʉggʉdihi　ʤʉʉrʉ　ʤawasa.
昨天　我们的　狗　　那　几　狼　　　　两只　　抓
昨天我们家的狗从那几只狼里好像抓了两只。

上述两个句子中，充当宾语的基数词 toŋ "五"、ʤʉʉr "二" 后面，先后接缀了确定宾格形态变化语法词缀 -bo，以及不定宾格形态变化语法词缀 -ʉ，并以 toŋbo（toŋ-bo）"把五"、ʤʉʉrʉ（ʤʉʉr-ʉ）"好像两只" 的结构形式充当了句子宾语。

5. 词组宾语

我们的分析表明，在鄂温克语里，也有一些由名词类词组合而成的词组充当宾语的现象，特别是限定式词组、并列式词组、修饰式词组等作宾语的实例有不少。

5.1 限定式词组充当宾语的实例

bi　totʃtʃini　əmʉwө　əmmnətʃtʃi　əsʉ　bahara.
我　扣子的　　一把　　丢完　　　没　　找到
我弄丢的扣子还没有找到。

5.2 并列式词组充当宾语的实例

tari   mini   <u>ahiŋ   ootʃtʃi   nəhʉnbə</u>   əʃiŋ   taagda.
他   我的   哥哥   和   弟弟   不   认识
他不认识我哥哥和弟弟。

5.3 修饰式词组充当宾语的实例

ajittedu   bʉ   hokko   <u>dooni   mʉʉwʉ</u>   imom   bisəmʉŋ.
过去   我们   都   河的   水把   喝   在我们
过去我们都喝河里的水。

总而言之，鄂温克语句子里由名词类词构成的宾语有很多，进而作为仅次于主语和谓语的句子成分，在句中发挥着极其重要的作用。我们的研究表明，该语言里较为完整的句子均有宾语成分。而且，就像前面的例句里所见到的那样，充当宾语的绝大多数是接缀有宾格形态变化语法词缀的名词、代词、数词和形容词。除此之外，也有一部分词组可以充当句子宾语。当然，其中一些实例接缀有宾格和领格双重形态变化语法词缀。鄂温克语名词类词充当宾语时，基本上用于句尾谓语之前。在这里还有必要解释的是，名词类词中也有用主格形态变化语法现象作句子宾语的现象。比如说，bi ʤʉʉ gasu. "我买了房子"这一简单句内的名词 ʤʉʉ 就属于主格形态变化语法现象的宾语。

第四节　补语

鄂温克语里，名词类词也可以充当句子补语。众所周知，补语也是不可忽视的句子成分。它的作用，主要在于补充说明与句子谓语直接相关的时间、地点、手段、趋向、对象以及性质、特征等。或许正是这个缘故，该语言的补语通常出现在句尾谓语之前。另外，我们掌握的调研资料还显示，绝大多数情况下，接缀与格、从格、造格、共同格形态变化语法词缀的名词类词充当补语。

1. 名词补语

bi　honiŋsolwo　ʉkkəhəŋʥi　asatʃtʃi　əməwʉsʉ.
我　羊们把　　　儿子跟　　　赶完　　来让了
我和儿子俩把羊群赶了回来。

tari　moriŋbi　əməgəlte　aldasa　gʉnəŋ.
他　马把自己　鞍子同　　丢了　　说
据说他把自己的马连同马鞍子一起丢失了。

上面的两个例句中，充当补语的名词 ʉkkəhəŋ "儿子" 和 əməgəl "马鞍子" 后面，分别接缀了造格形态变化语法词缀 -ʥi 和共同格形态变化语法词缀 -te，从而对于句尾谓语阐述的动作行为增添了"儿子"、"马鞍子"等补充内容。

2. 代词补语

huggawi　bi　nugaŋdu　bʉʉgəre.
套马杆我　我　他与　　　给吧
请允许我把自己的套马杆交给他。

ʃi　minithi　bʉggʉ　ʃiŋʤə.
你　我比　　胖　　是
你比我胖。

这两个例句里，充当补语的单数第三人称代词 nugaŋ "他" 和接缀领格形态变化语法词缀 -ni 的单数第一人称代词 mini "我的" 后面，分别接缀了与格形态变化语法词缀 -du 和比格形态变化语法词缀 -thi 等。进而补充说明了句尾谓语所涉及的对象"他"与"我"。

3. 形容词补语

uliriŋba **ʃiŋariŋʤi** ukkukki **nandahaŋʤi** iʃiwʉrən.
红的　　黄的用　　掺和的话　　漂亮的　　看被
如果把红的和黄的掺和到一起就会很好看。

ʃi　əməwʉsə　jəəməwi　**nəttədʉ**　nəəhə.
你　带来的　　东西把　　矮的　　　放
请你把带来的东西放在矮处。

可以看出，第一个例句里出现的两个补语 ʃiŋariŋ "黄的"和 nandahaŋ "漂亮的"的后面，均接缀了造格形态变化语法词缀 -ʤi。而在第二句的补语 nəttə "矮的"的后面，则接缀了与格形态变化语法词缀 -dʉ。另外，形容词充当补语时，往往要出现名词化现象。也就是说，作句子补语的形容词，一般都含有实物化了词义内涵。就以上面的例子来说，像形容词 ʃiŋariŋ "黄的"、nandahaŋ "漂亮的"、nəttə "矮的"等，在句子里实际表现出的词义概念应该是"黄色颜料"、"漂亮的颜色"、"矮处"等。

4. 数词补语

bʉ　honi(ŋ)ni　iŋattawal　**ʤaaŋdihi**　heeʃilam　əəkkəmʉŋ.
我们　羊的　　　毛们　　　十从　　　　剪　　　　开始我们
我们从十号开始剪羊毛。

talar　**ʤaaŋ　toŋdu**　eʃem　əməkkiwi　oodoŋ.
他们　　十　　五于　　　到　　来的话　　可以
如果他们十五日到来就可以。

在这里，充当补语的基数词 ʤaaŋ "十"和 ʤaaŋ toŋ "十五"后面，分别接缀了从格形态变化语法词缀 -dihi 和与格形态变化语法词缀 -du，由此补充说明了同句尾谓语密切相关的时间概念。

5. 词组补语

我们在分析调研资料时还发现，充当句子补语的实例中，也有一些由词组作补语的现象，而且主要以并列式词组、支配式词组、修饰式词组等充当。此外，在作句子补语的词组后面，还有接缀相关格形态变化语法词缀的情况。

5.1 并列式词组充当句子补语的实例

bi ʃiniwə taridʑi ʉlihə guŋdʑime.
我   你把   他跟   走   说着我
我是说你和他走。

5.2 支配式词组充当句子补语的实例

səwəɛŋ moriŋbi dʑawam guŋkən sʉni adoŋthahi ninisə.
斯文   马把   抓   为了   你们的 马群   去了
斯文为了抓自己的马向你们马群走去了。

5.3 修饰式词组充当句子补语的实例

ɑhiŋ mʉnidʉlə honnoriŋ moridʑi əməsə.
哥哥   我们家里   黑的   马   来了
哥哥骑着黑马来到了我们家。

这三个例句中，并列式词组 ʃiniwə taridʑi "你和他"、支配式词组 sʉni adoŋthahi "你们的马群"、修饰式词组 honnoriŋ moriŋ "黑马" 等中的代词 tari "他"、名词 adoŋ "马群" 及 moriŋ "马" 后面，分别接缀了造格形态变化语法词缀 -dʑi，方向格形态变化语法词缀 -thahi 等。而且，由词组充当的补语绝大多数情况下位于句尾谓语之前。

第五节 定语

在该语言的句子里，有专门用于阐述人或事物间存在的领属关系的定语，而且基本上由名词类词来充当，特别是由接缀领格形态变化语法词缀 -ni 的名词类词作定语的现象十分普遍。然而在句子中，被定语修饰或限定的多数是主语。当然，也有谓语或句子其他成分被定语所修饰或限定的实例。根据名词类词充当定语的具体情况，我们可以将其内部，同样分类出名词定语、代词定语、形容词定语、数词定语及词组定语五种结构类型。

1. 名词定语

haaŋboni   moriŋ   aaʃiŋ   ooso   gʉnɵŋ.
汗宝的   马   没   成了   说
据说汗宝的马不见了。

abani   aawuŋ   ʃirəni   ʉgidədʉ   biʃiŋ.
爸爸的 帽子   桌子的   上面   在
爸爸的帽子在桌子上面。

很显然，上述两个句子中，接缀有领格形态变化语法词缀 -ni 的名词 haaŋboni(haaŋbo-ni) "汗宝"、abani(aba-ni) "爸爸"、ʃirəni(ʃirə-ni) "桌子" 等作为定语，修饰或限定了 moriŋ "马"、aawuŋ "帽子" 的领属关系等。

2. 代词定语

我们认为，鄂温克语名词类词的代词充当的句子定语中，人称代词、指示代词、疑问代词等有较高的使用率。尤其是人称代词和指示代词有很高使用率。例如：

sʉni   moriŋsʉŋ   muni   hurigaŋdu   iisə.
你们的 马你们   我们的 园子里   进了

你们的马进了我们的园子。

ərini gʉʉŋniŋ bikki tinʉg əddəwʉsə.
这个　玻璃它　　是　　昨天　坏了
这个玻璃昨天就被弄坏了。

tari iʃiwʉdʑir ʃi **awuni** honiŋsol jəm?
那　看被着的　是　谁的　　羊群　　呀
那被看见的羊群是谁家的呀？

不难看出，这三个例句中，接缀领格形态变化语法词缀 -ni 的人称代词 sʉni (sʉ-ni) "你们的"、mʉni(mʉ-ni) "我们的"，指示代词 ərini(əri-ni) "这个的"，疑问代词 awuni(awu-ni) "谁的" 等充当了句子定语。进而阐述了"你们的马"、"我们的园子"、"这个的玻璃"及"谁的羊群"等领属关系的语句。

3. 形容词定语

可以说，用形容词充当句子定语的现象比较多。而且，除了接缀有领格形态变化语法词缀的形容词定语之外，主格形态变化语法结构类型的形容词也可以充当句子定语。例如：

tari **boŋgoŋni** doliŋdihi **nisʉhʉŋbəni** gələərən.
他　　大的　　　　中间从　　　小把的　　　　挑
他从大的中间把小的挑出来。

uliriŋ oroondu honnoriŋbo nəəkki ərʉ gʉnədʑirən.
红的　　上面　　　黑把　　　放的话　坏　说
说是在红的上面放黑的话不好看。

在上面例子的第一句中，充当句子定语的形容词 boŋgoŋ "大的" 和 nisʉhʉŋ

"小的"后面，接缀了领格形态变化语法词缀 -ni 的同时，nisʉhʉŋ 后面还接缀了宾格形态变化语法词缀 -bə。第二句中，作句子定语的形容词 uliriŋ "红的"是以主格形态变化语法现象出现的。

4. 数词定语

分析表明，该语言内由数词充当定语的实例里，绝大多数是接缀领格形态变化语法词缀的基数词或序数词。例如：

ʃi   minidʉ   **ʤaaŋni**   əmuŋbə   buuhə.
你   我与   十的   一把   给吧
请你把十分之一给我吧。

namaaʤni   doliŋdihi   **toŋdugarni**   howi   bikki   mandi   aja.
百的   当中从   第五的   分数   是   非常   好
在一百个中间第五个的分数非常好。

这两个句子里，充当定语的基数词 ʤaaŋ "十"、namaaʤ "百"及序数词 toŋdugar "第五"等后面，均接缀了领格形态变化语法词缀 -ni，进而构成了 ʤaaŋni(ʤaaŋ-ni) "十的"、namaaʤni(namaaʤ-ni) "百的"、toŋdugarni(toŋdugar-ni) "第五的"等句子定语。毫无疑问，它们主要阐述了"十个的一"、"一百个的当中"、"第五个的分数"等之间的领属关系。

5. 词组定语

同样，在鄂温克语里也有由名词类词构成的词组充当句子定语的现象，而且绝大多数情况下由并列式词组、限定式词组等作定语，词组定语后一个词的词尾还要接缀领格形态变化语法词缀 -ni。

5.1 由并列词组充当定语的实例

ərisəl ʃi ʃini ootʃʃi mini jəəmə gʉnəŋ.
这些　是　你的　　　和　我的　东西　说

说这些是你和我的东西。

5.2 由限定词组充当定语的实例

doo baggilani ʥʉʉ ʃi adaniwi ʥʉʉ ʃinʥə.
河　对岸　的　　房子　是　姐姐的我　房子　是

河对岸的房子是我姐姐的房子。

综上所述，鄂温克语里由名词类词构成的定语确实有不少，在数量上占有绝对优势，进而在句子中发挥着十分重要的作用。甚至，有的句子里定语可以出现两次或两次以上。不仅是由单个名词类词构成的定语有一定使用率，由词组构成的定语也有着较高的使用率。除了在上面谈到的那些词组之外，像表述式词组等也可以充当句子的定语。比如，**ninihin** ətʃʃʉrwəni dooldisu."我听见了狗叫的声音"。但是，表述式词组构成定语时，在接缀领格形态变化语法词缀 -ni 之前，还要接缀宾格形态变化语法词缀。另外，代词里主要由人称代词、指示代词作定语，形容词作定语时常常出现名词化现象。还有，形容词、序数词等也能够以主格形态变化现象充当定语。比如，**giltariŋ** moriŋ bikki aja moriŋ."白马是匹好马"，əmʉŋdʉgər bəj ʃi tari."第一名是他"等句子里充当定语的形容词 giltariŋ"白的"、序数词 əmʉŋdʉgər"第一"等，均以主格形态变化现象出现。尽管如此，鄂温克语里由名词类词充当句子定语时，绝大多数情况下要接缀领格形态变化语法词缀。

第六节　插语

我们在前面讨论的是鄂温克语里由名词类词构成的常见句子成分。除此之外，还有由名词类词做"插语"的现象。我们认为，插语是句子中的一个特殊成分。它的特殊性就在于有相对的独立性能，与句子其他成分之间产生松散的、不太紧密的关系。而且，插语在句中出现时，前后一般都出现停顿现象，甚至可用逗号或破折号表示其停顿关系。句中插语表述的概念，给句子表达的核心概念增加某种特定内容或意义。该语言内，名词类词及其词组包括分句等都能够充当插语。

1. 由词充当插语的实例

təggəəŋ əddəwʉsə gʉŋkəŋ, **batu**, tari minidʉ ʥiŋʥisa.
车被   坏了   是，   巴图， 他   我的与   说了
巴图，他跟我说车子已经坏了。

2. 由词组充当插语的实例

əri inig əməsə bəj, **ʃi ootʃʃi tari**, hokkoʥi ʥaaŋ bəj.
这   天   来了的 人， 你 和   他，   都   十   人
今天来的人，你和他，都算起来有十位。

3. 由分句充当插语的实例

giltariŋ moriŋ, **ohoŋ moriŋ tari**, mandi aja moriŋ.
白的   马   什么   马   它，   非常   好的 马
白马，它是什么马，是非常好的马。

总而言之，鄂温克语的句子结构里有不少由名词类词构成的主语、谓语、宾语、补语、定语及插语等成分。其中，最为重要的是由名词类词充当的句子主语和谓语，其次是名词类词宾语，再就是名词类词补语及定语等。但是，名词类词插语的出现率不是很高。另外，虽然名词类词或词组都能够充当句子不同成分，但由名词类词的单一性词充当句子成分的现象优于词组，特别是由名词类词充当主语、宾语、补语、定语的现象十分突出。

附　件

鄂温克语语音系统

鄂温克语的语音是一个相当合理、和谐、整齐完美的结构系统，所有这些在该语言的元音音系及辅音音系内表现得十分清楚。比如，元音有数量相等的短元音音素和长元音音素，辅音里也有以送气和不送气作为区别特征的一系列音素系统等。

鄂温克语的语音系统里包括：

　　a、ə、i、e、o、u、ɵ、ʉ　8个短元音
　　aa、əə、ii、ee、oo、uu、ɵɵ、ʉʉ　8个长元音
　　b、p、m、w、d、t、n、l、r、s、ɕ、tʃ、ʃ、j、g、k、h、ŋ　18个辅音
　　nt、nd、rt、rd、lt、ld、ŋtʃ、ŋdʑ、ŋg、ŋk、jk、jg　12个复辅音
　　bb、mm、nn、dd、tt、rr、ss、ɕɕ、tʃtʃ、ʃʃ、gg、kk、hh、jj　14个重叠辅音

1. 元音

1.1 短元音

（1）a [a]　　⇨展唇后高短元音
（2）ə [ə]　　⇨展唇央中短元音
（3）i [i]　　⇨唇前高短元音
（4）e [e]　　⇨展唇前次高短元音
（5）o [o]　　⇨圆唇后次高短元音

（6）u [u] ⇨ 圆唇后高短元音
（7）ө [ө] ⇨ 圆唇后次高短元音
（8）ʉ [ʉ] ⇨ 圆唇后次高短元音

1.2 短元音的使用

鄂温克语里短元音 a、ə、i、e、o、u、ө、ʉ 在词首、词中、词尾等词部位基本上都可以使用。举例说明（见附表1）：

附表 1

短元音	词首使用		词中使用				词尾使用	
	词语	词义	词语	词义	词语	词义	词语	词义
a	ahiŋ	哥哥	hahara	鸡	lahahan	矮矮的	ada	姐姐
ə	əʃi	现在	təliŋ	刚才	təgəŋkə	椅子	ələ	这里
i	iʃirəŋ	看	tatiraŋ	学习	iʃiriraŋ	呕吐	əri	这
e	ege	多语的	ʥewe	船	ʃelenaŋ	拉肚子	aʃe	女
o	oshoŋ	鱼	motʃʃehu	歪	soŋohe	爱哭的	bosotto	肾
u	ureel	头旋	aŋuraŋ	问	narikkuŋ	细的	anuhu	钥匙
ө	өgge	游牧包	həhərəən	发青	sөlө	空闲	өnte	其他
ʉ	ʉʃi	绳子	ʉnugun	乳牛	gʉggʉldʉŋ	动弹	ɔrʉ	坏的

鄂温克语短元音虽然在词内的任何位置都可以使用，但在词里具体的使用率有所不同。相比之下，短元音 a、ə、i、o、ʉ 有很高的使用率，其次是短元音 u，短元音 ө 或 e 的使用率比较低。

1.3 短元音的音变现象

(1) 短元音 a 位于舌尖辅音 d、t、n、l 后面时，要产生央低元音(ʌ)音变。例如，lata(lʌtʌ) "矮的"、tatir(tʌtir) "学习的"。另外，短元音 a 出现在辅音 s 的后面时，要演变为展唇后次低元音(ʌ)。例如，isa(isʌ) "怎么了"、miisaŋ(miisʌ̃ŋ) "抢" 等。

(2) 短元音 ə 出现于舌面后辅音 g、k、h 等后面时，要变成圆唇央中元音 ɤ。

例如，ilhərəŋ (ilhɤrɣ̃ŋ) "添"、gəgənəŋ(gɤɣɤnɣ̃ŋ) "发牢骚"、səkkəŋ(səkkɣ̃ŋ) "白白的"等。

(3) 短元音 e 位于舌尖辅音 d、t、n、l 后面时，要产生相当于展唇前高元音下段的 ɪ 音变化现象。例如，ane(anɪ) "年"、hileraŋ(hilɪrɣ̃ŋ) "斜眼看"。另外，出现于舌面后辅音 k、g 及小舌音 h 等后面时，要变成展唇中元音 ᴇ。例如，sugen(sugᴇn) "山顶"、soŋohe(soŋɔ̃hᴇ) "爱哭的"等。

(4) 短元音 i 位于舌叶音 tʃ、dʒ、ʃ 后面时，一般要产生唇前高元音下段的 ɪ 音变。例如，tətʃtʃi(tətʃtʃɪ) "云彩"、ədʑireŋ(ədʑɪrɣ̃ŋ) "记住"、iʃiggi(iʃɪggɪ) "看法"、dʑildʑimar(dʑɪldʑɪmar) "小鸟"。短元音 i 位于小舌音 h 后面时，还要产生展唇央高元音(ɨ)之变。例如，ahiŋ (ahɨŋ) "哥哥"、əhileŋreŋ(əhɨlərɣ̃ŋ) "跺脚"。

(5) 短元音 o 出现于舌面音 j 或舌叶音 tʃ、dʒ、ʃ 等后面时，一般都要产生圆唇后次高元音(ʊ)音变，甚至也会出现相当于圆唇后次高元音 (ɔ)之音变现象。例如，hojoggo(hɔjɔggʊ) "锁链"、dʑogoloŋ(dʑɔgɔlɣ̃ŋ) "苦涩的"、tʃotʃtʃohe(tʃɔtʃtʃohᴇ) "小鸡"。另外，短元音 o 用于舌面后辅音 g、k 及小舌音 h 等后面时，同样产生(ɔ) 音变。例如，goddo(gɔddʊ) "高的"、mogoroŋ(mogɔrɣ̃ŋ) "受难"、hokko(hɔkkʊ) "都"、oŋkoroŋ(õŋkɔrɣ̃ŋ) "牲畜吃草"。

(6) 短元音 u 出现于舌面后辅音 g、k 及小舌音 h 等后面时，要产生圆唇后次高元音(ʊ)音变。例如，gugularaŋ(gʊgʊlᴀrɣ̃ŋ) "鸡叫"、narikkularaŋ(narikkʊlᴀrɣ̃ŋ) "弄细"。aŋuwuraŋ(aŋʊwʊrɣ̃ŋ) "被问"、ahuŋku(ahʊ̃ŋkʊ) "窗帘"等。

(7) 短元音 ɵ 位于小舌音 h 等后面时，一般都要出现圆唇央中元音(ɵ)音变。例如，hɵhɵrɵŋ(hɵhɵrɣ̃ŋ) "发青"、ɵhəŋ(ɵhɵ̃ŋ) "乳房"等。

(8) 短元音 ɯ 出现于舌面后辅音 g、k 及小舌音 h 等后面时，要产生相当于展唇后高元音(ɯ)的音变现象。例如，gɯggɯldɯŋ(gɯggɯldɣ̃ŋ) "动身"、ɯŋkɯrɯŋ(ɯŋkɯrɣ̃ŋ) "倾倒"、ɯɯŋhɯŋkɯnɯŋ(ɯɯŋhɯŋkɵnɣ̃ŋ) "腐烂"、ɯlɯhdɯrɯŋ(ɯlɯhdɯrɣ̃ŋ) "多余"等。

(9) 短元音用于鼻辅音 ŋ 后面时，一般都要产生鼻音化现象。

(10) 短元音用于三音节以上的多音节词或者说长音节词时，出现于第三音节以后的短元音逐步出现弱化现象，甚至词尾音节的短元音给人一种似有非有的感觉。

1.4 长元音

鄂温克语的元音系统里,除了上面分析的8个短元音之外,还有8个长元音。发长元音时,发音时间要比短元音的拖长一倍,甚至延长到比短元音的发音时间长一倍以上。而且,每个长元音的发音方法和发音部位,都与相关短元音的发音方法和发音部位大同小异。所以在以往的研究中,一般都以相关短元音的发音方法和发音部位来分析长元音的结构特征。请看如下长元音的基本内容:

（1） aa ⇨ a [a] ⇨ 展唇后高短元音
（2） əə ⇨ ə [ə] ⇨ 展唇央中短元音
（3） ii ⇨ i [i] ⇨ 唇前高短元音
（4） ee ⇨ e [e] ⇨ 展唇前次高短元音
（5） oo ⇨ o [o] ⇨ 圆唇后次高短元音
（6） uu ⇨ u [u] ⇨ 圆唇后高短元音
（7） өө ⇨ ө [ɵ] ⇨ 圆唇后次高短元音
（8） ʉʉ ⇨ ʉ [ʉ] ⇨ 圆唇后次高短元音

1.5 长元音的使用

附表2

短元音	词首使用		词中使用		词尾使用	
	词语	词义	词语	词义	词语	词义
a	aaʃiŋ	无	naalla	手	alaarlaŋ	花色	talaa	那里
ə	əəkkərəŋ	开始	nəəhi	岸	gələərəŋ	找	əə	毛病
i	iihə	铁锅	miiri	肩膀	nijiirəŋ	骂	tomii	灾祸
e	eehal	什么	heen	黄草	oggeellaraŋ	翻滚	əlee	很近的
o	ooroŋ	做	dooldiroŋ	听	oroondu	上面	moo	木头
u	uugga	乳汁	baamuuddi	寂寞	togguur	柱子	naŋuu	细汗毛
ө	өөgələrəŋ	喘气	hөөme	饭	ŋgөөr	酸奶	өө	毛病
ʉ	ʉʉttʉ	虱卵	ʉŋʉʉl	蛆虫	tʉuggu	狼	mʉʉ	水

鄂温克语的长元音基本上都在词的第一音节到第三音节内出现，特别是在词首或在词首音节及词的第二音节出现得最多，第三音节的出现率比较低。然而，在词的第三音节以下的音节里，长元音出现得十分少。甚至一些长元音，在词的第三音节以下的音节内出现时，往往要产生半长元音化现象。另外，从词尾出现的长元音实例可以了解到，属于这种范例的长元音常常出现在单音节词或双音节词词尾，很少出现于词的第三音节以下的长音节词词尾。不论怎么说，在现代鄂温克语里，短元音的使用率远远高于长元音的使用率，而且使用面也要比长元音广。伴随人们生活节奏的不断加快，以及时空概念的合理科学的使用和把握，那些过去在口语里常用的长元音被半长元音化或短元音化现象逐渐增多。尤其是在青少年的口语里，长元音的使用率越来越少。但至少在今天，我们还不能忽视鄂温克语长短元音的区别特征，以及它们在人们的日常用语里发挥的极其重要的词义区分功能。

1.6 短元音和长元音的区别特征

就像在上面所论述的那样，鄂温克语的基本词汇里充分利用短元音和长元音区别词义的实例确实有不少，如果我们在日常用语里不准确掌握短元音及长元音的发音，就会给我们的语言交流带来许多麻烦，甚至会造成语言交流的障碍。所以，对那些发音中长短元音不分的现象，老人们或本民族语说得好的人经常会给以提示和纠正。当然，年轻人们用母语进行交流时，对由于长短元音混用而出现的语义不清楚的问题，会用解释性语言进行补充说明，以达到用母语准确交流的目的。正因如此，至少现阶段，我们还不能忽略或轻视鄂温克语长短元音的区别性使用问题。

以下，用具体例子，阐述鄂温克语长元音和短元音，在词汇系统里发挥的区别词义的功能及作用。

1.6.1 短元音 a 和长元音 aa 的语义区别特征及其实例

ahiŋ 兄 ⇔ aahiŋ 肝
ʃiwar 泥土 ⇔ ʃiwaar 木楔子
tala 那里 ⇔ taala 靓丽

agga 方法 ⇔ aagga 枯草根 ⇔ aggaa 锚

1.6.2　短元音 ə 和长元音 əə 的语义区别特征及其实例

əhiŋ 姐姐 ⇔ əəhiŋ 肺
əkkərəŋ 卷 ⇔ əəkkərəŋ 开始
gələrəŋ 赶车 ⇔ gələərəŋ 寻找
ələrəŋ 吃饱 ⇔ ələərəŋ 煮 ⇔ əələrəŋ 耍赖

1.6.3　短元音 i 和长元音 ii 的语义区别特征及其实例

hir 污垢 ⇔ hiir 瞬间
im 家禽标记 ⇔ iim 入
niŋirəŋ 吞咽 ⇔ niŋiirəŋ 骂
ʃikkaŋ 懒惰的 ⇔ ʃiikkaŋ 小鸟

1.6.4　短元音 e 和长元音 ee 的语义区别特征及其实例

pelaraŋ 溢出 ⇔ peelaraŋ 瞎吹、瞎掰
melaraŋ 轻轻涂抹 ⇔ meelaraŋ 羊叫
eda 为何 ⇔ eeda 啊呀
əre 藤草 ⇔ əree 啊哟

1.6.5　短元音 o 和长元音 oo 的语义区别特征及其实例

totʃtʃi 口子 ⇔ tootʃtʃi 然后
mogoroŋ 受难 ⇔ mogooroŋ 刁难
oroŋ 地域 ⇔ ooroŋ 做 ⇔ orooŋ 驯鹿
boro 灰色 ⇔ boroo 逆向 ⇔ booro 公骆驼

1.6.6 短元音 u 和长元音 uu 的语义区别特征及其实例

ugga 套子 ⇔ uugga 初乳
taŋgur 碗 ⇔ taŋguur 仰倒
sugga 初春的嫩草 ⇔ suugga 暴风雪
tuna 怪鱼 ⇔ tuuna 铅

1.6.7 短元音 ө 和长元音 өө 的语义区别特征及其实例

hөggө 陷阱 ⇔ hөөggө 桥
bөggөŋ 季节 ⇔ bөөggөŋ 懦弱
өgөlөrөŋ 发牢骚 ⇔ өөgөlөrөŋ 急喘气
mөrөrөŋ 老鼠啃硬东西 ⇔ mөөrөrөŋ 牛叫

1.6.8 短元音 ʉ 和长元音 ʉʉ 的语义区别特征及其实例

ʥiwʉʃirʉŋ 交流 ⇔ ʥiwʉʉʃirʉŋ 讨厌
ʉge 贫困 ⇔ ʉʉge 鸟巢
sʉŋkʉ 一扎 ⇔ sʉʉŋkʉ 篦子
ʥʉrʉ 拧劲的 ⇔ ʥʉʉrʉ 双胞胎

我们在前面也提到过，鄂温克语里的长元音在第三音节以内发挥着极其重要的作用。不过，在具体语言交流中，位于第三音节的长元音也常常被发作半长元音，甚至是被发音为接近于短元音的音长程度。从这个意义上来讲，一些多音节词在第三音节以后的音节里出现的长元音同短元音的区别特征变得比较模糊，进而区别词义的功能也在逐渐退化。例如，在《鄂温克语简志》中见到的 sulʥigeen "外角牛"、dagalaan "旁边"、hʉʥihəənəŋ "使发展" 等词里出现的长元音 ee、aa、əə 等即使被发音为短元音 e、a、ə 等，也不会对这些词的词义产生影响。实际上，现在绝大多数鄂温克人都习惯于把它们发作短元音。也就是说，将刚才的三个单词发音为 sulʥigen、dagalan、hʉʥihənəŋ，使这三个词的第三音节里出现的长元音均读成短元音。另外，像鄂温克语里的 ʃilbambuuroŋ "教给"、gʉggʉmbuuroŋ～gʉggʉmbʉʉroŋ "给挪动" 之类的词内虽然也出现了长元音 uu 或 ʉʉ 等，但从词汇结构学的角度来分析，这两个动词都是属于由动词 ʃilbam "教"、gʉggʉm "动" 跟动词 buuroŋ～bʉʉroŋ "给" 相结合的产物。此外，鄂温克语里表示某一远处的方向或位置时，有把方位名词的词尾元音变成长元音来发音的现象，并以此来说明或判断距离和位置的远近。例如：

amila 后面 ⇔ amilaa 较远的后方
ʤʉliləe 前面 ⇔ ʤʉliləe 较远的前方

鄂温克人充分利用方位名词词尾元音长短区别性特征，来分辨说话者所说位置和距离的远近。甚至有用比长元音还要长的长音，来表示更远的空间距离或地理位置等现象。这其中虽然包含一定感情色彩，但鄂温克人的语言交流中始终保持着这一表述形式和特征，从而使其自然成为鄂温克语元音系统中不可缺少的长短元音的区别实例之一。

1.7 元音的区别性特征

鄂温克语里确实有一些区别比较困难的元音音素，但我们不能因为有难度就混为一谈。其实鄂温克语里的这些短元音或长元音，都有严格的区别功能和音位结构特征。与此相关的一些学术问题，比如在发音方法和发音部位等方面存在的异同现象等，在上面已经都具体分析过，在这里就不重复阐述了。下面，具体举出那些容易被混淆的长元音和短元音实例，以此来说明它们之间存在的不可忽视的区别词义的功能和作用。

鄂温克语元音系统里易混淆的元音有如下几组：

（1） i、ii ≠ e、ee
（2） e、ee ≠ ə、əə
（3） ə、əə ≠ ɵ、ɵɵ
（4） ɵ、ɵɵ ≠ o、oo

(5) o、oo ≠ u、uu
(6) u、uu ≠ ʉ、ʉʉ
(7) ʉ、ʉʉ ≠ ɵ、ɵɵ
(8) a≠i≠e≠ə≠o≠u≠ɵ≠ʉ 或 aa≠ii≠ee≠əə≠oo≠uu≠ɵɵ≠ʉʉ

鄂温克语元音系统里的这些长元音和短元音之间，都存在不同程度易被混淆的实际问题。特别是对于其他民族同胞或者对于外国人来讲，一些元音的区别性能确实比较复杂。但是，对于那些熟悉母语的鄂温克人来讲，这些元音无论在具体发音方法和发音部位上，还是在语言交流中的具体使用方面，均有十分显著的区别性特征。如果用混了，就会给语义表达及语言交流带来不便或不必要的一些麻烦。

1.7.1 i、ii 与 e、ee 的语义区别特征及实例

ʃi 你 ⇔ ʃe 茶
ani 谁 ⇔ ane 年
aʃi 利益 ⇔ aʃe 妻子
pilteraŋ 溢出来 ⇔ pelteraŋ 发胖
diis 根 ⇔ dees 盘子
ʃiirsə 炕席子 ⇔ ʃeersə 羊毛虫

1.7.2 e、ee 与 ə、əə 的语义区别特征及实例

əle 浮夸 ⇔ ələ 这里
pel 一片 ⇔ pəl 力气
gee 城市 ⇔ gəə 哎哟
ʥee 间隙 ⇔ ʥəə 可以

1.7.3 o、oo 与 ө、өө 的语义区别特征及实例

homo 马粪蛋 ⇔ hөmө 尺寸
sol 名誉 ⇔ sөl 空间
hokko 全部 ⇔ hөkkө 粗大的拉绳
too 数字 ⇔ tөө 尺
boos 包子 ⇔ bөөs 布
boon 冰雹 ⇔ bөөn 一团

1.7.4 u、uu 与 ʉ、ʉʉ 的语义区别特征及实例

bul 车辙 ⇔ bʉl 差一点
suŋku 塔头草 ⇔ suŋkʉ 虎口
hu 小酒壶 ⇔ hʉ 利息
huugi 用刀削木 ⇔ hʉʉgi 大风
suutʃtʃi 强势 ⇔ sʉʉtʃtʃi 血水

1.7.5 ə、əə 与 ө、өө 的语义区别特征及实例

əŋgə 酸奶汁 ⇔ өŋgө 颜色
əb 窍门 ⇔ өb 财产
səl 铁 ⇔ sөl 空间
bəən 鲟鱼 ⇔ bөөn 一团
həəggə 浮气 ⇔ hөөggө 桥

1.7.6 o、oo 与 u、uu 的语义区别特征及实例

sol 名誉 ⇔ sul 松的
ole 竞争力 ⇔ ule 白脖子乌鸦
homo 马粪蛋 ⇔ humu 洼地

oor 水蒸气 ⇔ uur 乳油
ootʃtʃi 和 ⇔ uutʃtʃi 整只羊、全羊肉

1.7.7 ʉ、ʉʉ 与 ө、өө 的语义区别特征及实例

bʉl 差一点 ⇔ bөl 姨表
hʉkkʉ 炒 ⇔ hөkkө 绊马的长绳
ʉnʉʃi 昂贵的 ⇔ өnөʃi 那家伙
tʉʉggʉ 狼 ⇔ tөөggө 拃量法
sʉʉŋ 长毛羊皮长袍 ⇔ sөөŋ 哑嗓子

1.7.8 a、i、e、ə、o、u、ө、ʉ 与 aa、ii、ee、əə、oo、uu、өө、ʉʉ 的语义区别特征及实例

a ⇔ aa ⇒ ha 羊前腿 ⇔ bal 蜂蜜 ⇔ taar 表兄弟
i ⇔ ii ⇒ hi 气体 ⇔ bil 蝮蛇 ⇔ tiir 抢的
e ⇔ ee ⇒ he 喂 ⇔ bel 压扁 ⇔ teer 可怕的
ə ⇔ əə ⇒ hə 尺度 ⇔ bəl 吉祥 ⇔ təər 妨碍
o ⇔ oo ⇒ ho 都 ⇔ bol 秋天 ⇔ toor 那么
u ⇔ uu ⇒ hu 壶 ⇔ bul 车辕 ⇔ tuur 小乌鸦
ө ⇔ өө ⇒ hө 锅底黑 ⇔ bөl 姨表 ⇔ tөөr 迷惑
ʉ ⇔ ʉʉ ⇒ hʉ 利息 ⇔ bʉl 差一点 ⇔ tʉʉr 线头、结果

从以上列举的长元音和短元音的不同结构特征，以及容易被混淆的相近音素间出现的极其微妙的异同关系，加上同等语音环境下表现出的严格意义上的区别词义功能等角度，我们完全可以充分了解鄂温克语元音音素的独立性、区别性、严格性和复杂性。所以，在接触鄂温克语时，一定要准确无误地把握发音方法和发音部位，要客观实在地分清其中存在的严密的语义区别现象及特征。

1.8 元音和谐规律

鄂温克语里有约定俗成而十分严谨的元音和谐规律。毫无疑问，这也是该语言语音系统中不可忽视的组成部分，并在他们的词汇构成、形态变化语法现象以及语言交流中均发挥着极为重要的作用。鄂温克语的元音和谐规律不仅存在于词干部分，而且在词干后面接缀的若干个形态变化语法词缀系统里也同样存在。也就是说，词根或词干里出现的元音和谐现象，可以一直延伸到后缀的一系列形态变化语法词缀极其构词词缀的语音结构里。根据元音和谐规律，鄂温克语元音被分为阳性元音、阴性元音、中性元音三种类型。例如：

阳性元音：a、aa、oo、u、uu
阴性元音：ə、əə、θ、θθ、ʉ、ʉʉ
中性元音：i、ii、e、ee

1.8.1 阳性元音的和谐原理

鄂温克语的阳性元音 a、aa、o、oo、u、uu 一般会与阳性元音之间产生和谐关系，同时也可以跟中性元音 i、ii、e、ee 产生和谐现象，但不能和阴性元音产生和谐关系。也就是说，阳性元音不能用于以阴性元音为主构成的单词。例如：

amaggu 以后　　ʤahoŋ 八　　goggattalawuraŋ 长满胡子
usunoŋ 累　　saawuraŋ 被发现　　oogoŋdowuroŋ 被锯

除了以上看到的阳性元音之间产生和谐关系的例词之外，也有一些阳性元音和中性元音间产生和谐关系的词。比如说，有 ahiŋ "哥哥"、meeganʃi "有胆量的"、soleʃiraŋ "发疯"、iisaldawuraŋ "被看见"、tewewuha(ŋ)naŋ "使被捡" 等。

1.8.2 阴性元音的和谐原理

鄂温克语的阴性元音 ə、əə、θ、θθ、ʉ、ʉʉ 基本上会与阴性元音之间产生和谐关系，同样也有跟中性元音 i、ii、e、ee 用于一个词的现象。但是，阴性元音不能和阳性元音产生和谐关系。例如：

sʉʉŋkʉdөrөŋ 使用篦子　ʉkkəhəŋ 男孩　hөөrөwʉrөŋ 兴奋
ətəwʉrəŋ 被装入　sʉgʉrləhөŋkө(ŋ)nəŋ 使弄出尖端

如上所述，阴性元音除同阴性元音之间发生和谐关系之外，还可以跟中性元音产生和谐关系，共同用于某一个具体的词。比如，ʃiləsʉŋdərəŋ"吐痰"、həwʃeldiwʉrəŋ"被商榷"、iiwʉhөŋkөnəŋ"允许进来"、əʃittedʉwi"现阶段"等。

1.8.3 中性元音的和谐原理

该语言的中性元音有 i、ii、e、ee，而且在这一长短两对四个中性元音之间，同样可以产生和谐关系。例如：

ʥeleʃi 狡猾的　neeŋʧi 鼻子　iliʃihe 爱站着的
digihe 第四位　ʃeweldir 拥挤的　ʃeenʧiŋ 爱管闲事者

其实，在鄂温克语的基本词汇里，中性元音跟中性元音间产生和谐关系而构成的词并不多。中性元音在绝大多数情况下，就像在分析阳性元音和阴性元音的使用关系时所说，主要跟阳性元音和阴性元音产生和谐关系。

1.8.4 单个元音音位的和谐现象

实际上，鄂温克语元音系统里，每一个独立的元音音位都可以单独成为最小单位的元音和谐单位。因为在鄂温克语里，有许多由相同音位点的短元音和长元音和谐构成的词汇。例如，gəlөөhə(ŋ)nəŋ(gəlөө-həŋ-nəŋ)"使找"一词，就是由舌面展唇央中短元音 ə 和长元音 əə 和谐构成。其中 gəlөө"找"是动词词干，-həŋ 是动词使动态形态变化语法词缀，-nəŋ 是动词陈述式现在将来时形态变化语法词缀。该词里，无论是词干，还是词干后面接缀的两个不同功能和语法意义的形态变化语法词缀，都是以舌面展唇央中元音 ə、əə 为核心和谐构成。而且，像这样的实例在鄂温克语里有很多。以下，举例说明鄂温克语里用某一元音音位和谐构成的词汇系列。

1.8.4.1　短元音 a 与长元音 aa 的和谐实例

saahaŋkanaŋ 使知道　　aawa(ŋ)laha(ŋ)naŋ 让戴帽子
lattagaŋka 胶水　　　　nandahaŋkaŋsala 稍微好看一点

1.8.4.2　短元音 ə 与长元音 əə 的和谐实例

gələəhəŋkənərəŋ 使去找　　əəkkərən 开始
ələəhə(ŋ)nəŋ 让煮　　　　əddəsələhəŋkən 稍微早一点

1.8.4.3　短元音 i 与长元音 ii 的和谐实例

iigitti 蜜蜂　　　　iɲiiʃi 能说会道的
ninihi(n)ni 狗的　　iʃiggi 看法

1.8.4.4　短元音 o 与长元音 oo 的和谐实例

oroottosol 许多草　　dooso(ŋ)loho(ŋ)noŋ 让放盐
ooho(ŋ)ko(ŋ)noŋ 让做　gooŋgolsolohoŋkoŋ 稍微美丽一点

1.8.4.5　短元音 u 与长元音 uu 的和谐实例

suuruldudu 给狗鱼　　ukkumul 生拌的
unuhuŋsul 许多手指　　luhuwuŋku 被脱法

1.8.4.6 短元音 ɵ 与长元音 ɵɵ 的和谐实例

hɵɵsɵlɵhə(ŋ)nɵŋ 使起泡　　ɵlɵɵhədərəŋ 欺骗
ɵmətʃʃɵsəl 许多的冰　　gəsələrəŋ 拐骗孩子

1.8.4.7 短元音 ʉ 与长元音 ʉʉ 的和谐实例

hʉkkʉwʉŋkʉ 被炒作的食物　　gʉʉrʉwʉŋ 理解
ʉnʉgʉŋsʉldʉ 给许多乳牛　　ʉʉttʉsʉl 许多虱子

1.8.4.8 短元音 e 与长元音 ee 的和谐实例

tewehe 爱捡破烂的　　peleegeŋ 爱吹牛的
ʃewe 弟子、学生　　ʤeleʃeŋ 爱动脑子的人、狡猾的人

以上实例中，出现率最高的是第一种和第二种结构类型的元音和谐现象；其次是第三种、第四种、第六种结构类型的元音和谐现象；出现率排行第三位的是第五种和第七种结构类型的元音和谐实例；相比之下，第八种结构类型的元音和谐现象的出现率比较低。另外，鄂温克语的元音和谐现象，在词的第三音节以上的词干部分表现得十分清楚，虽然在词干后面的若干音节里，或者说在词根或词干后面接缀的若干个形态变化语法词缀内也讲究严格的元音和谐原理，但由于第三音节以下音节的元音在发音上逐渐趋于弱化，所以人们有时难以把握其元音和谐性的语音特征。尽管如此，我们不能因为第三音节以下音节的元音被弱化，就简单地否定其实际存在的元音和谐规律。不论怎么说，在鄂温克语里，元音和谐是一套十分完美而严格的语音音素间和谐共存的结构系统。

在这里还有必要指出的是，鄂温克语里由两个词以黏合形式合为一体的特殊词或借词中，却能见到阳性元音与阴性元音共同使用与某一单词的现象。比如，təttooroŋ "这样做"一词内，阳性元音 o、oo 与阴性元音 ə 同时出现。其实，这是一个由代词 əttʉ "这样"和动词 ooroŋ "做"以黏合形式构成的合二为一的实例。另外，鄂温克语的借词里也有像 bajhɵ "百货"、pənlaŋ "芬兰"等，将

阳性元音和阴性元音同时用于某一词的现象。

2. 辅音

鄂温克语有 b [b]、p [b']、m [m]、w [w]、s [s]、d [t]、t [t']、n [n]、l [l]、r [r]、ʤ [ʧ]、tʃ [tʃ']、ʃ [ʃ]、j [j]、g [k]、k [k']、h [χ]、ŋ [ŋ] 18 个辅音。根据这些辅音的发音方法和发音部位的不同，可以进行如下分类。

2.1 根据发音部位分为七种结构类型

（1）双 唇 音：p、b、m、w
（2）舌尖前音：s
（3）舌尖中音：t、d、n、l、r
（4）舌 叶 音：tʃ、ʤ、ʃ
（5）舌面中音：j
（6）舌面后音：k、g、ŋ
（7）小 舌 音：χ

2.2 根据发音方法分为六种结构类型

（1）塞　 音：p、b、t、d、k、g
（2）塞擦音：tʃ、ʤ
（3）擦　 音：w、s、ʃ、j、χ
（4）鼻　 音：m、n、ŋ
（5）边　 音：l
（6）颤　 音：r

2.3 根据发音时是否送气分为两种结构类型

（1）送气音：p、t、tʃ、k
（2）不送气音：b、d、ʤ、g

2.4 根据发音时的声带振动强弱分为两种结构类型

（1）清音：b、p、s、t、d、tʃ、ʥ、ʃ、k、g、χ

（2）浊音：m、n、ŋ、l、r、w、j

2.5 根据以上四种分类情况可从以下十八个方面整合归类

（1）b [b]　⇨　双唇不送气清塞音
（2）p [bʻ]　⇨　双唇送气清塞音
（3）m [m]　⇨　双唇浊鼻音
（4）w [w]　⇨　双唇浊擦音
（5）s [s]　⇨　舌尖前清擦音
（6）d [t]　⇨　舌尖中不送气清擦音
（7）t [tʻ]　⇨　舌尖中送气清擦音
（8）n [n]　⇨　舌尖中浊鼻音
（9）r [r]　⇨　舌尖中浊颤音
（10）l [l]　⇨　舌尖中浊边音
（11）ʥ [tʃ]　⇨　舌叶不送气清塞擦音
（12）tʃ [tʃʻ]　⇨　舌叶不送气清塞擦音
（13）ʃ [ʃ]　⇨　舌叶清擦音
（14）j [j]　⇨　舌尖中送气清擦音
（15）g [k]　⇨　舌面后不送气清塞音
（16）k [kʻ]　⇨　舌面后送气清塞音
（17）ŋ [ŋ]　⇨　舌面后浊鼻音
（18）h [χ]　⇨　小舌清擦音

2.6 辅音使用实例

如上所述，鄂温克语有 b、p、m、w、s、d、t、n、r、l、ʥ、tʃ、ʃ、j、g、k、ŋ、h 18 个辅音。然而，它们在词首、词中、词尾的使用情况有所不同。比如，有的辅音可以用于词的任何部位，有的只用于词中或词尾，也有的在词尾不能被使用。请看下表中的列举说明：

附表 3

辅音	词首使用		词中使用				词尾使用	
	词语	词义	词语	词义	词语	词义	词语	词义
b	bi	我	aba	父亲	tatibuŋ	习惯	əb	窍门
p	paagiŋ	吵闹	apaldiraŋ	争斗	paapuŋ	礼节	ʃip	彻底
m	moo	树木	əmərəŋ	来	ʥəmɯnəŋ	饿	niham	脖子
w	wakkiraraŋ	喊叫	əwərəŋ	下来	owoloroŋ	堆起	həw	模型
s	saŋaŋ	烟	bosotto	肾	əshəŋ	叔叔	ʥas	备用柴火
d	dadda	摇篮	ədiŋ	风	gadaŋ	要	pad	最
t	tatiraŋ	学习	gətərəŋ	清醒	itəŋ	岁牛	sɯt	都
n	naalla	手	iʃinərəŋ	去看	tiinəŋ	抢	nadan	七
r			əri	这	əmɯrəttə	一起	ʥɯɯr	二
l	lata	矮的	ələhə	假的	daliraŋ	挡	ɯrɯl	孩子
ʥ	ʥoonoŋ	想	ʃiʥiŋ	细绳	amaʥi	湖	unaaʥ	姑娘
tʃ	tʃoŋtʃiraŋ	小跑	atʃa	行李	boltʃitta	小腿	aaratʃ	奶酪
ʃ	ʃiiŋkiraŋ	咳嗽	əʃi	现在	timaaʃiŋ	明天	əʃ	把儿
j	jəgiŋ	九	aja	好的	hɯjɯhəŋ	小鸟	bəj	人
g	gagga	耳环	ʃigɯŋ	太阳	ɯgiirəŋ	玩	əddug	大
k			nowalakana	四岁公鹿	pəkəti	花毛公鹿	ʥottok	凹地
ŋ			tiŋaŋ	去年	soŋoroŋ	哭	taŋiraŋ	数数
h	həŋgər	胸腔	hahara	鸡	nəhɯŋ	弟弟	boh	种牛

从以附表 3 的例词完全可以看出，鄂温克语的辅音系统中 b、m、w、s、d、t、n、l、ʥ、tʃ、ʃ、j、g、h 14 个辅音均用于词首、词中、词尾等词的任何部位；r、k、ŋ 3 个辅音主要用于词中和词尾，词首一般不出现；辅音 p 也主要用于词中或词首，词尾不出现。另外，在鄂温克语里，使用率最高的辅音为

b、d、t、n、l、s、g、h、ŋ 等，其次是辅音 m、r、ʤ 的使用率，在使用率方面排行第三位的是辅音 w、ʧ、ʃ、j。相比之下，辅音 k 和 p 的使用率都比较低。在这里还有必要指出的是，辅音 r 和 k 虽然在鄂温克语基本词汇的词首不出现，但伴随外来语的不断增多，却出现在个别借词词首被使用的现象。比如，kaapen"卡片"、kəndəʤi"肯德基"、rənmimbi"人民币"、ranʧi"燃气"，等等。尽管如此，辅音 r 或 k 在借词词首被使用的实例也是非常有限。再说，鄂温克语里，因为没有辅音f，所以借词中出现的 f 音均被发为 p 音。

2.7 辅音使用特征及其相关音变现象

在具体单词里，鄂温克语辅音音素表现出相当复杂的音变形式和内容，主要音变现象基本上表现在以下七个方面：

（1）辅音 p、b 位于长元音 ee 前时，要出现腭化现象。比如，beega（bjeegɣ）"月"、peelaraŋ（pjeelArɣ̃ŋ）"瞎聊"等。

（2）辅音 w 用于中性元音 i、ii、e、ee 等前面时，嘴角自然向左右拉开，两唇间的缝隙变成狭小的扁圆形。比如，wilərəŋ"分解"、weeda"啊呀"等。

（3）辅音 l 出现于音节末或词尾元音 ə、əə、ɵ、ɵɵ、ʉ、ʉʉ 等后面时，要产生 ł 音变。比如，ʉrʉl（ʉrʉł）"孩子"、bəldiir（bəłdiir）"脚"、bʉl（bʉł）"姨表"等。

（4）辅音 g、b、p 用于元音 u 或 ʉ 前面时，要产生 w 音变。比如说，sʉgʉrlərəŋ（sʉwʉrlArɣ̃ŋ）"削尖角"、doogu（doowu）"里头"、babularaŋ（bawulArɣ̃ŋ）"挥拳打人"、paapuŋ（paawuŋ）"礼节"、baldibuŋ（baldiwũŋ）"出生"等。

（5）辅音 ŋ 绝大多数情况下用于词尾。

（6）辅音音素 s 在鄂温克语基本词汇的词尾出现得较少，但在借词词尾有一定使用率。比如，niis"泥子"、dees"碟子"、dəŋpos"灯泡"等。

（7）辅音音素 ʧ、ʤ、k 等在辅音 ŋ、n、l、d、t 等后面直接使用的现象较突出。比如，daŋʤi"扁担"、ʤiŋʤiraŋ"说"、dalʤi"关系"、awaŋki"抹布"、baaŋki"银行"、mʉʉlkʉ"桦皮水桶"、nəlki"春天"、ətki"寒冷"、boŋgoŋ

"大的"、təlgər "广阔"、təlge "皮带"、abaltʃa "缺少的"、hotgor "凹的"、gədgər "凸的"等。

2.8 复辅音现象

鄂温克语里除了上面讨论的 18 个辅音音素之外，还有 nt、nd、rt、rd、lt、ld、ŋʤ、ŋtʃ、ŋk、ŋg、jk、jg 12 个复辅音。不过，复辅音在鄂温克语里的使用率并不太高，使用面也有一定局限性，在词首基本上不出现，一般都用于词中或词尾。例如：

(1) nt ⇨ ʤuntrəŋ 变傻　　　　sant 袖口
(2) nd ⇨ gəndrən 上当　　　　hand 麦皮
(3) rt ⇨ hiirt 瞬间　　　　　sərt 灵敏的
(4) rd ⇨ ʤird 吓一跳　　　　bərddə 山坡
(5) lt ⇨ eelt 炭　　　　　　ʤult 劣马老鹿
(6) ld ⇨ əldrən 虐待　　　　ild 癣
(7) ŋtʃ ⇨ ʃeŋtʃtʃi 馅子　　　　mantʃ 破冰工具
(8) ŋʤ ⇨ jaŋʤ 样子　　　　soŋʤraran 拖沓
(9) ŋg ⇨ ooŋgo 入神　　　　dəŋgrəŋ 坚持
(10) ŋk ⇨ baaŋk 铁片桶　　　suŋk 凸凹地面
(11) jk ⇨ pəjk 马莲草哨子　　bojkkon 曲棍球
(12) jg ⇨ həjggə 拧刀　　　　bojg 愚蠢的

我们的分析表明，鄂温克语里出现的这些复辅音，在其结合形式和内容方面都有一定内在规律。例如：

（1）复辅音 ŋk、ŋg 是由舌面后音组合而成。

（2）复辅音 ŋʤ、ŋtʃ 的组合形式虽然看似不协调，但在实际发音中由于相互影响而辅音 ŋ 会音变为舌面前鼻音 ȵ，同时辅音 ʤ 和 tʃ 也会产生舌面前塞擦音 dʑ 和 tɕ 音变。其结果是复辅音 ŋʤ、ŋtʃ 在实际语音环境中就会音变成 ȵdʑ、ȵtɕ 这两个复辅音。

（3）复辅音 nt、nd、lt、ld、rt、rd 都是由舌尖中音组合而成，而且这套复辅音，在鄂温克语复辅音系统中使用率最高。

（4）复辅音 jk、jg 在组合形式和内容上存在一些差异，但在实际发音中由于辅音间的相互影响，特别是其中的辅音 k 或 g 受到前置辅音 j 音的强有力影响而变为舌面中辅音 c 或 ɟ。其结果是复辅音 jk、jg，在实际发音中就变成了 jc、jɟ 两个复辅音。

2.9 辅音重叠现象

辅音重叠现象是鄂温克语语音系统中的一大显著结构型特征。而且，每一个辅音音素都可以重叠使用。有人将这些数量可观的重叠出现的辅音，简称为"重叠辅音"或"叠辅音"。我们所说的重叠辅音，顾名思义就是指某一个辅音音素在词中连续使用两次的现象。请看以下罗列的具体例子：

（1） bb ⇨ dəbbə 枕头   dabberaŋ 撇嘴
（2） pp ⇨ sappa 筷子   happis 胎盘
（3） mm ⇨ amma 嘴   immə 针
（4） dd ⇨ əddə 早晨   addaraŋ 高兴
（5） tt ⇨ iittə 牙齿   boltʃitta 肌肉
（6） nn ⇨ nannaʃiraŋ 嚼   nonno 咒语
（7） ll ⇨ naalla 手   ələllərən 讥笑
（8） rr ⇨ məhərrəŋ 放屁   nərrəŋ 酿酒
（9） ss ⇨ maŋgussal 恶魔们   əssəl 这些
（10） gg ⇨ əggigʉ 下方   oggiroŋ 回头
（11） kk ⇨ dakke 近的   mokkiroŋ 拧
（12） ŋŋ ⇨ əŋŋe 宽的   toŋŋe 五十
（13） hh ⇨ ʃihhəg 丝   əhhəg 娇气的
（14） ʤʤ ⇨ dəʤʤə 褥子   boroʤʤiŋ 朴实的
（15） tʃtʃ ⇨ ʃitʃtʃiraŋ 使劲塞   latʃtʃi 树叶
（16） ʃʃ ⇨ əʃʃi 有把柄的   iʃʃi 哎哟
（17） jj ⇨ tajja 那个   əjjə 这个

（18） ww　　⇨　sədəwwə 把题目

上面列举的 bb、pp、mm、dd、tt、nn、ll、rr、ss、gg、kk、ŋŋ、hh、ʤʤ、tʃtʃ、ʃʃ、jj、ww 18 个重叠辅音的实例中，送气重叠辅音 pp、tt、kk、tʃtʃ 的出现率最高。不过，不送气重叠辅音 bb、dd、gg、ʤʤ 等也有较高的使用率。处于第三位的是重叠辅音 mm、nn、ŋŋ、ll 的出现率。与此相反，重叠辅音 rr、ss、ʃʃ、ww、ʃʃ、hh 等的出现率比较低。其中，重叠辅音 rr、ss、ʃʃ、ww 多数属于在以辅音 r、s、ʃ、w 等结尾的词干后面，再接缀以辅音 r、s、ʃ、w 开头的形态变化语法词缀时出现的特殊辅音现象。比如，məhərrəŋ "放屁" 中见到的重叠辅音 rr 就是在动词词干 məhər- "放屁" 后面，接缀动词陈述式现在将来时形态变化语法词缀 -rəŋ 而形成的语音现象。还比如，maŋgussal "恶魔们" 的重叠辅音 ss 是在名词 maŋgus "恶魔" 后面，接缀复数形态变化词缀 -sal 后构成的语音形式。与此相关，əʃʃi "有把柄的" 和 sədəwwə "把题目" 两个词中看到的 ʃʃ 和 ww，也是在名词 əʃ "把柄" 和 sədəw "题目" 后面，接缀有格形态变化语法词缀 -ʃi 和确定宾格形态变化语法词缀 -wə 而构成重叠辅音实例。

除了在上面的例词里见到的重叠辅音使用现象之外，鄂温克语有些词中还出现重叠辅音两次使用的实例，甚至会出现三次。比如，**dəggəəggə** "展示形式"、**ikkiggi** "革新"、**atʃtʃagga** "借用手段"、**səttəggə** "褥子"、**bottaddi** "凉的"、**təggətʃtʃi** "衣物"、**attaddigga** "黑暗法"，等等。不过，比较而言，一个词里出现两次重叠辅音的现象，比出现三次重叠辅音的实例要多得多。

另外，鄂温克语里出现的重叠辅音，多数是来源于原来不同的两个辅音音素。也就是说，词中连续出现的两个不同辅音音素，在长期的使用过程中由于相互影响和作用，其中的强势辅音音素逐渐同化处于弱势的辅音音素，结果这些根本就不属于同一个音位点的辅音音素却演化为完全相同的产物，从而形成了我们今天所看到的重叠辅音。例如：

（1） bb　< rb　⇨　dəbbə < dərbə 枕头
（2） pp　< rp　⇨　sappa < sarpa 筷子
（3） dd　< rd　⇨　əddə < ərdə 早晨
（4） tt　< rt　⇨　səttə < sərtə 灵敏的

（5）gg ＜ rg ⇨ əggigʉ ＜ ərgigʉ 下方
（6）kk ＜ rk ⇨ lakkiraŋ ＜ larkiraŋ 摔
（7）hh ＜ rh ⇨ ʃihhəg ＜ ʃirhəg 丝
（8）ʤʤ ＜ rʤ ⇨ dəʤʤə ＜ dərʤə 褥子
（9）tʃtʃ ＜ rtʃ ⇨ sʉtʃtʃi ＜ sʉrtʃi 威严的
（10）dd ＜ gd ⇨ addaraŋ ＜ agdaraŋ 高兴
（11）tt ＜ kt ⇨ ajitte ＜ ajikte 古代
（12）nn ＜ mn ⇨ nonnoʃiroŋ ＜ nomnoʃiroŋ 发牢骚
（13）ll ＜ gl ⇨ naalla ＜ naagla 手
（14）ʤʤ ＜ gʤ ⇨ dəʤʤiŋ ＜ dəgʤiŋ 爱兴奋的
（15）tʃtʃ ＜ ktʃ ⇨ atʃtʃathi ＜ aktʃathi 相反的
（16）mm ＜ ŋm ⇨ amma ＜ aŋma 嘴
（17）tt ＜ bt ⇨ hattagga ＜ habtarga 烟斗
（18）kk ＜ bk ⇨ əkkərəŋ ＜ əbkərəŋ 包
（19）tʃtʃ ＜ btʃ ⇨ latʃtʃi ＜ labtʃi 树叶

可以看出，上例中的重叠辅音都是由于逆同化而出现的产物。换言之，这些实例内，后面的强势辅音音素同化了前面的弱势辅音音素。与此相反，鄂温克语里也有前面的强势辅音同化后面的弱势辅音的个别现象。例如：

ŋŋ ＜ ŋg ⇨ səŋŋə ＜ səŋgə 清爽的

总之，重叠辅音里，因逆同化现象的出现而产生的实例比较多，而由于顺同化而形成的重叠辅音现象比较少。具体讲，辅音 r、g、b 位于辅音 b、p、d、t、k、ʤ、tʃ、h 等前面时，一般都要产生逆同化现象。

再说，重叠辅音虽然在发音时会出现较长时间的阻碍气流的现象，但不能把它看成严格意义上的长辅音。因为，我们划分音节时，所有的重叠辅音都被从中间分开，分别属于前后两个不同音节。例如，attaddigga "黑暗法"一词的音节划分形式就是 at-tad-dig-ga。其中的重叠辅音 tt、dd、gg 均被以 t-t、d-d、g-g 的形式分化为两个不同的音节。

还有，鄂温克语的重叠辅音 bb、pp、mm、dd、tt、nn、rr、ss、gg、kk、ŋŋ、hh、ʤʤ、tʃtʃ、ʃʃ、jj、ww 等不能发音为单辅音 b、p、m、d、t、n、r、s、g、k、ŋ、h、ʤ、tʃ、ʃ、j、w 等，否则会引起语义结构上的错误或混乱。例如：

（1）bb　　⇔ b ⇒ dəbbə 枕头 ⇔ dəbə 山包
（2）mm　　⇔ m ⇒ ammanaŋ 咬 ⇔ amanaŋ 拉屎
（3）nn　　⇔ n ⇒ nonno 咒语 ⇔ nono 哥哥、男孩
（4）dd　　⇔ d ⇒ addaraŋ 高兴 ⇔ adaraŋ 扎刺
（5）rr　　⇔ r ⇒ məherreŋ 放屁 ⇔ məhereŋ 消亡
（6）ss　　⇔ s ⇒ əssəl 这些 ⇔ əsəl 差一点
（7）hh　　⇔ h ⇒ əhhəg 娇惯的 ⇔ əhəg 非常
（8）tʃtʃ　⇔ tʃ ⇒ daatʃtʃi 承担 ⇔ daatʃi 过去
（9）ʃʃ　　⇔ ʃ ⇒ əʃʃi 有把柄的 ⇔ əʃi 现在
（10）gg　⇔ g ⇒ gagga 耳环 ⇔ gaga 兄长

但是，随着鄂温克语本身的不断发展和演变，一些没有对立词义概念的重叠辅音，在年轻人的口语里有时会发音为单辅音现象。比如，**aalla**"何时"就被发成 aala，词中的重叠辅音 ll 被发为 l 音。但是，像这种将重叠辅音发为单辅音的实例不是太多。

3. 音节

鄂温克语词汇中，绝大多数属于多音节词，只有一小部分词属于单音节词。然而，这些单音节词在句子里出现时，在其词根或词干后面接缀一系列的形态变化构词词缀或形态变化语法词缀。结果，它们也就自然变成表示不同词汇意义，以及陈述不同语法概念的多音节词。鄂温克语音节以元音为主构成，所以一个词里有几个元音就被分为几个音节。而且，多音节词一般都由两个或两个以上的音节组成。根据我们调查资料分析，除了单音节词之外，该语言的多音节词一般被分类为双音节词、三音节词、四音节词、五音节词、六音节词、七音节词、八音节词、九音节词、十音节词等。

3.1 单音节词
oo 面霜　　moo 木头　　ʉr 山　　hiirt 瞬间　　tog 火　　bəj 人

3.2 双音节词
ahiŋ(a-hiŋ) 哥哥　　adde(ad-de) 奶奶　　naalla(naal-la) 手
bʉdəŋ(bʉ-dəŋ) 死　　boŋgoŋ(boŋ-goŋ) 大的　　lata(la-ta) 矮的

3.3 三音节词
amihaŋ(a-mi-haŋ) 伯伯　　ʥawaraŋ (ʥa-wa-raŋ) 抓
boŋgoŋhoŋ(boŋ-goŋ-hoŋ) 大一点的　　mʉdʉri(mʉ-dʉ-ri) 龙

3.4 四音节词
tatigabuŋ(ta-ti-ga-buŋ) 教育　　əhilərəŋ(ə-hi-lə-rəŋ) 踏脚
ʉnʉgʉŋsʉl(ʉ-nʉ-gʉŋ-sʉl) 乳牛群　　ʥawawuraŋ(ʥa-wa-wu-raŋ) 被抓

3.5 五音节词
boŋgoŋsolohoŋ(boŋ-goŋ-so-lo-hoŋ) 稍微大一点的
həŋgəgdəhə(ŋ)nəŋ(həŋ-gəg-də-hə-nəŋ) 让敲鼓
ʉnʉgʉŋsʉlwʉ(ʉ-nʉ-gʉŋ-sʉl-wʉ) 把乳牛群

3.6 六音节词
asaldiwuhanaŋ(a-sal-di-wu-ha-naŋ) 让相互追
təhərihəŋkənəŋ(tə-hə-ri-həŋ-kə-nəŋ) 让遛弯
ʉnʉgʉŋsʉlʥini(ʉ-nʉ-gʉŋ-sʉl-ʥi-ni) 用她们的乳牛群

3.7 七音节词
gʉʥəmʉddihəŋsələ(gʉ-ʥə-mʉd-di-həŋ-sə-lə) 稍微可爱一点的
uduruldihaŋka(ŋ)naŋ(u-du-rul-di-haŋ-ka-naŋ) 让吵架
əmʉrəttələhənəŋ(ə-mʉ-rət-tə-lə-hə-nəŋ) 使融合

3.8 八音节词

amiʃihilahaŋka(ŋ)naŋ(a-mi-ʃi-hi-la-haŋ-ka-naŋ) 往后拖延

nisʉhʉŋdɵwʉhɵŋkɵ(ŋ)nɵŋ(ni-sʉ-hʉŋ-dɵ-wʉ-hɵŋ-kɵ-nɵŋ) 使其变小

在以上例句的七音节词及八音节词后面，如果再接缀人称形态变化语法词缀，或者接缀格形态变化语法词缀等，这些七音节词和八音节词就会自然而然地变成九音节词或十音节词。例如：

3.9 九音节词

əmʉrəttələhəŋwʉmʉŋ(ə-mʉ-rət-tə-lə-həŋ-wʉ-mʉŋ) 我们被合并为一

gʉʥəmʉddihəŋsələwəni(gu-ʥə-mʉd-di-həŋ-sə-lə-wə-ni) 把稍微可爱一点的

3.10 十音节词

gʉʥəmʉddisələhəŋkəŋtʃəmʉŋ(gu-ʥə-mʉd-di-sə-lə-həŋ-kəŋ-tʃə-mʉŋ)
　　　　　让我们弄得漂亮些了

nisʉhʉŋsələwʉhɵŋkɵŋtʃɵsʉŋ(ni-sʉ-hʉŋ-sə-lə-wʉ-hɵŋ-kɵŋ-tʃɵ-sʉŋ)
　　　　　让你们弄得小一点了

如前所述，鄂温克语的基本词汇里，由双音节和三音节构成的词在数量上占绝对优势，其次是由单音节和四音节构成的词。然而，由四音节以上音节构成的多音节词，绝大多数属于在词根或词干后面接缀各种形态变化构词词缀或形态变化语法词缀的产物。

另外，从单音节词到十音节词中出现的不同音节结构类型，完全可以从以下六方面进行概括（V 表示元音、C 表示辅音）。例如：

第一种类型　⇨　V　⇨　oo 脸霜　　ə-hiŋ(əhiŋ) 姐姐
第二种类型　⇨　VC　⇨　ʉr 山　　　ʉk-kəhəŋ(ʉkkəhəŋ) 男孩
第三种类型　⇨　VCC　⇨　ald 庹　　ənd-rəŋ(əndrəŋ) 上当
第四种类型　⇨　CV　⇨　ʥʉʉ 房子　ha-ha-ra(hahara) 鸡

第五种类型 ⇨ CVC ⇨ bəj 人　　　 taŋ-gur-sal(taŋgursal) 许多碗
第六种类型 ⇨ CVCC ⇨ hiirt 瞬间　ʤʉnt-rəŋ(ʤʉntrəŋ) 发傻

鄂温克语的以上六种结构类型的音节里，使用率最高的是第一种、第二种、第四种、第五种类型的音节结构，第三种和第六种类型的音节结构的使用率比较低。

在此，还可以根据鄂温克语音节划分原理，将鄂温克语音节划分现象从以下四个方面进行归纳和分类：

（1）由元音开头并属于 VCV、VCVC、VCVCC 式结构类型的词类，进行音节划分时，第一音节的分离线必须要从词首元音的后面划定。比如，ada ⇨ a-da "姐姐"、ədiŋ ⇨ ə-diŋ "风"、oŋart ⇨ o-ŋart "花絮" 等。

（2）由辅音开头并属于 VCVC、VCVCVC、VCVCVCVC 式结构类型的词类，进行音节划分时，其音节分离线要从第一音节的元音后面划定。比如，həhə ⇨ hə-hə "猫"、sulahi ⇨ su-la-hi "狐狸"、ha-ha-ra-wa-ni ⇨ haharawani "把他的鸡" 等。

（3）由元音或辅音开头而属于 VCCVCCVCCV、CVCCVCCVCCVC 式结构类型的词类，进行音节分时，其音节分离线要从两个连续出现的辅音(CC)中间划定(C - C)。比如，dʉtʉldiʧʃi ⇨ dʉt-tʉl-diʧ-ʃi "打完架"、attaddi ⇨ at-tad-di "暗黑的"、boŋgoŋhoŋ ⇨ boŋ-goŋ-hoŋ "稍大的" 等。

（4）由元音或辅音开头并属于 VCCCV、CVCCCVC 等语音结构类型的词类，进行音节划分时，其音节分离线要从连续出现的三个辅音(CCC)的第二个辅音后面划定音节分离线(CC-C)。音节分离线前面的两个辅音属于前一个音节，音节分离线后面的辅音则属于后一个音节。比如，hiirttil ⇨ hiirt-til "瞬间"、ʤʉntrəŋ ⇨ ʤʉnt-rəŋ "变傻" 等。

4. 重音

鄂温克语的词都有重音现象。而且，一般都落在词的第一音节的元音上。因此，词的第一音节的元音往往要被重读，其音亮比其他音节的元音要清楚和鲜明。

与此相反，第二音节以下音节的诸元音要逐渐变弱。比如，a'miŋ "父亲"、ʉ'nʉgʉŋ "乳牛"、pə'səglərəŋ "踢"、saa'ʥiraŋ "知道"、tə'ggətʃisəl "许多衣服"。

在以上实例中，位于词第一音节右上角标入的符号"'"表示被重读的元音音素，也就是该词重音的落脚点。如果，词第二音节的元音是长元音的话，该词的重音也就自然移到第二音节的元音上。比如，ələə'rəŋ "煮"、ʥirii'lʥirəŋ "鱼游"、oroo'ttoloroŋ "长草"、ɵwɵɵ'ŋ "面包"等都是如此。但是，词的第一音节和第二音节的元音都是长元音时，其词重音要落在词的第一音节的长元音上。比如，baa'muuddi "腻烦的"、uu'taahaŋka(ŋ)naŋ "使紧张"。另外，词的第三音节若有长元音，该词的重音仍然落在词的第一音节的短元音等上面，词重音不会落在第三音节的长元音上。也就是说，第三音节以下的音节内出现的长元音不被重读。再说，被重读的短元音也不等于长元音，它的音长没有长元音的音长那么长，它的音长只是比其他音节内出现的短元音音长稍微长一点。

如同前面所说，词重音在第一音节时，该词第二音节以下音节里出现的元音要逐渐被弱音化。然而，词重音落在第二音节的长元音上面时，词首音节元音的发音力度比第二音节元音的发音力度要弱，同时第三音节以下音节的元音也被逐渐弱化。在这里还有必要交代的是，鄂温克语的词重音不具备区别词义的功能。

参考资料

朝克：《满通古斯诸语比较研究》，民族出版社 1997 年版。
朝克：《满通古斯语族语言词汇比较》，中国社会科学出版社 2014 年版。
朝克：《满通古斯语族语言词源研究》，中国社会科学出版社 2014 年版。
朝克：《满通古斯语族语言研究史论》，中国社会科学出版社 2014 年版。
朝克：《鄂温克语参考语法》，中国社会科学出版社 2009 年版。
朝克：《鄂温克语三大方言基本词汇对照集》（日文），日本小樽商科大学，1995 年。
朝克：《鄂温克语形态语音论及名词形态论》（日文），东京外国语大学亚非语言文化研究所，2003 年。
朝克：《鄂温克语研究》，民族出版社 1995 年版。
朝克：《鄂温克语基础语汇集》（日文），日本东京外国语大学，1991 年。
朝克：《中国满通古斯诸语基础语汇集》（日文），日本小樽商科大学，1997 年。
朝克：《通古斯诸民族及其语言》（日文），日本东北大学，2001 年。
朝克：《现代锡伯语口语研究》，民族出版社 2006 年版。
朝克：《楠木鄂伦春语研究》，民族出版社 2009 年版。
朝克、中岛干起：《鄂温克语会话练习册》（日文），大学书林出版社 2004 年版。
朝克、耐登、敖嫩：《鄂温克语民间故事》（蒙文），内蒙古文化出版社 1988 年版。
朝克、津曲敏郎、风间伸次郎：《索伦语基础列文集》（日文），北海道大学，1991 年。
朝克、李云兵主编：《中国民族语言文字研究史论》（北方卷），中国社会科学出版社 2013 年版。

胡增益、朝克：《鄂温克语简志》，民族出版社 1986 年版。

贺兴格、其达拉图：《鄂温克语词汇》（蒙文），民族出版社 1983 年版。

杜道尔吉：《鄂温克语汉语词典》，民族出版社 1998 年版。

杜道尔吉：《鄂蒙词典》，内蒙古文化出版社 2014 年版。

涂吉昌、涂芊玫：《鄂温克语汉语对照词汇》，黑龙江省鄂温克研究会及黑龙江省民族研究所印刷，1999 年。

杜福成、杜宏宝：《阿荣鄂温克语词汇》，内蒙古阿荣旗鄂温克族研究会，2007 年。

朝克：《索伦鄂温克语语调查资料》（6 册），1982—2006 年，中国社会科学院民族学与人类学研究所北方语言研究室（以下简称社科院民族所北方室）收藏。

朝克：《讷河鄂温克语调查资料》，社科院民族所北方室收藏，1990 年。

朝克：《查拉巴奇鄂温克语调查资料》，社科院民族所北方室收藏，1988 年。

朝克：《萨玛街鄂温克语调查资料》，社科院民族所北方室收藏，1996 年。

朝克：《敖鲁古雅鄂温克语调查资料》，社科院民族所北方室收藏，1987—1996 年。

朝克：《杜拉尔鄂温克语调查资料》，社科院民族所北方室收藏，1995—2007 年。

朝克：《鄂温克语使用情况调查资料》，社科院民族所北方室收藏，1998—2007 年。

朝克：《莫日格勒鄂温克语调查资料》，社科院民族所北方室收藏，1983—2007 年。

朝克：《辉河鄂温克语调查资料》，社科院民族所北方室收藏，1982—2007 年。

朝克：《伊敏鄂温克语调查资料》，社科院民族所北方室收藏，1983—2007 年。

朝克：《辉河、伊敏、巴音查干鄂温克语调查资料》，社科院民族所北方室收藏，1996—2006 年。

波普（H.H.Poppe）：《索伦语调查资料》，列宁格勒，1931 年。

杨虎嫩：《满洲里地区通古斯鄂温克语》，芬兰赫尔辛基大学，1991 年。

波普（H.H.Poppe）：《索伦语调查资料》，列宁格勒，1931 年。

杨虎嫩：《满洲里地区通古斯鄂温克语》，芬兰赫尔辛基大学，1991年。
伊瓦诺夫斯基（A.O.Ivanovskiy）：《索伦语与达斡尔语》，圣彼得堡，1894年。
城田俊：『日本語形態論』，ひつじ書房1998年版。
影山太郎：『文法と語形成』，ひつじ書房1993年版。
鈴木重幸：『日本語文法・形態論』，むぎ書房1972年版。
奥田靖雄：『日本語文法・連語論』，むぎ書房1967年版。
清瀬義三郎則府：「連結子音と連結母音と—日本語動詞無活用論」，1971年版，『国語学』，『日本語文法新論』，桜楓社1989年版。
三上章：『現代語法序説』，刀江書院復刊くろしお1953年出版。
『日本語の構文』，くろしお1963年出版。
寺村秀夫：『日本語のシンタクスと意味Ⅰ』，くろしお1982年出版。
寺村秀夫：『日本語のシンタクスと意味Ⅱ』，くろしお1984年出版。
久野暲：『新日本文法研究』，大修館1983年版。
森重敏：『日本文法通論』，風間書房1959年版。
南不二男：『現代日本語の構造』，大修館1974年版。
井上和子：『変形文法と日本語（上・下）』，大修館1976年版。
鈴木一彦等：『研究資料日本文法』（形容詞、形容動詞），明治書院1982年版。
草薙裕：「文法形式が担う意味」，『文法と意味』Ⅱ，朝倉日本語新講座4，朝倉書店1985年版。
大野晋：『文法と語彙』，岩波書店1987年版。
金水富敏：「代名詞と人称」，『講座日本語と日本語教育』4，明治書院1989年版。
福田昆之：『日本語とツングース語』（改版），丸井図書出版株式会社1991年版。
宮岡伯人等：『環太平洋の言語』（第三号），京都大学大学院文学研究科，1997年。
津曲敏郎：『環太平洋の言語』（第七号），北海道大学，2001年。
池田哲郎：『アルタイ語のはなし』，大学書林2000年版。

Alexander Castrens M.,"Tunguschen Sprachlehre", *Buchdruckerei der kaiserlichen*

Akademie der wissenschaften, 1856.

Ivanovskiy A.O. ，"Specimens of The Solon and The Dagur Anguages"，The Russian edition of St.Petersburg 1894，reprinted by the Reserch Group for Altaic Studies of Hungarian Academy of Sciences wich a foreword in English by G.Kara Academy Kiado Budapest，1982.

Givón T. ，"Prototypes: Between Plato and Wittgenstein"，in C.Craig(Ed.)，*Noun Classes and Categorization*， John Benjamins Publishing Campany，1986.

Kuhn T. ，*The Structure of Scientific Revolutions*，University of Chiago Press，1962.

后 记

经过四年多时间的辛苦努力，凭着甘为事业奉献和甘坐冷板凳的敬业精神，我终于完成了国家社科基金交办的重大委托项目"鄂温克族濒危语言文化抢救性研究"的子课题"鄂温克语名词形态论"的科研工作。说实话，幸亏在具体实施该项目之前就有了三十余年的鄂温克语研究实践经验，同时也有了三十余年的田野调查中积累的极其丰富的第一手资料，所有这些给该项研究的顺利实施和完成打下了坚实基础。再加上具体实施该项研究课题时，首先得到院领导的大力支持和多方面的关怀，对此向院领导表示最诚挚的谢意。另外，也得到了相关专家学者的积极协助和热情帮助，对此一并表示深深谢意。特别是，对于有关项目的实施细则、运作规程、报账制度等不太熟悉而给相关工作人员带来的麻烦，在此深表歉意。还有，到地方进行田野调查时，在紧张而繁忙的日子里得到过许多地方官员以及内蒙古鄂温克研究会、黑龙江鄂温克研究会负责人和工作人员的热情支持，尤其是那些鄂温克族乡村领导和发音合作人、协助调查人员、鄂温克族老乡们的积极合作和热情协助，在此一并表示最深的谢意和敬意。这项研究课题就是在大家的指导、帮助、支持之下才得以按预定计划顺利完成。

就像每一项科研工作和任务都追求最理想的结局，笔者也遵循了这样的科研工作态度和精神。但是，在写完以后认真地反复阅读和审稿时，还是发现了不少自己不太满意的地方。同时，笔者还认为，在该项成果里自己还未发现的疏忽或缺憾肯定有不少，希望学术同人和鄂温克族同胞提出诚恳的批评意见，使鄂温克族语言文化研究事业不断向着更加成熟、更加理论、更加理想的方向发展，从而为我国阿尔泰语言学研究事业，乃至为我国民族语言文化学研究事业发挥更加积极的作用。

朝克　潘家园华威西里社科院家属楼 8 号楼

2016 年 9 月